바다인문학연구총서 003

선박과 법

이 저서는 2018년 대한민국 교육부와 한국연구재단의 지원을 받아 수행된 연구임(NRF-2018S1A6A3A01081098).

선박과 법

초판 1쇄 발행   2020년 4월 1일

지은이 | 최진이
펴낸이 | 윤관백
펴낸곳 | 도서출판 선인

등   록 | 제5-77호(1998.11.4)
주   소 | 서울시 마포구 마포대로 4다길 4, 곳마루빌딩 1층
전   화 | 02)718-6252 / 6257
팩   스 | 02)718-6253
E-mail | sunin72@chol.com
Homepage | www.suninbook.com

정 가   23,000원
ISBN   979-11-6068-370-7   93450

·잘못된 책은 바꿔 드립니다.

바다인문학연구총서 003

선박과 법

최진이 저

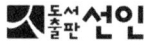

발간사

한국해양대학교 국제해양문제연구소는 2018년부터 2025년까지 한국연구재단의 지원을 받아 인문한국플러스(HK+)사업을 수행하고 있다. 그 사업의 연구 아젠다가 '바다인문학'이다. 바다인문학은 국제해양문제연구소가 지난 10년간 수행한 인문한국지원사업인 '해항도시 문화교섭연구'를 계승·심화시킨 것으로, 그 개요를 간단히 소개하면 다음과 같다.

먼저 바다인문학은 바다와 인간의 관계를 연구한다. 이때의 '바다'는 인간의 의도와 관계없이 작동하는 자체의 운동과 법칙을 보여주는 물리적 바다이다. 이런 맥락에서 바다인문학은 바다의 물리적 운동인 해문(海文)과 인간의 활동인 인문(人文)의 관계에 주목한다. 포유류인 인간은 주로 육지를 근거지로 살아왔기 때문에 바다가 인간의 삶에 미친 영향에 대해 오랫동안 그다지 관심을 갖지 않고 살아왔다. 그러나 최근의 천문·우주학, 지구학, 지질학, 해양학, 기후학, 생물학 등의 연구 성과는 '바다의 무늬'(海文)와 '인간의 무늬'(人文)가 서로 영향을 주고받으며 전개되어 왔다는 것을 보여준다.

바다의 물리적 운동이 인류의 사회경제와 문화에 지대한 영향력을 행사해 왔던 것은 태곳적부터다. 반면 인류가 바다의 물리적 운동을 과학적으로 이해하고 심지어 바다에 영향을 주기 시작한 것은 최근의 일이다. 해문과 인문의 관계는 지구상에 존재하는 생명의 근원으로서의 바다,

지구를 둘러싼 바다와 해양지각의 운동, 태평양진동과 북대서양진동과 같은 바다의 지구기후에 대한 영향, 바닷길을 이용한 사람·상품·문화의 교류와 종(種)의 교환, 바다 공간을 둘러싼 담론 생산과 경쟁, 컨테이너화와 글로벌 소싱으로 상징되는 바다를 매개로 한 지구화, 바다와 인간의 관계 역전과 같은 현상을 통해 역동적으로 전개되어 왔다.

이와 같은 바다와 인간의 관계를 배경으로, 국제해양문제연구소는 크게 두 범주의 집단연구 주제를 기획하고 있다. 인문한국플러스사업 1단계(2018-2021) 기간 중에 '해역 속의 인간과 바다의 관계론적 조우'를, 2단계(2021-2025) 기간 중에 바다와 인간의 관계에서 발생하는 현안해결을 통한 '해역공동체의 형성과 발전 방안'을 연구결과로 생산할 예정이다.

다음으로 바다인문학의 학문방법론은 학문 간의 상호소통을 단절시켰던 근대 프로젝트의 폐단을 극복하기 위해 전통적인 학제적 연구 전통을 복원한다. 바다인문학에서 '바다'는 물리적 실체로서의 바다라는 의미 이외에 다른 학문 특히 해문과 관련된 연구 성과를 '받아들이다'는 수식어의 의미로, 바다인문학의 연구방법론은 학제적·범학적 연구를 지향한다. 우리의 전통 학문방법론은 천지인(天地人) 3재 사상에서 알 수 있듯이, 인문의 원리가 천문과 지문의 원리와 조화된다고 보았다. 천도(天道), 지도(地道) 그리고 인도(人道)의 상호관계성의 강조는 자연세계와 인간세계의 원리와 학문 간의 학제적 연구와 고찰을 중시하였다. 그런데 동서양을 막론하고 전통적 학문방법론은 바다의 원리인 해문이나 해도(海道)와 인문과의 관계는 간과해 왔다. 바다인문학은 천지의 원리뿐만 아니라 바다의 원리를 포함한 천지해인(天地海人)의 원리와 학문적 성과가 상호 소통하며 전개되는 것이 해문과 인문의 관계를 연구하는 학문의 방법론이 되어야 한다고 제안한다. 바다인문학은 전통적 학문 방법론에서 주목하지 않았던 바다와 관련된 학문적 성과를 인문과 결합한다는 점에서 단순한 학제적 연구 전통의 복원을 넘어서는 것으로 전적으로 참신하다.

마지막으로 '바다인문학'은 인문학의 상대적 약점으로 지적되어 온 사회와의 유리에 대응하여 사회의 요구에 좀 더 빠르게 반응한다. 바다인문학은 기존의 연구 성과를 바탕으로 바다와 인간의 관계에서 발생하는 현안에 대한 해법을 제시하는 '문제해결형 인문학'을 지향한다. 국제해양문제연구소가 주목하는 바다와 인간의 관계에서 출현하는 현안은 해양 분쟁의 역사와 전망, 구항재개발 비교연구, 중국의 일대일로와 한국의 북방 및 신남방정책, 표류와 난민, 선원도(船員道)와 해기사도(海技士道), 해항도시 문화유산의 활용 비교연구, 인류세(人類世, Anthropocene) 등이다.

이상에서 간략하게 소개하였듯이 '바다인문학: 문제해결형 인문학'은 바다의 물리적 운동과 관련된 학문들과 인간과 관련된 학문들의 학제적·범학적 연구를 지향하면서 바다와 인간의 관계를 둘러싼 현안에 대해 해법을 모색한다. 이런 이유로 바다인문학 연구총서는 크게 두 유형으로 출간될 것이다. 하나는 1단계 및 2단계의 집단연구 성과의 출산이며, 나머지 하나는 바다와 인간의 관계에서 발생하는 현안을 다루는 연구 성과의 출간이다. 우리는 이 총서들이 상호연관성을 가지면서 '바다인문학: 문제해결형 인문학' 연구의 완성도를 높여가길 기대한다. 그리하여 이 총서들이 국제해양문제연구소가 해문과 인문 관계 연구의 학문적·사회적 확산을 도모하고 세계적 담론의 생산·소통의 산실로 자리매김하는 데 일조하길 희망한다. 물론 연구총서 발간과 그 학문적 수준은 전적으로 이 프로젝트에 참여하는 연구자들의 역량에 달려 있다. 연구·집필자들께 감사와 부탁의 말씀을 동시에 드린다.

2020년 1월
국제해양문제연구소장
정 문 수

책 머리글

    인류(人類)의 문명이 물(바다)과 밀접한 관련을 가지면서 전개될 수 있었던 것은 물이 생명의 근원이라는 점도 있겠지만, 한편으로는 물을 인류의 편익에 적극 이용할 수 있게 해 준 배(선박)가 있었기 때문이다. 배는 인류와 물의 관계를 매개함으로써 인류의 문명을 확산시키고 한 단계 발전시키는 데 절대적 기여를 하였다.

    그렇다면 인류의 역사와 함께해온 배는 언제부터 인류의 문명사(文明史)에 등장하게 된 것일까. 혹자들은 이미 3만 년 전부터 인류가 배를 만들어서 사용했다고 말하는 사람들도 있지만, 이를 확인할 만한 근거는 제시하지 못하고 있다. 그러나 분명한 것은 배가 인류문명의 영역을 순식간에 크게 확장시킨 것은 물론, 인류사회에 근본적인 변화를 가져다주었다는 것이다. 일찍이 선박과 항해술(航海術)이 발달하여 바다를 지배한 국가가 세계를 지배하였다. 오늘날에는 국가 간 무역의 약 98%가 해상운송에 의존하고 있다는 점에서 선박의 중요성은 과거보다 훨씬 더 커졌다할 것이다.

    이 책은 저자가 그동안의 강의와 연구를 통해 축적한 자료들을 바탕으로 "선박"을 매개로 형성되는 공법적(公法的) · 사법적(私法的) 법률관계에 관한 학술정보를 제공하는 것은 물론, 동시에 후속연구에 필요한 학술적 기반을 제공하고자 한다.

선박법은 그 전부 또는 일부가 선박에 관한 법률관계를 규율하는 법규범으로 크게 형식적 의의(협의)의 선박법과 실질적 의의(광의)의 선박법이 있다.

형식적 의의의 선박법이라 함은 법률의 명칭이 「선박법」으로 명명된 단행법전을 의미한다. 실정법상 형식적 의의의 「선박법」은 1960년 2월 1일 제정·시행되고 있다.

한편, 선박법의 대상이 선박이라고 한다면, 실질적 의의의 선박법은 강학상 또는 학문적 관점에서 선박에 관한 법규범으로, 법규범의 내용이 선박과 관련된 관계의 실질이나 내용에 의해 파악된 선박에 관한 특유의 관계를 규율하는 법규범을 말한다. 그렇기 때문에 실질적 의의의 선박법은 광범위한 법영역에 걸쳐서 존재하며, 모든 법률을 다루는 것은 분명한 한계가 있다.

이 책에서는 먼저 인류문명과 배의 관계성을 들여다 본 다음, 선박에 관한 근본법인 「선박법」을 중심으로 법률의 주요내용인 선박의 국적제도, 선박의 톤수제도, 선박의 공시제도(선박등기·선박등록) 등을 다루었다. 이 책의 전문성을 높이고, 책을 접하는 독자들의 이해의 폭을 넓힐 수 있도록 해당 분야별 국제적 논의와 유사한 제도들을 소개하고 설명하였다. 특히 기존의 관련 책들이 선박법전의 체계에 따라 법조문을 순서대로 나열·정리하고 관련 제도의 연혁과 법이론에 대한 설명을 소홀히 한 것과는 달리, 이 책에서는 「선박법」상 제도의 연혁을 소개하고, 선박의 소유권 등 물권적 권리관계 공시에 관하여는 「선박등기법」과 「민법」 일반이론을 함께 설명하는 등 법이론을 보강하고자 하였다.

 해사 관련 제도의 폭넓은 이해를 위해서는 바다에 관한 법제도와 더불어, 해사제도의 근간인 선박에 관한 법체계 전반을 이해하는 것이 중요하다. 이러한 관점에서 선박을 규율하는 기본적인 법률정보를 제공하는 것이 필요하다. 선박 관련 법률은 「선박법」 이외에도 많은 법률들이 있고, 이 책에서는 선박 관련 법률 전부를 다루지는 않았다. 그러나 해사 관련 제도의 출발점이자 각종 선박 관련 제도의 근간인 「선박법」을 보다 깊이 있게 다루고 있다는 점에서 선박 관련 법률을 이해하기 위한 전문 법률도서의 역할은 충분하리라 생각한다. 모쪼록 독자들이 이 책을 통해 선박 관련 제도를 이해하는 데 보탬이 되었으면 하며, 아울러 관련 법규범을 정비하고, 관련 정책을 수립·시행하는 데 소금과도 같은 역할을 할 수 있기를 바란다.

2020년 2월
아치섬 竹爐之室에서 저자

차례

발간사 _ 4
책 머리글 _ 8

─────────────────────── 1편 총설

제1장 선박 일반 _ 15
  제1절 선박의 기원 _ 15
  제2절 선박의 종류 _ 24

제2장 선박과 선박법 _ 24
  제1절 선박과 선박규제 _ 36
  제2절 선박법의 의의 및 법원 _ 38

─────────────────────── 2편 선박법

제1장 총론 _ 61
  제1절 목적 및 연혁 _ 61
  제2절 선박의 개념 및 종류 _ 65
  제3절 적용범위 _ 77

제2장 선박의 국적 _ 79
  제1절 개요 _ 79
  제2절 연혁 및 국제 논의경과 _ 80
  제3절 선박국적에 관한 입법주의 _ 94
  제4절 선박국적의 국제법적 효과 _ 97
  제5절 우리나라의 선박국적제도 _ 99

차례

제3장 선박톤수 _ 105
제1절 개요 _ 105
제2절 선박의 톤수측정 _ 114

제4장 선박공시제도 _ 121
제1절 개요 _ 121
제2절 선박등기제도 _ 129
제3절 선박등록제도 _ 144
제4절 편의치적제도와 제2 선적제도 _ 159
제5절 우리나라의 국제선박등록제도 _ 184
제6절 소형선박에 관한 특칙 _ 195

제5장 선박법 위반에 따른 제재 _ 203
제1절 위반행위 유형 및 벌칙 _ 203
제2절 위반행위 유형 및 과태료 _ 205

【부록】

【부록 1】 선박법 _ 213
【부록 2】 선박등기법 _ 223
【부록 3】 선박등기규칙 _ 225
【부록 4】 국제선박등록법 _ 232
【부록 5】 해운항만기능유지법 _ 237

▌참고문헌 _ 245
▌찾아보기 _ 253

1편 총설

제1장 선박 일반
 제1절 선박의 기원
 제2절 선박의 종류

제2장 선박과 선박법
 제1절 선박과 선박규제
 제2절 선박법의 의의 및 법원

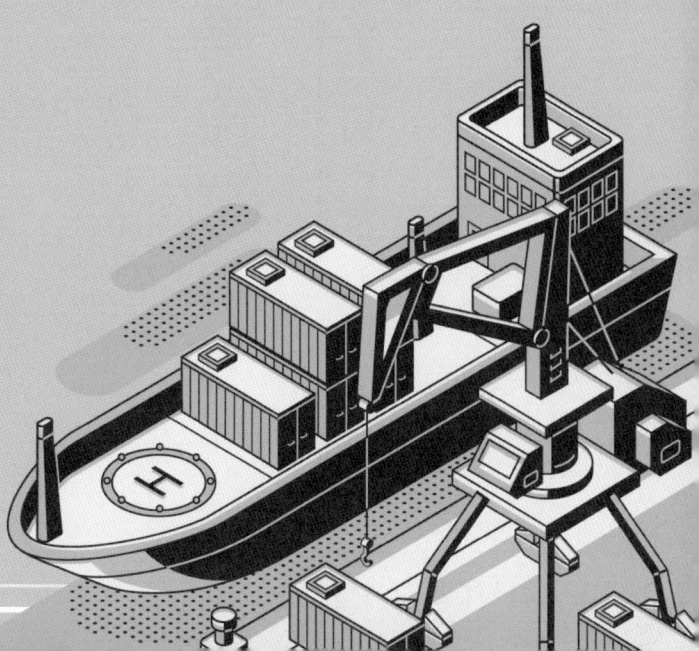

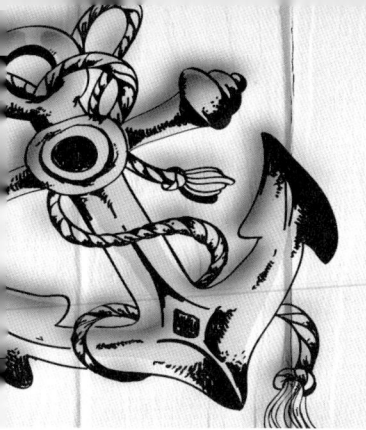

제1장 선박 일반

제1절 선박의 기원

1. 인류와 배

수백만 년 전 지구상에 인류가 출현한 이래, 기원전 5000년경 비로소 인류의 문명이 시작되었다. 인류의 4대 문명이라 일컫는 티그리스·유프라테스강 유역의 메소포타미아문명, 나일강 유역의 이집트문명, 인더스강 유역의 인더스문명, 황하강 유역의 황하문명 등 인류문명은 모두 물의 이용이 편리한 큰 강을 끼고 태동하였으며, 인류의 문명은 강과 바다를 이용하여 더욱 융성하였다.

강(江)을 중심으로 형성된 고대의 인류문명은 강이나 바다에서 물고기나 조개류 등을 채취하는 어로활동을 통해 대부분의 식량문제를 해결하였다. 더 많은 물고기나 조개를 잡기 위해서는 조금 더 멀리 나가고 물 위에 보다 오랫동안 머물 수 있어야 했다. 그러기 위해서는 물 위 뜰 수 있는 도구가 필요하였는데, 이것이 배의 기원(起源)이라 할 수 있다.

인류가 물과 바다와 밀접한 관련을 가지면서 전개될 수 있었던 것은 물을 활용할 수 있게 해 준 배가 있었기 때문이다. 배는 인류와 물의 관계를 매개함으로써 인류의 문명을 발전시키고 확산시키는 데 절대적인 기여를 하였다.

특히 나일강은 수량이 풍부하고 급류와 여울, 폭포가 적을 뿐만 아니라, 배를 상류로 밀어 올리는 북풍이 불어서 배가 다니기에 알맞은 조건 때문에 고대 이집트에서는 일찍이 배가 발달하였고, 일찍부터 수운(水運)이 발달하였다. 그 때문인지 이집트문명은 인류의 문명 중에서 최초로 물길을 이용한 문명이었다는 것이 정설이다.[1]

배는 인류가 사용한 가장 오래된 운송수단의 하나였다. 최초에는 배의 구실을 할 수 있는 부양성(浮揚性)을 갖춘 물체가 이용되었을 것으로 추정한다.[2] 예를 들면, 통나무나 발사(남아메리카지역에 자생하는 가벼운 나무의 일종)와 같이 물에 뜰 수 있는 부양물체(浮揚物體)에서 시작하여 이들을 엮어서 만든 뗏목 등의 원시형태의 배, 그리고 아주 단순한 원시적 형태의 구조선(構造船)을 거쳐 오늘날의 다양한 종류의 선박으로 진화하기까지 오랜 시간 동안 인류의 역사와 함께 발달해 왔다.

이와 같이 나무토막이나 조각을 배로 이용한 것을 배의 시초로 본다면 배는 인류의 역사만큼이나 오래되었다고 해도 과언은 아닐 것이다. 여기서 조금 더 나아가 나무토막이나 갈대, 대나무 등을 묶어서 뗏목을 만들게 되고, 또 다시 도구를 이용하여 통나무를 파서 만든 통나무배나 구부러진 나뭇가지를 골격으로 하여 가죽을 입힌 가죽배로 발전되었을 것으로 추정되며, 이러한 단계를 거치고서야 비로소 목재를 조립하여

---

1) 장석, 『선박의 이해』(해양과학총서 8), 한국해양연구원, 2002.12, 11쪽.
2) 물 위에 뜬다는 생각은 인류에게 엄청난 상상력의 산물이며, 엄청난 용기를 필요로 하는 모험이었고, 이러한 인류의 상상을 실현시킨 최초의 도구는 통나무였을 것으로 추정한다. 물에 통나무를 띄운 것은 인류의 문명의 발달에 획기적인 이정표가 될 정도로 엄청난 지적(知的) 성취이자, 인류문화에 헤아리기 힘든 공헌을 했다(장석, 상게서, 9쪽).

만든 구조선의 단계로 진화하였을 것이다. 인류가 배를 만들어 물 위를 자유롭게 왕래하고 운송수단으로 이용하게 됨으로써 육지와 더불어 강, 호수, 바다도 인류의 활동영역으로 편입되어진 것이다. 결과적으로 배는 인류문명의 영역을 순식간에 크게 확장시킨 것은 물론, 인류사회에 근본적인 변화를 가져다주었다.

배의 역사는 인류의 역사가 유구(悠久)한 것만큼이나 매우 길고, 그 쓰임에 따라 배의 종류 또한 매우 다양하다.

2. 인류 최초의 배

인류의 역사와 함께 해온 배는 언제부터 인류의 문명사에 등장하게 된 것일까. 인류는 이미 3만 년 전에 배를 만들어서 사용했다고 주장하는 사람들도 있지만, 그 주장을 뒷받침할만한 근거를 제시하지는 못하고 있다.[3]

대체로 인류가 최초로 배를 만들어 사용한 시기는 기원전(BC) 5000년 경으로 추정되고 있으며, 인류문명 최초로 물길을 이용한 것은 고대 이집트인일 것으로 추정하고 있다.[4]

나일강 하구에 살던 이집트인들이 강가에서 흔히 자생하던 식물인 파피루스(cyperus papyrus) 줄기를 엮어서 만든 배가 인류에 의해 만들어진 최초의 것이라고 소개하고 있다.[5] 지금도 아프리카 내륙의 차드호(Lake

---

[3] 선사시대 나무토막 등이 물에 뜨는 것을 보고 그것에 매달려 헤엄쳐 물을 건너는 데 성공하였고, 그것을 계기로 배가 고안되었을 것이라고 추정하지만, 그 연대는 알 수가 없다고 한다(김재근, 『배의 역사』, 서울대학교 공과대학 조선공학과 동창회, 1980, 18쪽).

[4] 장석, 전게서, 11쪽.

[5] 거제대학교 사이버조선박물관(http://cybership.koje.ac.kr/sub02/sub02.asp).

Chad)에서는 갈대를 엮어서 만든 여러 가지 형태의 파피루스선(船)이 사용되고 있다.

배의 양쪽 끝이 휘어 올라간 파피루스선의 모양은 오늘날에도 배의 선수(船首) 또는 선미(船尾)가 위로 향하는 모양에서도 그 흔적을 찾아 볼 수 있다.

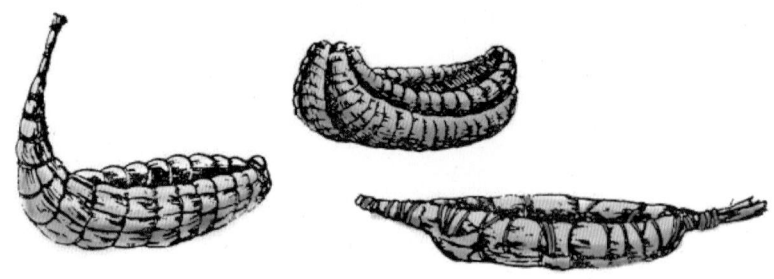

자료: 김재근, 『배의 역사』, 서울대학교 공과대학조선공학과 동창회, 1980; 거제대학교 사이버조선박물관(http://cybership.koje.ac.kr)

〈그림 1-1〉 파피루스배(왼쪽)와 발사선(오른쪽)

파피루스선이 등장한 이후 통나무 가운데를 파내서 만든 배, 대나무 등을 엮어서 만든 뗏목, 동물가죽이나 나무껍질을 이용하여 만든 피선(皮船) 등 다양한 형태의 배들이 등장하였다.[6]

뗏목, 가죽배, 카누(canoe)나 카약(kayak) 형태의 원시적 형태의 배는 극지방이나 아프리카, 남미, 아시아 등 세계 곳곳에서 지금도 이용되는 등 그 흔적들이 남아 있다.

---

[6] 파피루스선도 뗏목배의 한 유형으로 분류하고 있다(김재근, 상게서, 20쪽). 그러나 단순히 물체의 밀도가 낮아 그 자체로서 물에 뜨는 성질을 갖는 통나무 등을 엮어서 만든 뗏목은 배수(displacement of water)에 의해 뜨는 배(ship)와 구별되어야 한다는 견해가 있다(장석, 전게서, 10쪽).

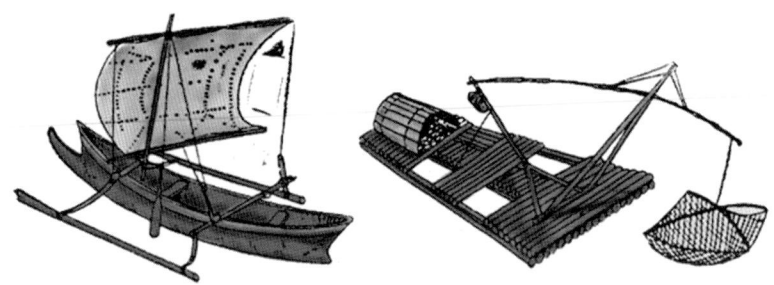

자료: 김재근, 『배의 역사』, 서울대학교 공과대학조선공학과 동창회, 1980; 거제대학교 사이버조선박물관(http://cybership.koje.ac.kr)

〈그림 1-2〉 통나무배(왼쪽)와 뗏목배(오른쪽)

 그러나 이들 원시형태의 배들은 그 크기가 작고 재질이 견고하지 못했기 때문에 파도가 없는 곳에서만 항해할 수 있었다. 파도가 있는 바다에서도 배를 타고 싶었던 인류는 보다 튼튼한 배를 만들기 위해 목재를 깎고 다듬어서 서로 엮어 골격을 만든 다음, 배를 건조하는 구조선을 만들게 되었다.

 현존하는 배의 유물 중에서 가장 오래된 구조선(構造船) 형태의 배(목재를 가공하여 배의 골격을 만들고, 자재를 조립하여 만든 배)는 뉴욕의 메트로폴리탄박물관(Metropolitan Museum of Art)이 소장하고 있는 길이 80센티미터 정도의 작은 모형선(模型船)이다. 이 배는 기원전 2000년경 고대 이집트 배이다.[7]

3. 추진방식의 진화

 인류가 처음으로 물에 띄운 통나무 등의 부양체(浮揚體)와 인류가 만든 최초의 원시형태의 배를 움직이는 데 사용된 동력원(動力源)은 오로지

---

7) 정진구, "조선업 현황과 산재예방 대책", 『안전보건』 제14권 제4호(통권 제152호), 한국산업안전공단, 2002.4, 61쪽.

사람의 힘이었다.

문헌들을 살펴보면, 신체를 이용하거나, 얕은 물에서는 긴 장대 모양의 삿대를 이용하기도 하고, 장대가 닿지 않는 깊은 물에서는 막대기 끝부분에 손바닥 모양의 평평한 물갈퀴(paddle) 달아 사용한 흔적들이 고대선(古代船)에 관한 그림들에서 많이 나타나고 있다. 이와 같은 원시적 추진도구들은 오늘날까지도 카누(canoe), 카약(kayak) 등과 같이 사람의 힘을 동력원으로 이용하는 작은 배에서 많이 사용되고 있다.[8]

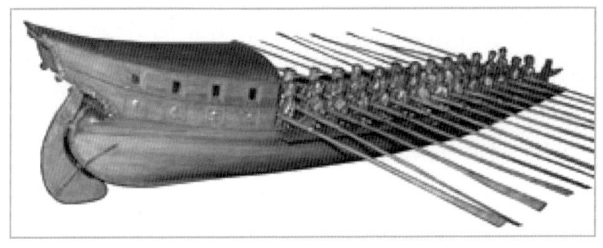

자료: 위키미디어(wikimedia.org)

〈그림 1-3〉 고대 갤리선

그 다음으로 등장한 추진도구가 바로 노(櫓)이다. 노는 물갈퀴와 달리 노를 고정시켜 받쳐주는 받침점(支點)이 있기 때문에 힘의 전달이 훨씬 용이해져서 배의 추진력을 크게 향상시켰다.[9] 노(櫓)의 사용으로 배의 추진력이 크게 향상됨에 따라 배의 크기도 점점 대형화 되었는데, 노가 없었다면 배가 그렇게 커질 수도 없었고 그리스·로마시대의 갤리

---

[8] 김재근, 전게서, 12-13쪽.

[9] 노(櫓)는 앞뒤로 밀고 당기는 방식의 서양식 노(oar)와 선미(船尾)에서 밀고 당기는 방식으로 우리나라 재래식 배에서 흔히 사용되었던 동양식 노(櫓)가 있다. 노를 나타내는 한자(漢字)를 보면 동양에도 앞뒤로 밀고 당기는 서양식 노(櫓)가 사용되었음을 알 수 있다(김재근, 상게서, 13쪽).

(Galley)선(船)[10] 같은 배도 발달하지 못했을 것이다.[11]

이처럼 초기 배의 동력은 노(櫓)나 상앗대로 사람의 힘에 전적으로 의존하는 노도선(櫓棹船)이었다. 노도선은 배의 운항이 전적으로 사람의 노동력에 의존하였기 때문에 항속(航速)에 한계가 있었을 뿐만 아니라, 원양항해가 원천적으로 불가능하였다.

이후 배에 돛을 달고 바람의 힘을 추진동력으로 이용하는 범선(帆船)이 출현함으로써 보다 먼 바다로의 항해가 가능해지게 되었다. 돛은 인류의 가장 위대한 발명품 중의 하나라고 할 정도로 선박사(船舶史)에 있어 동력선(動力船)의 발명 이상으로 큰 의의가 있다. 언제부터 인류가 배를 움직이는 데 바람을 추진동력으로 이용하기 시작했는지는 분명하지 않지만, 분명한 것은 선사시대부터 이미 배에 돛을 사용하였다는 것이다. 고대 이집트의 배들도 나일강 북쪽으로 내려갈 때는 노를 이용하고, 남쪽으로 강을 거슬러 올라갈 때는 돛을 이용하여 바람(북풍)으로 항해를 하는 등 노와 돛을 함께 사용하였다.[12]

---

10) 고대 여러 민족들이 전쟁과 상업용으로 돛이 달린 갤리(Galley)선(船)을 이용했다. 갤리선은 많은 선원이 필요로 하기 때문에 비용이 많이 들지만, 대신에 조종이 쉬워서 중세 성기까지 평상시나 전시(戰時)에 가장 많이 쓰였다. 바이킹족이 사용한 배는 한쪽에 최대 10개의 노와 가로돛 하나를 갖춘 작은 갤리선으로 50~60명을 태울 수 있었다. 비잔티움·베네치아 및 중세 해양 강대국들은 훨씬 더 정교한 갤리선을 만들었다. 13세기까지 이탈리아 갤리선들은 플랑드르 지역과 영국, 아프리카 북서부 해안까지 진출하여 무역을 했다. 큰 삼각돛과 선미키를 갖춘 갤리선이 나옴으로써 상선으로는 쓸모없게 되었지만 군사용으로는 16세기까지 쓰였다. 18세기까지 프랑스나 그 외 여러 지역의 중죄수들을 실어 배에서 노역을 시키기도 했으나 그 뒤로는 더 이상 쓰이지 않았다(다음백과).
11) 그리스인들이 처음으로 갤리선을 만든 것은 아니지만, 지중해 전역에 갤리선을 보급시킨 것이 그리스인이기 때문에 그리스의 배는 노(oar)를 쓰는 갤리선으로 상징된다. 군용선으로 크게 발전하여 페르시아전쟁과 같은 국난도 극복하였다. 그리스 문헌에는 노의 층계가 5단에 이르는 갤리선에 대한 기록도 있다(김재근, 전게서, 49쪽).
12) 이를 범요선(帆橈船)이라 하며, 대표적인 범요선으로는 중세의 바이킹선이 있다(김재근, 전게서, 13쪽).

배의 동력원이 사람의 힘에서 완전히 벗어나 온전히 돛으로만 항해하는 범선(帆船)이 일반화되기 시작한 것은 13세기경이며, 더욱 발달하여 15~6세기 범선에 의한 지리탐험시대를 거쳐 동력선이 등장할 때까지 화려한 범선의 시대가 계속되었다. 즉 범선은 19세기 초 철로 만들어지고, 증기기관을 추진동력으로 이용하는 철제 기선(機船)이 등장할 때까지 약 400년 동안 해양을 누비면서 전성기를 누렸다.

19세기 중반 이후에는 선박사(船舶史)에서 돛을 고안한 것 이상으로 선박의 역사에 획기적인 사건이 발생한다. 바로 배의 기계적 동력원(動力源)이다. 바람을 이용하는 돛에서 기계적 동력을 이용하는 증기기관으로 바뀌게 된 것이다. 초창기의 동력선은 큰 바퀴 모양의 외륜(外輪)을 증기기관으로 돌려서 이를 배의 동력으로 이용하는 외륜선(外輪船)이었는데, 증기기관을 온전히 동력원으로 이용한 것은 아니었으며, 여전히 돛을 두어 바람도 배의 동력원으로 이용하였다. 엄밀히 말하면, 범선(帆船)과 기선(機船)을 결합한 범기선(帆機船)이라 할 것이다. 이로써 동력선 시대가 도래한 것이다. 이 같이 범선과 기선이 결합된 방식은 19세기 중반이후 온전히 기관만을 동력원으로 사용하는 프로펠러를 설치한 철선(鐵船)이 등장하기까지 유지되었다.[13]

증기의 힘으로 배를 움직이겠다는 구상은 이미 1690년에 시도되었지만, 실현되지는 못하였다. 1775년 프랑스 발명가 자크 페리에(Jacques C. Perier)가 센(Seine)강에서 작은 배를 증기의 힘으로 움직이는 데 성공하였고, 이어 1802년에는 윌리엄 시밍턴(William Symington)이 외륜선 샬롯 던더스(Charlotte Dundas)호를 영국 운하에 취항시켰다. 그러다가 미국인 로버

---

[13] 쇠로 만든 배는 1777년 영국에서 처음 만들어졌다(장석, 전게서, 18쪽).

트 풀튼(Robert Fulton)이 샬롯 던더스호에 직접 승선해 본 후 1807년에 허드슨강에 끌레르몽(Clermont)호를 취항시켰는데, 끌레르몽호가 실용성과 경제성 측면에서 매우 긍정적인 평가를 받게 되면서 증기선 발달을 가속화시키는 계기가 되었다.14)

20세기 들어, 국제교역이 빠르게 증가하였고, 이에 따라 해상교통수단인 해운도 크게 번성하였다. 여기에 선박기술의 눈부신 발전으로 다양한 수요에 맞춰 다양한 배들이 생겨났으며, 배를 추진하는 동력원 역시 증기기관, 디젤, 가스터빈, 원자력 등으로 다양하게 발전하였다.

제 2 절 선박의 종류

일반적으로 선박은 선박의 용도에 따라 군함 · 상선 · 어선, 특수선 등으로, 그 재질에 따라 목선 · 목철선 · 철선 · 피복선 · 콘크리트선 · 강선 등으로, 추진방법에 따라 노도선(櫓棹船) · 범선(帆船) · 기선(機船) · 원자력선 등으로, 운반하는 화물의 상태15)에 따라 탱크선, 벌크선, 컨테이너선 등으로 분류할 수 있으며, 이외에도 적재방식16), 선형(船型), 크기 등 다양한 기준에 따라 분류할 수 있다.

---

14) 장석, 전게서, 18쪽.
15) 선박이 운송하는 화물의 상태를 기준으로 하는 경우 액체상태의 화물은 탱커(tanker), 포장된 고체 상태는 카고(cargo), 분말 상태의 화물은 캐리어(carrier)라고 부르지만, 최근에는 명확히 구분하지 않고 혼용(混用)하는 경향이 있다.
16) 화물을 적재하는 방식에 따라서는 자동차와 같이 스스로 이동할 수 있는 화물을 운반하는 선박을 Ro-Ro(Roll-on Roll-off)선이라 하고, 포장된 화물을 올렸다 내리는 방식은 Lo-Lo(Lift-on Lift-off)라 하며, 크레인으로 싣지 못하는 작은 선박이나 거대한 철구조물을 수송할 때는 화물을 물에 띄워 놓고 배가 약간 가라앉았다가 뜨면서 들어올리는 Fo-Fo(Float-on Float-off)선이 있다.

한편, 각종 해사 관련 법령상으로는 국적에 의한 국적선과 외국적선, 등기등록에 의한 등기선(登記船)·등록선(登錄船)과 부등기선·부등록선, 소유자에 의한 공유선(公有船)과 사유선(私有船), 관공선(官公船)과 민간선(民間船)의 구별, 무역내용에 의한 내항선(內航船)과 외항선(外航船), 항법에 의한 동력선·범선·잡종선·노도선, 여객운송에 의한 여객선과 비여객선, 어선의 종업 제한에 의한 어선 종류 등으로 분류할 수 있다.17)

여기서는 선박의 주된 기능이 수상 또는 수중에서 사람이나 물건을 실어 나르는 데 있다는 점에 착안하여 선박의 용도에 따라 상선(商船), 어선(漁船), 함정(艦艇), 특수목적선(特殊目的船)으로 구분하여 기술(記述)한다.

1. 상선(商船)

1) 화물선

화물선(貨物船)은 화물을 운송하기 위해 만들어진 선박이기 때문에 승무원의 거주설비를 최소화하고 하역설비에 중점을 두어 한꺼번에 많은 화물을 안전하고 신속하게 싣고 운반할 수 있도록 만들어졌다. 화물선은 다시 운반하는 화물의 종류 또는 상태에 따라 세분할 수 있다.18)

---

17) 각종 해사 관련 법령상 분류기준과 그에 따른 선박의 종류에 관한 상세는 이 책 제2편 제1장 제2절 "2. 선박의 분류" 부분을 참조.

18) 『해운법』상 해상화물운송사업에는 내항 화물운송사업, 외항 정기·부정기 화물운송사업이 있으며, 이들 사업을 경영하려면 해양수산부장관에게 등록하여야 한다(제23조 및 제24조 제1항).

〈표 1-1〉 액체화물을 실어 나르는 선박

종류	선박의 특징
유조선[19] (Tanker)	① 원유운반선 • 유전이 있는 수출국 터미널에서 정유공장이 있는 수입국 터미널로 원유를 운송하는 선박 • 적재 가능한 원유량으로 크기를 표시 ② 셔틀탱커 • 해양플랜트에서 생산된 원유를 해상에서 선적해 육상 저장기지까지 실어 나르는 선박 • FPSO와의 근접작업 중 충돌방지를 위해 조종성능이 요구되기 때문에 컴퓨터를 통해 트러스터와 프로펠러, 러더 등을 제어함으로써 원하는 선박의 위치와 방향을 유지하는 Dynamic Positioning 시스템 장착 ③ 정유운반선 • 탱커선 중에서 정유과정을 거친 석유제품을 운반하는 선박으로 정유공장 지역에서 전 세계 석유제품 소비지로 운송 • 통상 파나막스(Panamax)[20] 이하 크기로 다품종의 화물을 동시에 운송하기 때문에 화물창의 구획이 많은 복잡한 구조임
화학제품 운반선 (Chemical Tanker)	• 고순도 유지가 요구되거나 부식성이 강한 화학제품을 전문 운송하는 선박 • 정유운반선보다 작은 선박이 대부분으로, 액체 화학제품은 종류도 많고 화학/물리적인 성질이 달라 운항 중 세심한 주의가 필요 • 여러 종류의 화학제품을 동시에 운송할 수 있도록 화물창 구획이 많고, 화물 간 오염방지를 위한 화물창별 독립 배관계통이 구성되며, 선박운영의 유연성을 확보하기 위해 정유제품도 운송할 수 있는 Product/Chemical Tanker의 형태가 많음
액화천연가스 운반선 (LNG Carrier)	• LNG선은 천연으로 생산되는 비석유계 액화 천연가스를 운반하는 선박 • 고압과 극저온 상태에선 일반 금속의 취성(깨어지는 성질)이 크게 증가하므로 이를 피하기 위해 LNG선 화물창은 특별한 강철로 제작되어야 하며, 저온 유지를 위한 냉동장치와 보온설비가 필요
액화석유가스 운반선 (LPG Carrier)	• LPG는 프로판가스(비등점 -42℃)와 부탄가스(비등점 -5℃)로 구성 • 액화시키는 방법에 따라 가압식(상온에서 압력을 높여 액화)과 저온식(대기압 하에서 온도를 낮춰 액화)으로 구분

---

[19] 유조선은 화물창을 여러 개의 구획으로 나누고, 각 구획의 배관을 통해 원유나 석유제품을 선체 구조는 화물창 벽이 곧 선체 외판이 되는 단일 구조였으나, 1983년부터 발효된 「선박으로부터의 해양오염을 방지하기 위한 국제협약」에 따라 화물 탱크의 보호적 배치가 취해지면서 바다와 외판의 구조가 변했다.

〈표 1-2〉 고체화물을 실어 나르는 선박

종류	선박의 특징
컨테이너선 (Container Ship)	• 오늘날 세계 주요항로의 잡화수송은 컨테이너선에 전적으로 의존 • 컨테이너는 20피트(1TEU, Twenty-foot Equivalent Unit)와 40피트 (2TEU, Forty-foot Equivalent Unit)의 두 종류가 사용됨
산적화물선 (Bulk Carrier)	• 곡물, 광석 등 포장하지 않은 채 그대로 싣고 수송하는 선박으로 하층의 화물이 짓눌리지 않도록 중갑판으로 사이를 막지만, 산적화물선에는 칸막이가 없는 것이 특징임 • 항해 중 화물의 쏠림방지를 위해 톱사이드탱크(topside tank), 호퍼탱크(hopper tank) 등을 둠

2) 여객선

여객선(旅客船)은 13명 이상의 여객을 운송할 수 있는 선박을 말하는데, 여기에는 여객전용 여객선, 여객 및 화물 겸용 여객선이 있다(선박안전법 제2조 제10호 및 해운법 시행규칙 제1조의2).

여객선은 여객을 운송하는 것이 주된 기능이긴 하지만, 순수하게 여객만을 운송하는 여객전용 여객선보다 화물과 여객을 함께 수송할 수 있도록 건조된 겸용여객선이 더 많다. 여객 및 화물 겸용 여객선을 화객선(貨客船)이라 하는데, 대부분의 화객선은 여객과 자동차를 함께 실어 나르는 카페리(car ferry) 형태를 띠고 있다.

그리고 여객선은 그 운항방식에 따라 페리(ferry)와 크루즈(cruiser)로 구분할 수 있는데, 페리선(ferry ship)은 승객의 교통편의 제공을 목적으로 정기항로를 운항하는 정기항로 여객선을 말하고, 크루즈선(cruiser ship)은 관광목적으로 해상을 순회(국내외 관광지에 기항하는 경우도 포함)하여 부정기적으로 운항하는 관광여객선을 말한다.[21]

---

[20] 파나마운하를 통과할 수 있는 선박의 최대 크기(5만~8만DWT, 3000~5000TEU)이다. 그러나 2016년(2007년~) 확장·개통으로 12만DWT, 1만3000TEU 크기의 선박까지 통과할 수 있게 되었는데, 이를 뉴파나막스(New Panamax)라고 칭한다.

(1) 일반카페리 여객선

선박의 폐위(閉圍)된 차량구역에 차량을 육상교통 등에 이용되는 상태로 적재·운송할 수 있는 선박으로서 시속 25노트(knot, 1노트=1.852km/h) 미만으로 항행하는 여객선을 말한다(해운법 시행규칙 제1조의2 제2호 가목).

(2) 쾌속카페리 여객선

선박의 폐위된 차량구역에 차량을 육상교통 등에 이용되는 상태로 적재·운송할 수 있는 선박으로서 시속 25노트(46.3km/h) 이상으로 항행하는 여객선을 말한다(해운법 시행규칙 제1조의2 제2호 나목).

(3) 차도선(車渡船)형 여객선

차량을 육상교통 등에 이용되는 상태로 적재·운송할 수 있는 여객선을 말하는데, 위의 카페리 여객선과는 달리 폐위된 차량구역이 따로 존재하지는 않는다(해운법 시행규칙 제1조의2 제2호 다목).

〈표 1-3〉 여객선 종류

종류	선박의 특징
페리선 (Ferry)	·관광을 목적으로 여러 항구를 순회하는 크루즈선과 달리 승객의 한 곳에서 다른 곳으로 운송하는 것을 목적으로 하는 여객선 ·동일 구간을 시간표에 따라 운항하는 정기여객선의 형태로 운항되며 유럽에서 특히 발달한 선종임 ·자동차와 여객을 함께 운송하는 선박을 카페리(Car Ferry)라고 함
크루즈선 (Cruse)	·여객을 태우고 하룻밤 이상을 운항할 수 있도록 다수의 객실과 카지노, 극장, 수영장 등의 오락시설까지 갖춘 총톤수 2천 톤 이상의 선박

---

21) 『해운법』상 여객운송사업에는 내항 정기·부정기 여객운송사업, 외항 정기·부정기 여객운송사업, 순항(巡航) 여객운송사업, 복합 해상여객운송사업이 있으며, 이들 해상여객운송사업을 경영하려면 사업 종류별로 항로마다 해양수산부장관의 면허를 받도록 하고 있다(제3조 및 제4조 제1항).

2. 어선

어선(漁船)은 어로작업에 종사하는 선박을 말하는데, 「어선법」[22]은 어선의 개념을 확대하여 어로활동과 관련된 선박도 어선의 범위에 포함시키고 있다. 즉 (1)어업, 어획물운반업 또는 수산물가공업[23]에 종사하는 선박, (2)수산업에 관한 시험·조사·지도·단속 또는 교습에 종사하는 선박, (3)어선 건조허가를 받아 건조 중이거나 건조한 선박, (4)어선의 등록을 한 선박을 말한다(어선법 제2조 제1호 각목).

어선은 그 분류기준에 따라 그 종류가 매우 다양하다. 먼저, 선박의 재질에 따라 목선, 강선, FRP(Fiber Reinforced Plastics)선, 경금속선 등으로, 둘째, 포획대상인 어종(魚種) 및 어업방법에 따라 선망어선, 유자망어선, 예망어선, 채낚기어선, 연승어선, 통발어선, 안강망어선 등으로, 셋째, 운반어획물 상태에 따라 선어운반선, 활어운반선, 냉동어운반선 등으로, 넷째, 어장에 따라 연안어선, 근해어선, 원양어선으로, 어선이 수행하는 특수한 업무에 따라 시험선, 조사선, 교습선, 단속선, 어업지도선 등으로, 다섯째, 어선의 용도에 따라 공모선(工母船), 독항선(獨航船), 그물배, 어탐선(魚探船) 등으로 분류할 수 있다.

---

[22] 어선의 적정한 수급조절과 조업안전을 기하여 어업생산력의 증강과 어민소득증대를 기하기 위하여 각 부처에서 분산 관장하고 있는 어선의 건조조정·등록·검사 등의 업무를 일원화하여 합리적인 어선행정으로 발전시키기 위하여 1977년 12월 31일 제정하였다(시행 1979.1.1).

[23] 어업·어획물운반업 및 수산물가공업을 "수산업"이라 하고(수산업법 제2조 제1호), 어업현장에서 양륙지(揚陸地)까지 어획물이나 그 제품을 운반하는 사업을 "어획물운반업"이라 하며(동조 제3호), 이란 수산동식물을 직접 원료 또는 재료로 하여 식료·사료·비료·호료(糊料)·유지(油脂) 또는 가죽을 제조하거나 가공하는 사업을 "수산물가공업"이라 한다(동조 제4호).

⟨표 1-4⟩ 용도별 어선의 종류

종류	선박의 임무
공모선	· 어로현장에서 어획한 수산물을 처리하고 가공하는 배(factory ship) · 어획물을 제조·가공하고 이들 제품을 저장하는 창고 역할
독항선	원양어업에서 고기를 잡아 모선(母船)이나 기지(基地)에 넘기는 작은 배[24]
그물배	· 그물을 끄는 배를 말하는데, 본선(本船)이라고 함 · 보조선(어탐선, 운반선, 소형전마선 등)과 함께 선단을 형성하여 조업
어탐선	초음파를 이용하여 고기떼가 있는 곳을 알아내는 기기(어군탐지기)를 갖춘 배

3. 특수목적선

특수목적선은 해상운송이 주된 기능인 선박과는 달리, 특수한 임무를 수행하기 위해 만들어진 배를 말한다. 작업선(作業船), 운반선(運搬船), 단속선(團束船) 등이 있다.

첫째, 작업선은 해상에서 수행하는 각종 특수한 작업에 사용하는 배이다. 여기에는 예인선(曳引船, tug boat), 밀배, 준설선(浚渫船, dredger), 소방선(消防船, fire boat), 해난구조선(海難救助船, salvage boat), 쇄빙선(碎氷船, ice breaker), 쇄암선(碎岩船, rock cutter), 설표선(設標船), 케이블선(cable layer ship), 기중기선(起重機船, floating crane), 해양조사선(海洋調査船, floating instrument platform), 해양개발선(FDS; Field Development Ship) 등이 있다.

둘째, 운반선(運搬船)은 해상에서 각종의 특수물자를 나르는 데 사용하

---

[24] 오늘날처럼 어선의 규모가 커지고 어선에 냉동가공시설을 갖추기 전에 냉동가공시설을 갖춘 모선에 딸려 실제로 고기를 잡던 배이다.

는 배이다. 여기에는 운반하는 내용물에 따라 차량운반선, 급수선, 급유선, 오물선, 거룻배, 흙운반선 등이 있다.

셋째, 단속선(團束船)은 해상의 경비·감시 등의 임무를 수행하는 배이다. 여기에는 순시선(巡視船), 경비선(警備船), 등대순시선(燈臺巡視船), 세관감시선(稅關監視船) 등이 있다.

〈표 1-5〉 작업선의 종류

종류	선박의 임무
예인선	선박이나 부양물체를 끌거나 밀어서 이동시키는 데 사용하는 배 (대양용, 연안용, 항내용, 하천용)
밀 배	항내에서 안벽에 선박을 접안시킬 때 접안하려는 선박을 미는 배
준설선	강이나 항만 등의 하상의 퇴적물을 파내기 위해 사용되는 배
소방선	해상에 정박해 있는 선박의 화재나 해상의 화재를 진화하는 배
해난구조선	충돌이나 좌초, 화재, 침몰 등 해난사고를 당한 배나 사람 등을 구조하는 데 사용하기 위해 제적된 배
쇄빙선	선박의 중량을 이용하여 빙판을 깨뜨려 뱃길을 여는 데 사용되는 배 우리나라 최초의 쇄빙선 → 아라온호(2009.6.15 건조)
쇄암선	준설선으로는 굴착할 수 없는 수중 또는 해상의 암반을 깨뜨려 부수는 작업을 하는 배
설표선	해양 부표(浮標)의 설비·보수와 감시를 행하며 등대의 인원을 교체하거나 건설용 자재를 운반하는 데 사용하는 배
케이블선	해저에 전선(電線)을 부설(敷設)하거나, 매설된 전선을 보호·수리하는 데 사용되는 배
기중기선	항만이나 각종 해양구조물 공사 시 해상에서 중량물을 운반하거나 설치하는 데 쓰이는 기중기 또는 기중기가 설치된 배
해양조사선	해양을 조사·관측하는 데 사용하는 배 (기상관측선, 수로측정선, 지질조사선, 어업조사선, 극지관측선, 잠수조사선 등)
해양개발선	수심이 깊거나 파도가 심해 고정된 구조물을 설치할 수 없는 해상에서 해양개발을 하는 데 사용하는 배(대형작업선, 해저유전굴착선, 드릴십, FPSO 등)

이외에도 배와 육지와의 교통에 종사하는 통선(通船), 선박을 안전한 수로(水路)로 안내하는 도선선(導船船, pilot ship), 주요 항구에 배치되어 배들의 검역을 담당하는 검역선(檢疫船, quarantine ship), 섬 등을 돌아다니면서 진료하는 데 사용하는 진료선(診療船, hospital ship), 실습선(實習船, training ship), 탐험선(探險船, research ship) 등이 있다.

4. 군사용 함정

함정 또는 군함(軍艦, warship)은 주로 해군이 소유하는 핵심전투 장비로 해상 전투를 목적으로 하는 배로써 국가가 그 군사력을 해상으로 확대하는 주요수단으로 사용된다.

〈표 1-6〉 군함의 분류

전투함	기타전투함	보조함	전투주정	비고
항공모함	초계함	군수	초계정	-
수상전투함	상륙전함	지원함	상륙전주정	-
전함	기뢰전함	지원함	기뢰전주정	-
순양함	-	-	-	-
구축함	-	-	-	-
잠수함	-	-	-	-

함정은 그 수행하는 주된 임무에 따라 전함(戰艦, battleship), 순양함(巡洋艦, cruiser), 구축함(驅逐艦, destroyer), 호위함(護衛艦, convoy), 초계함(哨戒艦), 지원함(支援艦, support ship), 항공모함(航空母艦, aircraft carrier), 잠수함(潛水艦, submarine) 등이 있다.

군함은 한 국가의 군대에 속하는 선박으로서 그 국가의 국적을 가진 그와 같은 선박임을 표시하는 외부표지를 지니고, 그 국가의 정부에 의해

정식으로 임명되어 그 성명이 적절한 군적부(軍籍簿) 또는 그것과 대등한 것에 기재되어 있는 사관의 지휘 하에 있으며, 또한 정규 군대의 규율(規律) 하에 있는 승조원이 배치되고 있는 것을 말한다(유엔해양법협약 제29조).

〈표 1-7〉 군사용 함정의 종류

종류	선박의 임무
전함	군함 중에서 강력한 공격력과 방어력을 갖춘 배로 함(艦) 대 함(艦) 전투를 위주로 설계, 무장한 대형 함선
순양함	전함과 구축함의 중간급인 다목적 전투함, 순항거리가 길고 고속임
구축함	대잠전, 대공방어, 항공모함 및 선단호위, 해상교통로 보호, 대잠초계, 해상구조 등 다양한 임무 수행하기 위한 군함
호위함	주로 대잠전에 운용되나, 대함전이나 대공전 또는 상륙부대나 해상보급부대의 선단 호송임무 수행
초계함	대함 및 대잠전 수행이 가능하고 우군 전력을 보호하기 위해 주로 연안 경비 임무를 수행하는 함정
상륙함	병력과 장비를 수송하여 육지에 상륙시키는 임무를 수행하는 함정
지원함	공격함이나 보조함으로 지정되지 않고 지원 임무를 부여 받은 함정
잠수함	수중과 수면에서 자체의 추진력으로 움직일 수 있는 군용 선박
항공모함	항공기 운용을 전문으로 하는 군함 항공기 이착륙을 위한 넓은 갑판과 수리 시설 등을 갖추고 있음

군함도 군대와 같은 의미에서 국가기관이다. 따라서 기국(旗國)의 영해 내에서는 물론, 공해상에서도 그 기국 이외의 어떠한 국가의 관할권으로부터도 완전히 면제된다. 군함은 상선과 달라서 외국의 영해에서 무해통항권(無害通航權)을 갖지 않으나, 국제항행(국제교통)의 요로(要路)에 해당하는 영해 부분에서는 무해통항권이 인정된다. 군함은 합법적으로

외국의 영해 또는 항만에 있는 동안에는 불가침권(不可侵權)과 치외법권(治外法權)을 가지고 영수국(領水國)의 재판관할로부터 면제된다.[25]

5. 법률에 따른 분류

1) 선박법상 분류

(1) 선박의 운항방식

「선박법」은 선박의 운항방식에 따라 기선, 범선, 부선으로 분류하고 있다.

첫째, 기선(機船)은 기관(機關)을 사용하여 추진하는 선박(선체 밖에 기관을 붙인 선박으로서 그 기관을 선체로부터 분리할 수 있는 선박 및 기관과 돛을 모두 사용하는 경우로서 주로 기관을 사용하는 선박을 포함)과 수면비행선박[26](표면효과 작용을 이용하여 수면에 근접하여 비행하는 선박)을 말한다.

둘째, 범선(帆船)은 돛을 사용하여 추진하는 선박(기관과 돛을 모두 사용하는 경우로서 주로 돛을 사용하는 것을 포함)을 말한다.

셋째, 부선(艀船)은 자력항행능력(自力航行能力)이 없어 다른 선박에 의하여 끌리거나 밀려서 항행되는 선박을 말한다.

(2) 선박의 크기

「선박법」은 선박의 크기에 따라 선박, 소형선박으로 분류하고 있다. 분류기준은 총톤수 20톤 미만의 기선 및 범선, 총톤수 100톤 미만의 부선을 소형선박으로 분류하고 있다(선박법 제1조의2).

---

25) 『한국민족문화대백과사전』 참조.
26) "수면비행선박"이란 날개 및 선체와 수면사이의 유체동력학적인 상호작용에 의하여 발생되는 높은 압력의 공기쿠션효과(수면효과)를 이용하여 수면과 접촉 없이 수면으로부터 가까운 높이에서 운항하는 선박을 말한다(수면비행선박기준 제2조 제1호).

(3) 선박의 국적

「선박법」은 선박의 국적을 기준으로 한국선박과 외국선박으로 분류하고 있다. 한국선박은 국유 또는 공유의 선박, 대한민국 국민이 소유하는 선박, 대한민국의 법률에 따라 설립된 상사법인(商事法人)이 소유하는 선박, 대한민국에 주된 사무소를 둔 제3호 외의 법인으로서 그 대표자(공동대표인 경우에는 그 전원)가 대한민국 국민인 경우에 그 법인이 소유하는 선박을 말한다.

이들 선박의 소유자는 선적항을 정하고 선적항을 관할하는 해무관청에 해당 선박을 등록신청할 의무가 있다.

2) 상법상 분류

상법상 선박을 분류하는 기준은 크게 두 가지로 구분할 수 있다. 첫째, 상법의 적용대상인 선박은 상행위나 그 밖의 영리를 목적으로 항해에 사용하는 선박을 전제로 하기 때문에 선박은 그 항해에 사용하는 목적에 따라 영리선(營利船)과 비영리선(非營利船)으로 구분할 수 있다(상법 제740조).

둘째, 상법은 등기 및 등록할 수 있는 선박과 이에 해당하지 않은 선박, 즉 등기선과 비등기선, 등록선과 비등록선으로 구분할 수 있다. 선박의 등기 및 등록기준은 「선박법」과 「선박등기법」에 따라 정해진다.

상법은 등기 및 등록할 수 있는 선박의 경우 그 소유권의 이전은 당사자 사이의 합의만으로 그 효력이 생기도록 하되, 이를 등기하고 선박국적증서에 기재하지 아니하면 제3자에게 대항하지 못하도록 하고 있다(상법 제743조).

제 2 장 선박과 선박법

제 1 절 선박과 선박규제

국가는 국가질서를 정당하게 질서지우기 위해 국민의 생활에 간섭을 하게 된다. 즉 국가나 지방자치단체가 국민의 활동들에 대하여 특정 질서를 부여하고 특정 목적을 실현하기 위하여 그 권리를 제한하거나 의무를 부과하는 등과 같은 간섭을 규제(規制, regulation)라고 한다.

국가의 규제는 그 규제를 실현시키는 방법에 따라 권력적(權力的) 규제와 비권력적(非權力的) 규제로 구분할 수 있다.

권력적 규제는 규제수단이 무엇인가에 따라 법률에 의한 규제(법률적 규제), 행정권에 의한 규제(행정적 규제), 입법권에 의한 규제(입법적 규제)로 구분할 수 있다. 첫째, 법률적 규제는 일정한 행위를 일률적으로 금지·명령하고, 규제의 효과를 담보하기 위해 금지·명령을 위반하는 자에 대하여는 일정한 벌칙을 부과하는 규제방식으로 법률에 의한 직접적인 규제이다. 이러한 규제는 일정한 행위를 일률적으로 금지·명령하는 것 자체만으로도 규제목적을 달성할 수 있다고 판단되는 경우에 주로 이용된다. 오늘날 생활관계는 매우 복잡하고 다양하기 때문에 이를 일률적으로 규제할 수 없는 경우가 대부분이다. 따라서 행정적 또는 입법적 규제 등 다른 규제와 결합되는 경우가 많다. 둘째, 행정적 규제는 행정기관이 직접 또는 행정기관으로부터 그 업무를 위임받은 자가 법률에 기초하여 일정한 행정처분[1] 형식으로 행정권을 발동하는 규제방식이다. 오늘날 복잡하고 다양하고 전문화된 경제활동들에 보다 탄력적인 대응을 하기 위하여 많이 활용되는 행정권에 의한 규제방식이다. 셋째, 입법을 통하여 사법상의 법률관계 그 자체에 대하여 직접적인 수정 또는 변경을 가하거나, 일반 사법원칙에 수정 또는 변경을 가하는 규제방식이다.

비권력적 규제는 국가가 권력적 수단을 통해 국민의 생활관계를 강제적으로 규율하는 것이 아니라, 각종 보조금·융자 및 세제혜택 등의 '비권력적·사법적(私法的) 수단에 의한 규제'와 권고·지시 등의 '비권력적 행정지도에 의한 규제'가 있다. 첫째, 비권력적·사법적 수단에 의한 규제는 국가가 국민의 생활관계에 강제적·권력적으로 간섭·개입하는 것이 아니라, 비권력적인 방법으로 규제를 가하는 것이고, 그 방법도 사법적인 수단, 즉 소유관계(투자), 계약관계(매매, 임대차, 소비대차, 증여 등)에 의존하는 규제방식이다. 이러한 비권력적 규제는 피규제자의 이행을 담보할 수 없다는 한계가 있기 때문에 종종 권력적 규제를 통해 보완되어야 할 필요가 있다. 둘째, 비권력적 행정지도[2]에 의한 규제도 마찬가지로 국가가 강제적·권력적으로 생활관계에 간섭·개입하는 것이 아니라, 행정 권고·지시·지도·감독 등과 같은 비권력적 행정지도를 통해

---

[1] "처분"이란 행정청이 행하는 구체적 사실에 관한 법 집행으로서의 공권력의 행사 또는 그 거부와 그밖에 이에 준하는 행정작용(行政作用)을 말한다(행정절차법 제2조 제2호).
[2] "행정지도"란 행정기관이 그 소관 사무의 범위에서 일정한 행정목적을 실현하기 위하여 특정인에게 일정한 행위를 하거나 하지 아니하도록 지도, 권고, 조언 등을 하는 행정작용을 말한다(행정절차법 제2조 제3호).

규제하는 방식이다. 이러한 비권력적 행정지도는 강제력이 없는 규제이기 때문에 법률적 근거를 필요로 하는가에 의견이 갈리고 있다. 이러한 비권력적 행정지도가 행정처분으로 볼 수 있는가의 여부가 불분명하기 때문에 행정법상 구제수단이 미흡할 수 있다[3]는 점에서 행정지도가 남용되지 않도록 하여야 할 것이다. 오늘날에는 비권력적 규제에 대하여도 법률적 근거규정을 두는 경우가 대부분이다.[4]

국가의 규제, 특히 권력적 규제는 반드시 법률에 근거하여야 하며, 법률에 근거하지 않은 규제로 국민의 권리를 제한하거나 의무를 부과하지는 못한다(행정규제기본법 제4조 제1항 및 제3항). 이를 규제법정주의(規制法定主義)라고 한다.[5] 또한, 규제는 법률에 직접 규정하되 그 세부적인 내용은 법률 또는 상위법령(上位法令)에서 구체적으로 범위를 정하여 위임한 바에 따라 대통령령·총리령·부령 또는 조례·규칙 등으로 정할 수 있다. 다만, 법령에서 전문적·기술적 사항이나 경미한 사항으로서 업무의 성질상 위임이 불가피한 사항에 관하여 구체적으로 범위를 정하여 위임한 경우에는 고시 등으로 정할 수도 있다(행정규제기본법 제4조 제2항). 규제를 하는 경우에도 그 본질적 내용을 침해하지 못한다(행정규제기본법 제5조 제1항).

「선박법」, 「선박안전법」, 「어선법」, 「어선원 및 어선 재해보상보험법」 등 선박 관련 법률에서의 규제는 대체로 국가가 해사행정상의 목적을

---

[3] 행정지도는 법적 구속력이 없기 때문에 행정청의 책임소재가 명확하지가 않으며, 권력 작용이 아니기 때문에 그 처분성을 인정하기가 어렵다. 따라서 행정지도로 인한 국가배상책임을 인정하는 데 어려움이 따를 수 있다.

[4] 권오승, 『경제법』, 박영사, 2011, 67쪽.

[5] 정부는 불필요한 행정규제를 폐지하고 비효율적인 행정규제의 신설을 억제함으로써 사회·경제활동의 자율과 창의를 촉진하여 국민의 삶의 질을 높이고 국가경쟁력의 지속적인 향상을 위하여 「행정규제기본법(시행1998.3.1, 1997.8.22제정)」을 제정하고 '규제법정주의'를 채택하였다.

실현하기 위해 선박에 관한 각종 법률 및 사실행위에 개입하여 해사행정 또는 법률관계에 일정한 영향을 미치는 것이다.

또한, 일반적으로 법규범이라는 것은 인간의 사회생활 전반을 규율대상으로 한다면, 선박 관련 법률이 규율하는 대상은 선박 그 자체와 선박소유자[6]이다.

제2절 선박법의 의의 및 법원

1. 의의

선박법(또는 선박법규)은 그 전부 또는 일부가 선박을 중심으로 하는 법률관계를 규율하는 법규범으로 크게 형식적 의의(협의)의 선박법과 실질적 의의(광의)의 선박법으로 구분할 수 있다.

형식적 의의의 선박법이라 함은 법률의 명칭이 「선박법」으로 명명된 단행법전을 의미한다. 실정법상 형식적 의의의 「선박법」은 1960년 2월 1일 제정·시행되고 있다.

한편, 선박법의 대상이 선박이라고 한다면, 실질적 의의의 선박법은 선박에 관한 법규범으로 강학상 또는 학문적 개념이라 할 수 있다. 즉 형식적 의의의 선박법의 유무나 그 내용에 관계없이 규율대상인 선박과 관련된 관계의 실질이나 내용에 의해 파악된 선박에 관한 특유의 관계

---

[6] 선박소유자는 선주, 선주로부터 선박의 운항에 대한 책임을 위탁받고 선박소유자의 권리 및 책임과 의무를 인수하기로 동의한 선박관리업자, 대리인, 선체용선자(船體傭船者) 등을 포함하는 개념이다(선원법 제2조 제2호 및 선박직원법 제3조 제2항 참조).

를 규율하는 법규범을 말한다. 따라서 실질적 의의의 선박법은 선박에 관한 법규범 또는 선박을 중심으로 형성되는 법률관계를 규율하는 법규범의 총체라고 할 수 있다.

2. 법원

법원(法源) 또는 법의 연원(淵源)이라 함은 법의 근원, 존립원인, 존립근거 등을 말하는데, 일반적으로 법의 존재형식을 말한다. 이러한 법원의 존재형식은 법이 어떠한 형태로 존재하는가에 따라 성문법(成文法)과 불문법(不文法)으로 구분된다.

먼저, 문자로 표현되고 문서의 형식을 갖춘 법규범을 성문법이라 하며, 이는 국가의 입법기관을 통해 일정한 절차를 거쳐 제정되기 때문에 성문법을 제정법(制定法)이라고도 한다.

이에 반해, 불문법은 성문법과 대립되는 개념으로 문자로 표현되어 있지 않은 것으로 입법기관의 제정절차를 거치지 않고 형성되는 법규범을 말한다. 대륙법계로 분류되는 우리나라는 성문법주의를 취하고 있다.

선박법(광의의 선박법)에는 선박에 관한 사법적(私法的) 법률관계를 규율하는 법규범도 있지만, 대부분의 선박 관련 법규범은 해무관청에 의한 선박 또는 선박소유자의 관리·감독 등 공법적(公法的) 법률관계를 규율 대상으로 하고 있다. 즉 선박 관련 법규범은 선박 또는 선박소유자 등에 대한 공법적 규제가 주된 내용이기 때문에 그 내용을 명확히 하고, 법적 안정성과 예측가능성을 높이기 위해 제정법이 필요하다. 따라서 불문법주의를 취하는 영미국가에서도 선박 관련 법 영역에서는 많은 성문의 제정법이 있다.

1) 제정법

우리 법체계상 선박법의 법원이 될 수 있는 법역(法域)은 사법영역과 공법영역으로 구분할 수 있다.

첫째, 선박을 매개로 형성되는 민사적(경제적) 법률관계를 규율하는 사법영역의 법률이 있다. 「민법」과 「상법」 등이 이에 해당한다.

둘째, 선박을 매개로 형성되는 형사적 법률관계를 규율하는 형사법(刑事法) 분야, 그리고 해무관청에 의한 선박의 관리·감독 등에 관한 행정법(行政法) 분야에 속하는 공법영역의 법률이 있다.

다만, 선박 관련 법규범은 공법영역에 속하는 법률이 대부분인데, 해무관청의 선박 관리·감독 등에 관한 사항과 법 위반행위에 대한 벌칙 규정(행정벌과 형사벌)을 함께 규정하고 있다.

(1) 선박법전

대표적인 제정법으로는 「선박법」과 「어선법」[7]이 있다.[8] 「선박법」은 선박 관련 법률 중에서 가장 기본적이고 직접적인 법원이 되는 법률로, 일제강점기에 총독부령으로 제정된 「조선선박령(朝鮮船舶令)」을 대체하기 위해 1960년 2월 1일 제정된 법률로 공포와 동시에 시행하였다.[9]

제정 당시 「선박법」은 본문 37개 조, 부칙 5개 조로 총 42개의 조문(條文)으로 구성되어 있었다.

---

[7] 「어선법」은 어선의 건조·등록·설비·검사·거래 및 조사·연구에 관한 사항을 규정하고 있다. 선박법의 범주에 속하는 법률이지만, 이 책에서는 논의대상에서 제외하였다.

[8] 현행 「선박법」이 제정되기 이전, 근대적 의미의 선박 관련 법률로는 일제가 본격적인 침략을 위한 준비단계에서 법령정비작업의 일환으로 1910년 4월 1일 법률 제1호로 제정한 「선박법」이 있었다(최낙정, "우리나라 국제선박등록법에 관한 고찰", 『해법학회지』 제20권 제1호, 한국해법학회, 1998.3, 156쪽).

[9] 현행 「선박법」은 1914년 4월 일제강점기에 조선총독부령 제7호로 제정되었던 「조선선박령(단기 4247년 제령 제7호)」이 해방이후에도 미군정 하에서 계속 유지되어 왔었다. 「선박법」은 「조선선박령」을 대체하기 위해 제정하였다.

(2) 기타 단행법

「선박법」이외에도 선박을 주요 대상으로 하는 다수의 제정법이 있다.

먼저, 사법영역에 속하는 법률로는, 해상기업의 물적 설비인 선박과 선박을 매개로 형성되는 법률관계를 규율하는 「상법(해상편)」, 선박소유자 등의 책임제한의 절차에 관하여 필요한 사항을 규정하는 「선박소유자 등의 책임제한절차에 관한 법률」 등이 있다.

그리고 공법영역에 속하는 법률로는, 선박의 등기에 관한 사항을 정하는 「선박등기법」, 국제선박의 등록과 국제선박에 대한 지원 등에 관한 사항을 정하는 「국제선박등록법」, 선박관리산업의 육성·지원과 발전기반에 필요한 사항을 정하는 「선박관리산업발전법」, 선박의 감항성(堪航性) 유지 및 안전운항에 필요한 사항을 규정하는 「선박안전법」, 선박직원으로서 선박에 승무(乘務)할 사람의 자격에 관한 사항을 정하는 「선박직원법」, 무역항의 수상구역 등에서 선박의 입항·출항에 대한 지원과 선박운항의 안전 및 질서 유지에 필요한 사항을 규정하는 「선박의 입항 및 출항 등에 관한 법률」, 선박의 안전운항을 위한 해상교통에 관한 사항을 정하는 「해사안전법」, 선박평형수 및 그 침전물의 처리·교환·주입·배출 관리 등에 관한 사항을 규정하는 「선박평형수관리법」, 어업에 종사하는 어선원 등과 어선에 대한 재해보상보험사업에 관하여 규정하는 「어선원 및 어선 재해보상보험법」 등 다수의 법률이 있다.

이와 같이 우리 법체계 하에서 선박법의 법원이 될 수 있는 법률의 범위는 대단히 넓고 그 범주가 대단히 광범위하다.

2) 국제조약

「대한민국헌법」 제6조 제1항은 "헌법에 의하여 체결·공포된 조약과 일반적으로 승인된 국제법규는 국내법과 같은 효력을 가진다."고 규정하고 있다. 따라서 선박에 관하여 국가가 체결·승인한 국제조약[10]과 일반적으로 승인된 국제법규범은 선박법의 법원이 된다.

참고로, 2019년 3월 현재 국제해사기구(IMO)에서 채택한 국제해사협약의 수는 총 59개인데, 이 중 32개 협약에 가입하여 국내적으로 수용하였으나, 나머지 27개 협약은 아직 가입하지 않은 상태이다.[11]

---

10) 선박에 관하여 우리나라가 체결·승인한 국제조약에는 「선박톤수측정에 관한 국제협약(International Convention on Tonnage Measurement 1969)」, 「선박우선특권과 저당권에 관한 국제조약(International Convention on Maritime Liens and Mortgages 1993)」, 「국제만재흘수선조약(International Convention on Load Lines 1966)」, 「선박가압류국제조약(The International Convention on Arrest of Ships 1999)」 등이 있다.

11) 분야별로 살펴보면, 해양환경보호분야 14개 협약 중 가입 11개(미가입 3개), 책임 및 보상분야 17개 협약 중 가입 5개(미가입 12개), 해상안전분야 20개 협약 중 가입 11개(미가입 9개), 기타 분야 8개 협약 중 가입 5개(미가입 3개) 등이다(해양수산부 해사안전정책과, "2019년도 국제해사기구(IMO) 국제협약 현황", 부서별 사전공표정보 자료, 2019.3.21).

<표 1-8> 국제해사기구(IMO) 국제해사협약 총괄(2019.3 현재)

(총 59개: 가입 32, 미가입 27)

구분	협약명	국내 발효 (가입일)	국제 발효일 (채택일)	가입국수	주요내용
1	국제해사기구협약 (IMO Convention; Convention on the International Maritime Organization)	'62.4.10 (〃)	'58.3.17 ('48.3.6)	174	• 총회, 이사회, 해사안전위원회, 법률위원회 및 해양환경보호위원회의 절차에 관한 규정
2	해상인명안전협약 (SOLAS 1974; International Convention for the Safety of Life at Sea 1974)	'81.3.31 ('80.12.31)	'80.5.25 ('74.11.1)	164	• 선박의 구조·설비 및 화물의 운송에 관한 기준 • 선박검사 및 증서 발급에 관한 사항 • '60 SOLAS 대체
3	해상인명안전협약 1978 의정서 (SOLAS Protocol 1978; Protocol of 1978 relating to the International Convention for the Safety of Life at Sea 1974)	'83.3.2 ('82.12.2)	'81.5.1 ('78.2.17)	121	• 유조선의 안전 및 해양오염방지를 위한 '74 SOLAS의 개정 - 유조선 레이다 및 조타장치 이중설치 의무화
4	해상인명안전협약 1988 의정서 (SOLAS Protocol 1988; Protocol of 1988 relating to the International Convention for the Safety of Life at Sea 1974)	'00.2.3 ('94.11.14)	'00.2.3 ('88.11.11)	116	• 선박검사 및 증서발급기간의 통일을 위한 '74 SOLAS 개정 - 협약증서 유효기간을 5년으로 통일
5	스톡홀름 협정 1996 (SOLAS Agreement 1996)	미가입	'97.4.1 ('96.2.28)	12	• 북서유럽 및 발틱해 항구 간 정기 운항하는 로로여객선의 복원성에 관한 특별요건에 관한 1997년 지역협정 • 동 협약은 아국과 무관
6	국제만재흘수선협약(LL 1966) International Convention on Load Lines 1966	'69.10.10 ('69.7.10)	'68.7.21 ('66.4.5)	162	• 안전 항해를 확보할 수 있는 만재흘수선 지정

구분	협약명	국내발효 (가입일)	국제발효일 (채택일)	가입국수	주요내용
7	국제만재흘수선협약 1988 의정서 (LL Protocol 1988) Protocol of 1988 relating to the Inter-national Convention on Load Lines 1966	'00.2.3 ('94.11.14)	'00.2.3 ('88.11.11)	111	• 선박검사 및 증서발급기간 통일을 위한 '66 LL의 개정
8	선박톤수측정협약 (TONNAGE 1969; International Convention on Tonnage Measurement of Ships 1969)	'82.7.18 ('80.1.18)	'82.7.18 ('69.6.23)	157	• 선박톤수측정의 통일된 국제기준 - 총톤수, 순톤수, 재화중량톤수
9	해상충돌예방규칙 (COLREG 1972; Convention on the International Regulations for Preventing Collisions at Sea 1972)	'77.7.29 (〃)	'77.7.15 ('72.10.20)	159	• '60 COLREG 대체 • 항법(Traffic Rule) 및 선박의 등화와 형상물 규정 • 통항분리제도(Traffic Separate Scheme)설정
10	안전한 컨테이너에 관한 국제협약(CSC 1972) International Convention for Safe Containers 1972	'79.12.18 ('78.12.18)	'77.9.6 ('72.12.2)	84	• 컨테이너의 안전을 위한 구조 및 강도요건 규정
11	안전한 컨테이너에 관한 국제협약 1993 개정 (CSC 1993 amendments; International Convention for Safe Containers 1993 amendments)	미가입	미발효 ('93.11.4)	11	• 조문, 부속서 개정
12	어선의 안전에 관한 토레몰리노스협약 1993 의정서 (SFV Protocol 1993; Torremolinos Protocol of 1993 Relating to the Torremolinos International Convention for the Safety of Fishing Vessels 1977)	미가입	미발효 ('93.4.2)	17	• '77 어선의 안전에 관한 토레몰리노스협약(SFV협약)의 설비규정 완화 • SFV PROT 1993의 독자적인 발효보다는 동 협약의 발효를 촉진시키기 위해 채택된 Cape Town Agreemnet 2012와 같이 봐야 함

구분	협약명	국내발효 (가입일)	국제발효일 (채택일)	가입국수	주요내용
13	선원훈련·자격증명 및 당직유지 기준에 관한 국제협약 (STCW 1978; International Convention on Standards of Training, Certification and Watchkeeping for Seafarers 1978)	'85.7.4 ('85.4.4)	'84.4.28 ('78.7.7)	164	· 선원의 훈련·자격증명 및 당직근무에 관한 최저기준 규정 · 선장, 항해사, 기관사에 대한 재교육규정
14	어선원 훈련·자격증명 및 당직유지의 기준에 관한 국제협약(STCW-F 1995; International Convention on Standards of Training, Certification and Watchkeeping for Fishing Vessel Personnel 1995)	미가입	'12.9.29 ('95.7.7)	26	· 어선원의 훈련·자격증명 및 당직 유지 기준
15	해상수색 및 구조에 관한 협약(SAR 1979; International Convention on Maritime Search and Rescue 1979)	'95.10.4 ('95.9.4)	'85.6.22 ('79.4.27)	111	· 조난자에 대한 연안국의 수색 및 구조 의무화 · 구조조정본부 및 지부의 설치 등 수색구조 체제의 확립 · 인접국가와 공동 수색구조구역설정, 장비의 상호이용, 요원의 훈련에 관한 협정
16	특수상용 여객선협정 (STP 1971; Special Trade Passenger Ships Agreement 1971)	미가입	'74.1.2 ('71.10.6)	17	· 인도양 부근 해역에서 성지 순례자 운송을 위하여 침대 없이 많은 여객을 운송하는 선박에 대한 안전요건 - 선박등록국의 안전조치로 1회의 국제항해 인정 및 증서발급 · 동 협약은 아국과 무관
17	특수상용여객선의 구역요건에 대한 의정서(SPACE STP 1973) Protocol on Space Requirement for Special Trade Passenger Ships 1973	미가입	'77.6.2 ('73.7.13)	16	· 특수상용여객선의 여객실의 배치와 면적에 관한 기술규정으로 1971 STP 협정의 보완 · 동 협약은 아국과 무관

구분	협약명	국 내 발 효 (가입일)	국 제 발효일 (채택일)	가입국수	주요내용
18	국제해사위성기구에 관한 협약 (IMSO C 1976) Convention on the International Mobile Satellite Organization (INMARSAT) 1976	'85.9.16 ('85.8.21)	'79.7.16 ('76.9.3)	103	・해사통신을 목적으로 한 통신위성기구(국제해사통신기구) 설립에 관한 규정
19	국제해사위성기구에 관한 운영협정 (INMARSAT OA 1976) Operating Agreement on the International Maritime Satellite Organization 1976	'85.9.16 ('85.8.21)	'79.7.16 ('76.9.3)	88	・국제해사위성통신기구 운영에 관한 규정
20	국제해사위성기구에 관한 협약 2006 개정 (IMSO C 1976, 2006 amendments) Convention on the International Mobile Satellite Organization (INMAR-SAT) 1976, 2006 amendments	미가입	미발효 ('06.9.29)	0	・IMSO의 감독범위 확대 ・2006년 개정안은 2008년 개정안으로 대체됨
21	국제해사위성기구에 관한 협약 2008 개정 (IMSO C 1976, 2008 amendments) Convention on the International Mobile Satellite Organization (INMAR-SAT) 1976, 2008 amendments	미가입	미발효 ('08.10.2)	22	・GMDSS(Global Maritime Distress and Safety System)에 대한 감독 및 LRIT(Long- Range Identification & Tracking) 조정자 기능과 임무 규정
22	국제해상교통간소화협약 (FAL 1965; Convention on Facilitation of International Maritime Traffic 1965)	'01.5.5 ('01.3.6)	'67.3.5 ('65.4.9)	121	・국제항해 취항선의 입・출항에 관한 서류 및 수속절차에 관한 국제적 통일기준 설정
23	해양오염방지협약부속서 Ⅰ/Ⅱ (기름/산적유해액체) (MARPOL 73/78 Annex Ⅰ/Ⅱ) Annex Ⅰ/Ⅱ of Protocol of 1978 relating to the International Convention for the Prevention of Pollution from Ships 1973	'84.10.23 ('84.7.23)	'83.10.2 ('78.2.17)	157	・Protocol 1 포함 P&A 기준 ・선박으로부터의 기름 및 유해액체물질에 의한 해양오염의 규제

구분	협약명	국내발효일(가입일)	국제발효일(채택일)	가입국수	주요내용
24	해양오염방지협약부속서Ⅲ (포장유해) (MARPOL 73/78 Annex Ⅲ) Annex Ⅲ of Protocol of 1978 relating to the International Convention for the Prevention of Pollution from Ships 1973 (Regulations for the Prevention of Pollution by Harmful Substances Carried by Sea in Packaged Form)	'96.5.28 ('96.2.28)	'92.7.1 ('78.2.17)	147	• 선박으로부터의 포장형태의 유해액체물질에 의한 해양오염의 규제
25	해양오염방지협약부속서Ⅳ(하수) (MARPOL 73/78 Annex Ⅳ) Annex Ⅳ of Protocol of 1978 relating to the International Convention for the Prevention of Pollution from Ships 1973 (Regulations for the Prevention of Pollution by Sewage from Ships)	'04.2.28 ('03.11.28)	'03.9.27 ('78.2.17)	142	• 선박으로부터의 하수에 의한 해양오염의 규제
26	해양오염방지협약 부속서Ⅴ(폐기물) (MARPOL 73/78 Annex Ⅴ) Annex Ⅴ of Protocol of 1978 relating to the International Convention for the Prevention of Pollution from Ships 1973 (Regulations for the Prevention of Pollution by Garbage from Ships)	'96.5.28 ('96.2.28)	'88.12.31 ('78.2.17)	152	• 선박으로부터의 폐기물에 의한 해양오염의 규제
27	해양오염방지협약 1997 의정서 부속서 Ⅵ(대기오염) (MARPOL Protocol 1997 Annex Ⅵ) Annex Ⅵ of Protocol of 1978 relating to the International Convention for the Prevention of Pollution from Ships 1973	'06.7.20 ('06.4.20)	'05.5.19 ('97.9.26)	93	• 선박으로부터의 대기오염의 규제

구분	협약명	국내발효(가입일)	국제발효일(채택일)	가입국수	주요내용
28	폐기물투기에 의한 해양오염방지협약(LC 1972) Convention on the Prevention of Marine Pollution by Dumping of Wastes and Other Matter 1972	'94.1.20 ('93.12.21)	'75.8.30 ('72.12.29)	87	• 폐기물 해양투기시 처리방법에 관한 규정
29	폐기물투기에 의한 해양오염방지협약1996 의정서 (LC Protocol 1996; Protocol of 1996 to Amend the Convention on the Prevention of Marine Pollution by Dumping of Wastes and Other Matter 1972)	'09.2.21 ('09.1.21)	'06.3.24 ('96.11.7)	52	• LC 1972협약의 내용 즉 해양투기 폐기물 종류와 투기기준 대폭 강화
30	유류오염사고시 공해상 개입에 관한 협약 (INTERVENTION 1969; International Convention Relating to Intervention on the High Seas in Cases of Oil Pollution Casualties 1969)	미가입	'75.5.6 ('69.11.29)	89	• 공해상 유류오염사고를 일으킨 외국선박에 대한 연안국의 개입권 인정 - 기국관련국가와 협의 및 긴급조치시 국제기구 통보 - 연안국의 조치로 인한 분쟁시 조정, 중재 등 절차규정
31	유류이외의 물질에 의한 오염사고시 공해상 개입에 관한 1973 의정서 (INTERVENTION Protocol 1973; Protocol Relating to Intervention on the High Seas in Cases of Oil Pollution by Substances other than Oil 1973)	미가입	'83.3.30 ('73.11.2)	57	• 공해상 유류이외의 물질 오염사고를 일으킨 외국선박에 대한 연안국의 개입권 인정 - 연안국의 조치시 당해 당사국의 급박한 위험 입증책임, 보상의무 - 연안국의 조치로 인한 분쟁시 조정, 중재 등의 절차규정
32	1969 유류오염손해에 대한 민사책임에 관한 협약 (CLC 69; International Convention on Civil Liability for Pollution Damage 1969)	미가입 (탈퇴)	'75.6.19 ('69.11.29)	33	• 선박으로부터 발생된 유류오염으로 야기된 개인적인 손해에 대하여 적절한 보상을 보장하기 위한 협약 • 아국은 1998.5.15 탈퇴

구분	협약명	국내 발효 (가입일)	국제 발효일 (채택일)	가입국수	주요내용
33	1969년 유류오염손해에 대한 민사책임에 관한 협약의 1976 의정서 (CLC Protocol 1976; Protocol of 1976 to Amend the International Convention on Civil Liability for Pollution Damage 1969)	'93.3.8 ('92.12.8)	'81.4.8 ('76.11.9)	54	• 기존 협약에서 사용하는 "poincaré"에 의한 금액계산은 다른 통화로 변환하기에 어려움이 많아 IMF에서 사용하는 SDR단위를 사용하기로 함
34	유류오염손해에 대한 민사책임에 관한 협약의 1992 의정서 (CLC Protocol 1992; Protocol of 1992 to Amend the International Convention on Civil Liability for Pollution Damage 1969)	'98.5.15 ('97.3.7)	'96.5.30 ('92.11.27)	138	• 유류오염손해배상의 지역적 범위를 연해에서 배타적경제수역(EEZ Line)으로 확대 • 선주책임한도배상액 최대 8,977만 SDR('09.6현재)
35	유류오염손해보상을 위한 국제기금 설치에 관한 협약의 1976의정서 (FUND Protocol 1976; Protocol of 1976 Amend the International Convention on the Establishment of an International Fund for Compensation for Oil Pollution Damage 1971)	미가입	'94.11.22 ('76.11.19)	31	• "Poincaré franc"에 의한 금액 계산은 다른 통화들로 변환하기에 상당한 어려움이 있어 IMF에서 사용하고 있는 "SDR"을 단위로 사용키로 함 • FUND 1971 협약의 효력 중단(2002.05.24)에 따라 같은 날로부터 FUND 1976 의정서도 중단됨
36	유류오염손해보상을 위한 국제기금 설치에 관한 협약의 1992 의정서 (FUND Protocol 1992; Protocol of 1992 to Amend the International Convention on the Establishment of an International Fund for Compensation for Oil Pollution Damage 1971)	'98.5.15 ('97.3.7)	'96.5.30 ('92.11.27)	115	• IOPC FUND의 보상 한도액을 1억3천500만 SDR로 상향조정 - '09.6 현재 최대 보상한도액: 2억 300만 SDR • 유류오염손해배상의 지역적범위를 영해에서 EEZ까지 확대
37	유류오염손해보상을 위한 국제기금 설치에 관한 협약의 2003 의정서 (FUND Protocol 2003)	'10.8.6 ('10.5.6)	'05.3.3 ('03.5.16)	32	• 추가국제기금(FUND)제도를 도입하여 유류오염 보상액을 최고 7억5천만 SDR(약 10억불)까지 확대

구분	협약명	국내발효 (가입일)	국제발효일 (채택일)	가입국수	주요내용
38	핵물질의 해상운송에서의 민사책임에 관한 협약 (NUCLEAR 1971; Convention relating to Civil Liability in the Feld of Maritime Carriage Nuclear Material 1971)	미가입	'75.7.15 ('71.12.17)	17	• 해상운송되는 핵물질에 의한 피해발생시 핵장치 운영자의 피해배상책임 규정
39	승객 및 수하물의 해상운송에 관한 아테네 협약 (PAL 1974; Athens Convention Relating to the Carriage of Passengers and their Luggage by Sea 1974)	미가입	'87.4.28 ('74.12.13)	25	• 승객 및 수하물의 손해발생시 배상한도액 규정
40	승객 및 수하물의 해상운송에 관한 아테네 협약 1976 의정서 (PAL Protocol 1976; Protocol of 1976 to Amend the Athens Convention Relating to the Carriage of Passengers and their Lugage by Sea 1974)	미가입	'89.4.30 ('76.11.19)	17	• "Poincaré franc"에 의한 금액 계산은 다른 통화들로 변환하기에 상당한 어려움이 있어 IMF에서 사용하고 있는 "SDR"을 단위로 사용키로 함
41	승객 및 수하물의 해상운송에 관한 아테네 협약 1990 의정서 (PAL Protocol 1990; Protocol of 1990 to Amend the Athens Convention Relating to the Carriage of Passengers and their Luggage by Sea 1974)	미가입	미발효 ('90.3.29)	3	• 사망이나 부상시 보상한도를 175,000 SDR로 상향시킴. 화물의 분실 및 손상시 보상한도 1,800 SDR, 차량의 손실시 보상한도 10,000 SDR로 정함
42	승객 및 수하물의 해상운송에 관한 아테네 협약 2002 의정서 (PAL Protocol 2002; Protocol of 2002 to Amend the Athens Convention Relating to the Carriage of Passengers and their Lugage by Sea 1974)	미가입	'14.4.23 발효예정 ('02.11.1)	29	• 동 의정서는 선박의 승객에 대한 강제보험의 도입 및 책임의 한계를 포함하고 있음 • 또한 "비가입(opt-out)" 조항을 포함하여 각 국가별 법률체계에 따른 책임한도의 유보 또는 더 높은 책임한도의 적용을 가능하게 함

구분	협약명	국내 발효 (가입일)	국제 발효일 (채택일)	가입국수	주요내용
43	해사채권책임제한협약 (LLMC 1976; Convention on Relating to the Carriage Limitation of Liability for Maritime Claims 1976)	미가입	'86.12.1 ('76.11.19)	53	• 손해배상에 대한 선주의 책임제한 - 인명사망, 신체상해 : 최저 333천 SDR (500톤 이하)에서 최고액(70천톤 초과시 톤당 167 SDR) 규정 - 채권 : 최저 167천 SDR(500톤 이하), 최고액(70천톤 초과시 매톤당 83 SDR) 규정
44	해사채권 책임제한협약 1996 의정서 (LLMC Protocol 1996; Protocol of 1976 to Amend the Convention on Relating to the Carriage Limitation of Liability for Maritime Claims 1976)	미가입	'04.5.13 ('96.5.3)	56	• '76 LLMC 협약의 선주책임제한 한도 인상
45	항해안전에 대한 불법행위방지 협약 (SUA 1988) Convention for the Suppression of Unlawful Acts Against the Safety of Maritime Navigation 1988	'03.8.12 ('03.5.14)	'92.3.1 ('88.3.10)	166	• 선박에 대한 불법행위를 억제하기 위한 규정 - 범법자 인도시 당사국 및 선장이 취해야 할 조치사항 및 그 의무 - 불법행위 억제를 위한 국제협력
46	대륙붕 고정식 플랫폼의 안전을 저해하는 불법행위방지협약 1988 의정서 (SUA Protocol 1988; Protocol for the Suppression of Unlawful Acts Against the Safety of Fixed Platforms Located on the Continental Shelf 1988)	'03.9.8 ('03.6.10)	'92.3.1 ('88.3.10)	155	• 대륙붕 고정식 플랫폼에 대한 불법행위를 억제하기 위한 규정 - 대륙붕 고정식 플랫폼에 대한 불법행위의 정의 내용 - 불법행위 발생시 조치 및 국제기구 통보
47	항해안전에 대한 불법행위방지협약 2005(SUA 2005) Convention for the Suppression of Unlawful Acts Against the Safety of Maritime Navigation 2005	미가입	'10.7.28 ('05.10.14)	47	• SUA 1988 협약을 전면 개정하여 방사능물질, BCN 무기 등을 불법운송하는 행위를 범죄행위에 추가하고, 혐의선박에 대한 승선검색제도 신설

구분	협약명	국내발효(가입일)	국제발효일(채택일)	가입국수	주요내용
48	대륙붕 고정식 플랫폼의 안전을 저해하는 불법행위방지협약 2005 의정서 (SUA Protocol 2005; Protocol for the Suppression of Unlawful Acts Against the Safety of Fixed Platforms Located on the Continental Shelf 2005)	미가입	'10.7.28 ('05.10.14)	40	• SUA 2005에 추가된 불법행위에 대한 억제를 해상플랫폼에서도 적용하기 위하여 SUA Protocol 1988을 개정
49	해난구조에 관한 국제협약 (SALVAGE 1989; International Convention on Salvage 1989)	미가입	'96.7.14 ('89.4.28)	70	• 해난사고시 구조활동 촉진을 위한 협약 - 환경피해방지활동에 대하여 피구조자가 구조자에게 특별보상금 지급 - 선장이 해난구조계약 체결권 보유, 구조보수의 중간 지급 등
50	기름오염대비·대응 및 협력에 관한 국제협약 (OPRC 1990; International Convention on Oil Pollution Preparedness, Response and Co-operation 1990)	'00.2.9 ('99.11.9)	'95.5.13 ('90.11.30)	112	• 환경피해방지활동에 대하여 피구조자가 구조자에게 특별보상금 지급 • 선장이 해난구조계약체결권 보유, 구조보수의 중간 지급 등
51	유독 유해 물질의 해상운송에 따른 손해배상책임에 대한 국제협약 (HNS Convention 1996: International Convention on Liability and Compensation for Damage in Connection with the Carriage of Hazardous and Noxious Substances by Sea 1996)	미가입	미발효 ('96.5.3)	14	• 기름 이외의 유해, 유독물질의 오염손해에 대한 보상에 관한 협약 • 독자적인 HNS Convention 1996의 발효보다는 동 협약의 발효를 촉진시키기 위해 채택된 HNS PROT 2010과 같이 봐야 함

구분	협약명	국내 발효 (가입일)	국제 발효일 (채택일)	가입국수	주요내용
52	유독 유해 물질의 해상운송에 따른 손해배상책임에 대한 국제협약, 2010 의정서 (HNS PROT 2010; Protocol of 2010 to Amend the International Convention on Liability and Compensation for Damage in Connection with the Carriage of Hazardous and Noxious Substances by Sea 1996)	미가입	미발효 ('10.4.30)	4	・1996년 채택된 HNS 협약(미발효)을 발효시키기 위해 동 협약의 비준에 장애가 되는 요소를 해결하기 위함 - CLC 및 Bunker Convention에 담긴 확립된 원칙을 따르며, 위험/유해물질(HNS)에 의해 야기된 손해의 피해자에 대한 책임, 보상 및 강제보험 제도 규정
53	위험, 유해 물질 오염사고 대비, 대응 및 협력에 관한 국제협약 2000 의정서 (OPRC/HNS 2000; Protocol on Preparedness, Response and Co-operation to Pollution Incidents by Hazardous and Noxious Substances 2000)	'08.4.11 ('08.1.11)	'07.6.14 ('00.3.15)	40	・기름에 의한 해양오염과 동일하게 유해물질 오염사고시에도 인접국가간 대비, 대응 및 협력체제 구축
54	2001 연료유 협약 (Bunkers Convention 2001; International Convention on Civil Liability for Bunker Oil Pollution Damage 2001)	'09.11.28 ('09.8.28)	'08.11.21 ('01.3.23)	92	・선박 벙커(연료유)의 배출 또는 누출로 인한 오염에 의하여 발생되는 손해에 대하여 적절하고, 즉각적이며 효과적인 보상을 확보하기 위한 협약
55	선박의 유해방오도료 시스템 사용 규제 국제협약 (AFS Convention 2001; International Convention on the Control of Harmful Anti-fouling Systems on Ships 2001)	'08.10.24 ('08.7.24)	'08.9.17 ('01.10.5)	83	・선박방오도료 내 유해 유기주석(organotins)의 사용을 금지하고, 향후 방호시스템 내에서 다른 유해한 물질의 사용을 금지하기 위한 협약
56	선박평형수관리협약 (BWM Convention 2004; International Convention for the Control and Management of Ships' Ballast Water and Sediments 2004)	'17.9.8 ('09.12.10)	'17.9.8 ('04.2.13)	79	・밸러스트수 교환에 따른 인한 유해 미생물 등의 연안 해양환경 피해 예방을 위하여 밸러스트수 교환 규제

구분	협약명	국내발효(가입일)	국제발효일(채택일)	가입국수	주요내용
57	난파물제거협약 (Nairobi WR Convention 2007; Nairobi International Convention on the Removal of Wrecks 2007)	미가입	'15.4.14 ('07.5.18)	42	• 원칙적으로 EEZ에 위치한 난파물에 적용하나, 체약국의 자발적 의사에 의해 자국의 영해에도 적용 가능 - 국제항해에 종사하는 총톤수 300톤 이상의 모든 선박은 협약이 요구하는 수준의 강제보험 또는 재정증명서에 가입해야 함
58	선박재활용협약(SRC 2009) Hongkong International Convention for the Safe and Environmentally Sound Recycling of Ships 2009	미가입	미발효 ('09.5.11)	8	• 선박해체시 유해물질에 의한 건강 보호, 환경오염예방을 위해 채택 - 유해물질 사용금지 또는 제한, 유해물질목록작성, 선박해체시설 정부승인 등 무분별한 선박해체 규제를 목적으로 총톤수 500톤 이상의 국제항해선박, 선박재활용(해체)시설에 적용
59	2012 케이프타운협정 (Cape Town Agreement 2012; Cape Town Agreement of 2012 on the Implementation of the Provisions of the Torremolinos Protocol of 1993 Relating to the Torremolinos International Convention for the Safety of Fishing Vessels 1977)	미가입	미발효 ('12.10.11)	11	• 1997년 토레몰리노스 어선안전 국제협약에 관한 1993년 토레몰리노스 의정서 시행을 위한 협정서 채택 외교회의

자료: 해양수산부, "2019년도 국제해사기구(IMO) 국제협약 현황", 2019.3.21

〈표 1-9〉 해상안전분야(2019.3 현재)

(20개 협약 중 가입 11개, 미가입 9개)

구분	협약 명칭	국제 채택	국제 발효	국내 수락	국내 발효	가입국수
1	국제만재흘수선협약(LL 1966)	'66.4.5	'68.7.21	'69.7.10	'69.10.10	162
2	국제만재흘수선협약 1988 의정서 (LL P 1988)	'88.11.11	'00.2.3	'94.11.14	'00.2.3	111
3	해상충돌예방규칙(COLREG 1972)	'72.10.20	'77.7.15	'77.7.29	'77.7.29	159
4	해상인명안전협약(SOLAS 1974)	'74.11.1	'80.5.25	'80.12.31	'81.3.31	164
5	해상인명안전협약 1978 의정서 (SOLAS P 1978)	'78.2.17	'81.5.1	'82.12.2	'83.3.2	121
6	해상인명안전협약 1988 의정서 (SOLAS Protocol 1988)	'88.11.11	'00.2.3	'94.11.14	'00.2.3	116
7	국제해사위성기구에 관한 협약 (IMSO C 1976)	'76.9.3	'79.7.16	'85.8.16	'85.9.16	103
8	국제해사위성기구에 관한 운영협정 (INMARSAT OA 1976)	'76.9.3	'79.7.16	'85.8.16	'85.9.16	88
9	국제해사위성기구에 관한 협약 2006개정 (IMSO C 1976, 2006 amendments)	'06.9.29	미발효	미수락	-	0
10	국제해사위성기구에 관한 협약 2008개정 (IMSO C 1976, 2008 amendments)	'08.10.2	미발효	미수락	-	22
11	선원훈련·자격증명 및 당직유지의 기준에 관한 국제협약(STCW 1978)	'78.7.7	'84.4.28	'85.4.4	'85.7.4	164
12	어선원 훈련·자격증명 및 당직유지의 기준에 관한 국제협약(STCW-F 1995)	'95.7.7	'12.9.29	미수락	-	26
13	해상수색 및 구조에 관한 협약(SAR 1979)	'79.4.27	'85.6.22	'95.9.4	'95.10.4	111
14	특수상용 여객선협정(STP 1971)	'71.10.6	'74.1.2	미수락	-	18
15	특수상용여객선의 구역요건에 대한 의정서(SPACE STP 1973)	'73.7.13	'77.6.2	미수락	-	16
16	어선의 안전에 관한 토레몰리노스 협약 1993 의정서(SFV Protocol 1993)	'93.4.2	미발효	미수락	-	17
17	안전한 컨테이너에 관한 국제협약 (CSC 1972)	'72.12.2	'77.9.6	'78.12.18	'79.12.18	84
18	안전한 컨테이너에 관한 국제협약 1993 개정 (CSC 1993 amendments)	'93.11.4	미발효	미수락	-	11
19	스톡홀름 협정 (Stockholm Agreement 1996)	'96.2.28	'97.4.1	미수락	-	12
20	케이프타운 협정 2012 (Cape Town Agreement 2012)	'12.10.11	미발효	미수락	-	11

〈표 1-10〉 해양환경보호분야(2019.3 현재)

(14개 협약 중 가입 11개, 미가입 3개)

구분	협약명칭	국제		국내		가입국수
		채택	발효	수락	발효	
1	폐기물투기에 의한 해양오염방지협약 (LC 1972)	'72.12.29	'75.8.30	'93.12.21	'94.1.20	87
2	폐기물투기에 의한 해양오염방지협약 1996 의정서(LC Protocol 1996)	'96.11.7	'06.3.24	'09.1.21	'09.2.21	52
3	해양오염방지협약 부속서 I/II(기름/산적유해액체) (MARPOL 73/78 Annex I/II)	'78.2.17	'83.10.2	'84.7.23	'84.10.23	157
4	해양오염방지협약 부속서 III(포장유해) (MARPOL 73/78 Annex III)	'78.2.17	'92.7.1	'96.2.28	'96.5.28	147
5	해양오염방지협약 부속서 IV (하수) (MARPOL 73/78 Annex IV)	'78.2.17	'03.9.27	'03.11.28	'04.2.28	142
6	해양오염방지협약 부속서 V(폐기물) (MARPOL 73/78 Annex V)	'78.2.17	'88.12.31	'96.2.28	'96.5.28	152
7	해양오염방지협약 1997 의정서 부속서 VI(대기오염) (MARPOL Protocol 1997 Annex VI)	'97.9.26	'05.5.19	'06.4.20	'06.7.20	93
8	기름오염대비·대응 및 협력에 관한 국제협약(OPRC 1990)	'90.11.30	'95.5.13	'99.11.9	'00.2.9	112
9	유독 유해 물질에 의한 오염대비·대응 및 협력에 관한 국제협약 2000 의정서 (OPRC/HNS 2000)	'00.3.15	'07.6.14	'08.1.11	'08.4.11	40
10	유류오염사고시 공해상 개입에 관한 협약(INTERVENTION 1969)	'69.11.29	'75.5.6	미수락	-	89
11	유류이외의 물질에 의한 오염사고시 공해상 개입에 관한 1973 의정서 (INTERVENTION Protocol 1973)	'73.11.2	'83.3.30	미수락	-	57
12	선박의 유해방오도료 시스템 사용규제 국제협약 (AFS Convention 2001)	'01.10.5	'08.9.17	'08.7.24	'08.10.24	83
13	선박 평형수 관리협약 (BWM Convention 2004)	'04.2.13	'17.9.8	'09.12.10	'17.9.8	79
14	선박재활용협약(Hong Kong SRC 2009)	'09.5.11	미발효	미수락	-	8

〈표 1-11〉 책임 및 보상분야(2019.3 현재)

(17개 협약 중 가입 5개, 미가입 12개)

구분	협약명칭	국제 채택	국제 발효	국내 수락	국내 발효	가입국수
1	1969 유류오염손해에 대한 민사책임에 관한 협약(CLC 1969)	'69.11.29	'75.6.19	(탈퇴)	-	33
2	유류오염손해에 대한 민사책임에 관한 협약의 1976 의정서(CLC Protocol 1976)	'76.11.9	'81.4.8	'92.12.8	'93.3.8	54
3	유류오염손해에 대한 민사책임에 관한 협약의 1992 의정서(CLC Protocol 1992)	'92.11.27	'96.5.30	'97.3.7	'98.5.15	138
4	유류오염손해보상을 위한 국제기금 설치에 관한 협약의 1976 의정서 (FUND Protocol 1976)	'76.11.19	'94.11.22 ('02.05.24 효력중지)	미수락	-	31
5	유류오염손해보상을 위한 국제기금 설치에 관한 협약의 1992 의정서 (FUND Protocol 1992)	'92.11.27	'96. 5.30	'97.3.7	'98.5.15	115
6	유류오염손해보상을 위한 국제기금 설치에 관한 협약의 2003 의정서 (Fund Protocol 2003)	'03.5.16	'05.3.3	'10.5.6	'10.8.6	32
7	핵물질의 해상운송에서의 민사책임에 관한 협약 (NUCLEAR 1971)	'71.12.17	'75.7.15	미수락	-	17
8	승객 및 수하물의 해상운송에 관한 아테네협약(PAL 1974)	'74.12.13	'87.4.28	미수락	-	25
9	승객 및 수하물의 해상운송에 관한 아테네협약 1976 의정서(PAL Protocol 1976)	'76.11.19	'89.4.30	미수락	-	17
10	승객 및 수하물의 해상운송에 관한 아테네협약 1990 의정서(PAL Protocol 1990)	'90.3.29	미발효	미수락	-	3
11	승객 및 수하물의 해상운송에 관한 아테네협약 2002 의정서(PAL Protocol 2002)	'02.11.1	'14.4.23	미수락	-	29
12	해사채권 책임제한협약(LLMC 1976)	'76.11.19	'86.12.1	미수락	-	53
13	해사채권 책임제한협약 1996 의정서 (LLMC Protocol 1996)	'96.5.3	'04.5.13	미수락	-	56
14	유독 유해 물질의 해상운송에 따른 손해배상 책임에 대한 국제협약 (HNS Convention 1996)	'96.5.3	미발효	미수락	-	14
15	유독 유해 물질의 해상운송에 따른 손해배상 책임에 대한 국제협약 2010 의정서 (HNS Protocol 2010)	'10.4.30	미발효	미수락	-	4
16	2001 연료유 협약 (Bunkers Convention 2001)	'01.3.23	'08.11.21	'09.8.28	'09.11.28	92
17	난파물제거협약 (Nairobi WR convention 2007)	'07.5.18	'15.4.14	미수락	-	42

<표 1-12> 기타 분야(2019.3 현재)

(8개 협약 중 가입 5개, 미가입 3개)

구분	협약명칭	국제 채택	국제 발효	국내 수락	국내 발효	가입 국수
1	국제해사기구 협약 (IMO Convention)	'48.3.6	'58.3.17	'62.4.10	'62.4.10	174
2	국제해상교통간소화협약 (FAL 1965)	'65.4.9	'67.3.5	'01.3.6	'01.5.5.	121
3	선박톤수측정협약 (TONNAGE 1969)	'69.6.23	'82.7.18	'80.1.18	'82.7.18	157
4	항해안전에 대한 불법행위방지협약 (SUA 1988)	'88.3.10	'92.3.1	'03.5.14	'03.8.12	166
5	대륙붕 고정식 플랫폼의 안전을 저해하는 불법행위방지협약 1988 의정서 (SUA Protocol 1988)	'88.3.10	'92.3.1	'03.6.10	'03.9.8	155
6	항해안전에 대한 불법행위방지협약 2005 (SUA 2005)	'05.10.14	'10.7.28	미수락	-	47
7	대륙붕 고정식 플랫폼의 안전을 저해하는 불법행위방지협약 2005 의정서 (SUA Protocol 2005)	'05.10.14	'10.7.28	미수락	-	40
8	해난구조에 관한 국제협약 (SALVAGE 1989)	'89.4.28	'96.7.14	미수락	-	70

2편 선박법

제1장 총론
제2장 선박의 국적
제3장 선박톤수
제4장 선박공시제도
제5장 선박법 위반에 따른 제재

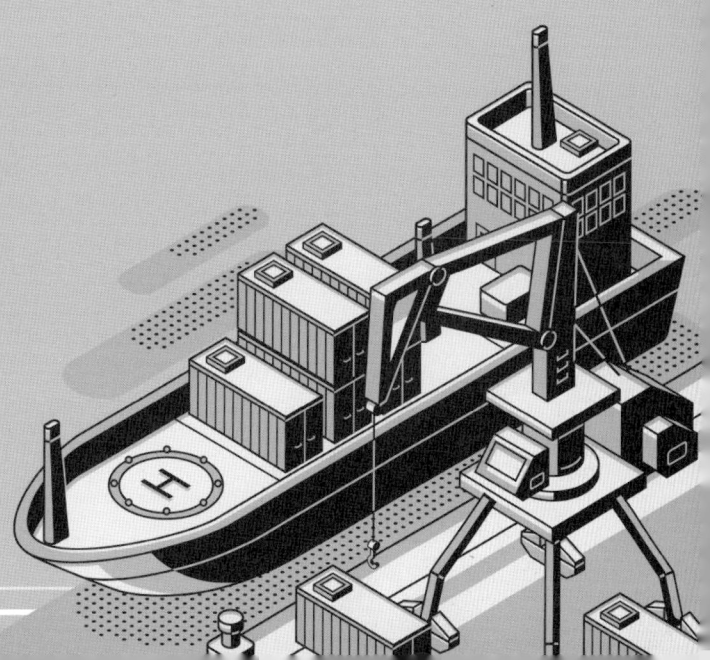

제1장 총론

제1절 목적 및 연혁

1. 목적

「선박법」은 한국선박에 대한 행정적 보호·감독의 준거를 규정하는 법률로 선박의 국적에 관한 사항과 선박톤수의 측정 및 등록에 관한 사항을 규정함으로써 해사(海事)에 관한 제도를 적정하게 운영하고 해상(海上) 질서를 유지하여, 국가의 권익을 보호하고 국민경제의 향상에 이바지하는 것을 목적으로 하고 있다(제1조).

2. 연혁

우리나라에서 최초의 선박법은 구한말 융희(隆熙) 4년(1910년) 3월에 법률 제1호로 제정·공포되었는데, 이는 우리나라 해사 관련 법령 중 가장 먼저 제정·공포된 법령이다.[1]

---

[1] 박경현, "선박의 정의와 법적 성질",『월간해양한국』제245권, 한국해사문제연구소, 1994, 85쪽.

현행 「선박법」은 1914년 4월 일제강점기에 조선총독부령 제7호로 제정된 「조선선박령(단기4247년 제령 제7호)」이 해방 이후 미군정 하에서도 계속 유지되어 오다가 이를 폐지하고, 이를 대체하기 위하여 1960년 2월에 제정된 법률이다.

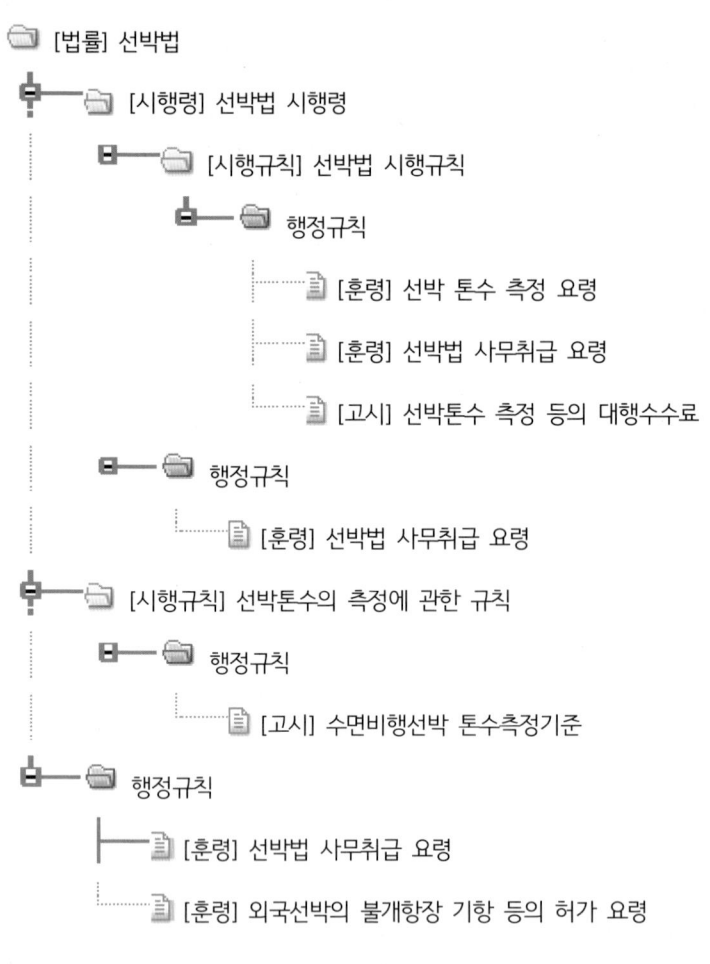

〈그림 2-1〉 선박법의 체계

현행 「선박법」은 선박의 소속을 명확히 하고 해상의 질서를 유지하며 국가권익과 국민경제에 기여하기 위한 목적으로 1960년 2월 제정되었다(시행 1960.2.1).

이 법에서는 선박의 국적부여에 관한 사항과 선박의 공시제도에 관한 사항을 주요내용으로 하고 있다. 첫째, 한국선박의 범위를 정하고, 한국선박이 아니면 대한민국 국기를 게양할 수 없도록 하였으며, 둘째, 한국선박의 소유자는 등기를 한 다음 선적항을 관리하는 지방해무관청에 비치한 선박원부에 등록하게 하는 등 선박소유자의 권리·의무를 규정하였다. 셋째, 선박의 공시방법과 선박국적증서에 관한 사항을 규정하였다.

「선박법」은 1960년 2월 제정된 이래, 2019년 3월 현재까지 21차례 개정이 있었는데, 이 중에서 12번의 개정은 다른 법률의 개정에 따른 것이었다. 순수하게 「선박법」 내용을 개정하기 위한 것은 9차례인데, 이 중에서 전부개정(1982.12.31)이 한 차례 있었다. 전부개정이 있었던 배경에는 1969년 선박톤수측정에 관한 국제협약의 발효가 있었다. 즉 협약이 발효됨에 따라 그 시행에 관한 사항과 기타 선박톤수측정에 관하여 필요한 사항 등을 「선박법」에 반영할 필요가 있었기 때문이었다.

그 주요내용을 보면, 첫째, 이 법에서 사용하는 선박톤수의 종류를 협약에 맞추어 새로이 구분하고 선박톤수의 측정기준을 교통부령으로 정하도록 하였다. 둘째, 선박소유자는 선박국적증서의 검인(檢印)을 정기적으로 받도록 하고 검인미필선박에 대하여는 1개월간 최고한 후 직권으로 말소등록을 하도록 하였다. 셋째, 국내의 선적항 관할구역 이외의 지역에서 선박을 취득할 경우 그 선박을 등록시까지 항행시킬 수 있도록 가선박국적증서(假船舶國籍證書) 교부제도를 신설하였다. 넷째, 길이

24미터 이상의 한국선박의 소유자는 지방해무관청으로부터 국제총톤수 및 순톤수를 기재한 국제톤수증서를 교부받아 선박에 비치하지 아니하고는 국제항해에 종사시킬 수 없도록 하였다. 다섯째, 한국선박의 소유자는 지방해무관청의 장으로부터 재화중량톤수를 기재한 재화중량톤수증서를 교부받을 수 있도록 하는 것 등이었다.

최근 2018년 12월「선박법」개정이 있었는데, 그 개정 이유는 다음과 같다.

「선박법」제8조에서 한국선박 소유자는 선적항을 관할하는 지방해양수산청장에게 그 선박의 등록을 신청하도록 규정하고 있지만, 이를 위반하더라도(선박을 등록신청하지 않더라도) 처벌하는 규정이 없었다. 이에 반해「수상레저안전법」은 동력수상레저기구의 소유자는 동력수상레저기구를 소유한 날로부터 1개월 이내에 등록신청을 하도록 하고(제30조), 이를 위반한 경우에는 과태료를 부과하도록 하고 있었다(제59조). 이로 인해「선박법」에 따른 선박인가,「수상레저안전법」에 따른 선박(동력수상레저기구)인가에 따라 선박등록에 관한 형평성 문제가 제기되었다. 따라서 선박소유자에게 선박을 취득한 날부터 60일 이내에 그 선박의 등록을 신청하도록 하고(제8조), 이를 위반한 경우에는 과태료 처분을 할 수 있는 근거를 마련하였다(제35조 제2항).[2]

「선박법」은 그 하위법령으로「선박법 시행령」과「선박법 시행규칙」, 그리고 관련 고시 및 훈령 등 주무부처에 의한 행정규칙으로 구성되어 있다.

---

[2] 선박소유자가 기간 내에 선박등록신청을 하지 않으면 200만 원 이하의 과태료를 부과한다(시행령 제35조 제2항 제1호).

제2절 선박의 개념 및 종류

1. 선박의 개념

1) 사회통념상의 선박

국제 간 교역에서 절대적 비중을 차지하는 해상운송의 도구인 선박(船舶)은 해상기업의 물적 조직 중에서 가장 중요한 자산(maritime property)으로 해상기업 활동과 관련되는 모든 법률관계의 기초가 되기 때문에 그 개념을 명확히 할 필요가 있다. 그러나 선박은 그 종류와 용도 등이 다양하기 때문에 선박의 정의를 일률적으로 규정하는 것은 쉽지 않다. 그렇기 때문에 각종 해사 관련 법률에서는 개별적으로 당해 법률의 적용범위를 정하기 위한 취지로 선박의 개념을 정의하고 있다. 이로 인해 모든 법률에 공통적으로 적용될 수 있는 통일된 일의적 개념정의는 존재하지 않으며, 대체로 해사 관련 법률상 선박이라 함은 사회통념상에 따른 선박을 일컫는다.

일반적으로 사회통념상 선박(船舶, ship, vessel, boat)[3]이란 수상에서 사람이나 화물을 운송할 수 있는 구조물을 말한다.

이러한 선박의 개념적 요소에는 첫째, 선체(船體) 안으로 물이 스며들지 않아야 하는 성질(수밀성; 水密性)과 물 위에 뜰 수 있는 성질(부유성; 浮游性)이 있어야 한다. 물론, 오늘날 선박은 수상(水上)뿐만 아니라, 잠수정(潛水艇)과 같이 수중(水中)에서 해양활동을 하는 구조물은 물론, 물 위

---

[3] 길이가 수 미터에 불과한 소형선은 선박이라는 명칭보다는 주(舟)·정(艇)·단정(端艇) 등으로 불려진다.

를 나는 수면비행선박(WIG, Wing in Ground; 표면효과 작용을 이용하여 수면에 근접하여 비행하는 선박)까지 포함하는 것으로 그 개념으로 점차 확장되고 있다.

둘째, 선박은 사람이나 화물을 운송하는 데 사용되는 해상구조물이다. 즉 선박은 사람 또는 물건 등을 운송하는 도구이기 때문에 그 자체로써 이동성이 요구된다. 따라서 종래에는 선박 자체의 자력추진능력, 즉 자력항행능력(自力航行能力)에 의한 이동을 필요로 한다는 견해가 있었다. 그러나 오늘날에는 선박이 독자적인 추진능력을 갖추고 있는가의 여부는 더 이상 선박의 개념요소가 아니라는 것에 이견(異見)이 없다. 따라서 「선박법」 역시 자력항해능력이 없이 다른 선박에 의해 끌려서 또는 밀려서 이동하는 부선 등의 해상구조물에 대해서도 「선박법」의 적용을 받는 선박의 범주에 포함시키고 있다.

한편, 추진동력은 물론, 이동성조차도 없이 수상에 고정되어 있는 해상구조물은 해사 관련 법률들에서 선박으로 인정되고 있는가를 불문하고 사회통념상의 선박에는 해당하지 않는다 할 것이다. 예를 들어, 부표(浮標, buoy), 등대선(燈臺船), 부선거(浮船渠) 등과 같은 고정된 해상구조물은 해사 관련 법률에서도 선박으로 보지 않는다. 그러나 수상호텔·수상식당·수상공연장, 수상창고 등은 관련 법률에서 달리 취급되고 있다.[4][5][6]

---

[4] 「선박안전법」은 수상호텔, 수상식당 및 수상공연장 등으로서 소속 직원 외에 13명 이상을 수용할 수 있는 해상구조물(항구적으로 해상에 고정된 것은 제외한다)을 적용대상인 선박으로 하고 있다(제2조 제1호 및 동법 시행규칙 제3조 제2호).

[5] 「선박안전법」은 기름 또는 폐기물 등을 산적하여 저장하는 해상구조물을 적용대상인 선박에 포함하고 있다. 여기서 "기름 또는 폐기물"은 「해양환경관리법」 제2조에 따른 기름, 「폐기물관리법」 제2조에 따른 폐기물, 「하수도법」 제2조에 따른 하수, 분뇨 및 하수도·공공하수도·하수처리구역의 유지·관리와 관련하여 발생되는 준설물질 및 오니(汚泥)류, 「수질 및 수생태계 보전에 관한 법률」 제2조에 따른 폐수, 「가축분뇨의 관리 및 이용에 관한 법률」 제2조에 따른 가축분뇨, 선박 및 해양시설에서 사람의 일상적인 활동에 따라

2) 선박법상의 선박

선박에 관한 기본법인 「선박법」에서 조차도 선박에 대한 직접적인 개념정의 없이 하위법령인 시행령7) 또는 시행규칙8)을 통해 선박의 종류를 규정하면서 간접적으로 선박의 개념을 파악하는 등 주로 해석론에 의존하여오다가, 1999년 4월 개정에서야 비로소 선박의 개념과 종류에 관한 규정(제1조의2)을 신설하였다.

「선박법」은 "선박"을 수상 또는 수중에서 항행용으로 사용하거나 사용할 수 있는 배 종류로 정의하고 있다. 즉 선박은 수면 또는 수중에서 항행용으로 사용될 수 있으면 족하고, 상술한 바와 같이 자력항행능력(自力航行能力, 獨航能力 또는 自航能力)은 선박의 개념요소가 아니다.

선박의 종류를 기선(機船), 범선(帆船), 부선(艀船)으로 구분하고 있다(제1조의2 제1항).9)

발생하는 분뇨, 위험물을 산적하여 저장하는 해상구조물 등을 말한다(선박안전법 제2조 제1호 및 동법 시행규칙 제3조 제3호·제4호).

6) 「선박법」은 「공유수면 관리 및 매립에 관한 법률」에 따른 점용 또는 사용 허가나 「하천법」에 따른 점용허가를 받은 수상호텔, 수상식당 또는 수상공연장 등 부유식 수상구조물형 부선에 대하여도 법의 적용범위에 포함하고 있다(선박법 제2조 및 제26조).

7) 1983년 12월 29일 개정 이전의 「선박법 시행령」은 제1조에서 선박의 종류를 기선(機船)과 범선(帆船)으로 하고, 기선은 기관장치로서 운항하는 선박(증기 사용여부 불문)으로, 범선은 주로 돛으로써 운항하는 선박으로 정의하고 있었다.

8) 1983년 12월 29일 「선박법 시행령」을 개정하면서 종래 시행령에 두었던 것을 시행규칙으로 하였다. 당시(1983.12.29. 이후) 「선박법 시행규칙」 제2조는 선박의 종류를 기선(기관을 사용하여 추진하는 선박), 범선(돛을 사용하여 추진하는 선박), 압항부선(기선과 결합되어 밀려서 항행되는 선박), 해저조망부선(잠수하여 해저를 조망할 수 있는 시설을 설치한 선박으로서 스스로 항행할 수 없는 것)으로 구분하였다. 이는 시행규칙이 2001년 1월 6일 전부개정되기 전까지 유지되었다.

9) 당시 "선박"을 수상 또는 수중에서 항행용으로 사용하거나 사용될 수 있는 배 종류로 정의하고, 기선, 범선, 부선으로 구분하였다. 기선(機船)은 기관을 사용하여 추진하는 선박(기관과 돛을 모두 사용하는 경우로서 주로 기관을 사용하는 것을 포함한다)으로 정의하고, 범선(帆船)은 돛을 사용하여 추진하는 선박(기관과 돛을 모두 사용하는 경우로서 주로 돛

〈표 2-1〉「선박법」상 선박개념 관련 규정의 변천

구분	선박 개념
선박법 시행령 [1961.10.26. 제정]	제1조(선박의 종류) ① 본령에서 선박의 종류라 함은 기선과 범선과의 구별을 말한다. ② 기관장치로서 운항하는 선박은 증기를 사용하거나 아니하거나를 불문하고 이를 기선으로 간주한다. ③ 주로 돛(帆)으로써 운항하는 선박은 기관을 가진 것이라도 이를 범선으로 간주한다.
선박법 시행규칙 [1983.12.29. 제정]	제2조(선박의 종류) ① 이 규칙에서 "선박의 종류"라 함은 기선과 범선의 구별을 말한다. ② "기선"이라 함은 기관을 사용하여 추진하는 선박을 말한다. ③ "범선"이라 함은 돛만을 사용하여 추진하는 선박을 말한다. ④ 기관과 돛을 사용하여 추진하는 선박으로서 주로 돛을 사용하여 추진하는 선박은 이를 범선으로 본다.
선박법 시행규칙 [1985.4.26. 개정]	제2조(선박의 종류) ① 선박의 종류는 다음 각호와 같이 구분한다. 1. 기선: 기관을 사용하여 추진하는 선박 2. 범선: 돛을 사용하여 추진하는 선박 3. 압항부선: 기선과 결합되어 밀려서 추진되는 선박 ② 제1항의 규정의 적용에 있어서 기관과 돛을 모두 사용하여 추진하는 선박으로써 주로 기관을 사용하는 것은 기선으로, 주로 돛을 사용하는 것은 범선으로 본다.
선박법 시행규칙 [1985.12.9. 개정]	제2조(선박의 종류) ① 선박의 종류는 다음 각호와 같이 구분한다. 1. 기선: 기관을 사용하여 추진하는 선박 2. 범선: 돛을 사용하여 추진하는 선박 3. 압항부선: 기선과 결합되어 밀려서 항행되는 선박 4. 해저조망부선: 잠수하여 해저를 조망할 수 있는 시설을 설치한 선박으로서 스스로 항행할 수 없는 것. ② 제1항의 규정의 적용에 있어서 기관과 돛을 모두 사용하여 추진하는 선박으로써 주로 기관을 사용하는 것은 기선으로, 주로 돛을 사용하는 것은 범선으로 본다.

을 사용하는 것을 포함한다)으로 정의하였으며, 부선(艀船)은 자력항행능력이 없어 다른 선박에 의하여 끌리거나 밀려서 항행되는 선박으로 정의하였다. 종래와 현행법상의 기선(機船)의 개념정의를 놓고 보면, 과거에 비하여 선박의 개념이 매우 확장되었음을 알 수 있다.

선박법 [1999.4.15. 개정]	제1조의2(정의) 이 법에서 "선박"이라 함은 수상 또는 수중에서 항행용으로 사용하거나 사용될 수 있는 배종류를 말하며 그 구분은 다음 각 호와 같다. 1. 기선: 기관을 사용하여 추진하는 선박(機關과 돛을 모두 사용하는 경우로서 주로 機關을 사용하는 것을 포함한다) 2. 범선: 돛을 사용하여 추진하는 선박(機關과 돛을 모두 사용하는 경우로서 주로 돛을 사용하는 것을 포함한다) 3. 부선: 자력항행능력이 없어 다른 선박에 의하여 끌리거나 밀려서 항행되는 선박
선박법 [2007.8.3. 개정]	제1조의2(정의) ① 이 법에서 "선박"이란 수상 또는 수중에서 항행용으로 사용하거나 사용될 수 있는 배종류를 말하며 그 구분은 다음 각 호와 같다. 1. 기선: 기관(機關)을 사용하여 추진하는 선박(선체 밖에 기관을 붙인 선박으로서 그 기관을 선체로부터 분리할 수 있는 선박 및 기관과 돛을 모두 사용하는 경우로서 주로 기관을 사용하는 선박을 포함한다) 2. 범선: 돛을 사용하여 추진하는 선박(기관과 돛을 모두 사용하는 경우로서 주로 돛을 사용하는 것을 포함한다) 3. 부선: 자력항행능력(自力航行能力)이 없어 다른 선박에 의하여 끌리거나 밀려서 항행되는 선박 ② 이 법에서 "소형선박"이란 다음 각 호의 어느 하나에 해당하는 선박을 말한다. 1. 총톤수 20톤 미만의 기선 및 범선 2. 총톤수 100톤 미만의 부선
선박법 [2009.12.29. 개정]	제1조의2(정의) ① 이 법에서 "선박"이란 수상 또는 수중에서 항행용으로 사용하거나 사용될 수 있는 배종류를 말하며 그 구분은 다음 각 호와 같다. 1. 기선: 기관(機關)을 사용하여 추진하는 선박 [선체(船體) 밖에 기관을 붙인 선박으로서 그 기관을 선체로부터 분리할 수 있는 선박 및 기관과 돛을 모두 사용하는 경우로서 주로 기관을 사용하는 선박을 포함한다]과 수면비행선박(표면효과 작용을 이용하여 수면에 근접하여 비행하는 선박을 말한다) 2. 범선: 돛을 사용하여 추진하는 선박(기관과 돛을 모두 사용하는 경우로서 주로 돛을 사용하는 것을 포함한다) 3. 부선: 자력항행능력(自力航行能力)이 없어 다른 선박에 의하여 끌리거나 밀려서 항행되는 선박 ② 〈생략〉

기선(機船)이란 기관(機關)을 사용하여 추진하는 선박과 수면비행선박(표면효과 작용을 이용하여 수면을 근접하여 비행하는 선박을 말한다)을 말한다. 나아가 선체 밖에 기관을 붙인 선박으로서 그 기관을 선체로부터 분리할 수 있는 선박 및 기관과 돛을 모두 사용하는 경우로서 주로 기관을 사용하는 선박을 포함한다.

범선(帆船)이란 돛을 사용하여 추진하는 선박을 말한다. 이 때 기관과 돛을 모두 사용하는 경우로서 주로 돛을 사용하는 것을 포함한다.

그리고 부선(艀船)이란 자력항행능력(自力航行能力)이 없어 다른 선박에 의하여 끌리거나 밀려서 항행되는 선박을 말한다. 즉 독자적인 항행능력이 없는 피예인선(被曳引船)이나 항진기관이나 항진추진기가 없이 다른 선박에 의하여 예인되는 준설선(浚渫船) 등도 모두 선박이다.

2. 선박의 분류

선박은 선박의 용도에 따라 군함·상선·어선, 특수선 등으로, 그 재질에 따라 목선·목철선·철선·피복선·콘크리트선·강선 등으로, 추진방법에 따라 노도선(櫓棹船)·범선(帆船)·기선(機船)·원자력선 등으로, 화물의 적재방식에 따라 컨테이너선, 탱크선, 벌크선 등으로 다양한 분류기준에 따라 여러 가지로 분류할 수 있다.

일반적으로 각종 해사 관련 법령상으로 국적에 의해 분류하면, 국적선과 외국적선, 등기등록에 의한 등기선(登記船)·등록선(登錄船)과 부등기선·부등록선, 소유자에 의한 공유선(公有船)과 사유선(私有船), 관공선(官公船)과 민간선(民間船)의 구별, 무역내용에 의한 내항선(內航船)과 외항선(外航船), 항법에 의한 동력선(動力船)·범선(帆船)·잡종선(雜種船)[10]·노도선(櫓櫂船)[11], 여객운송에 의한 여객선과 비여객선, 어선의 조업 제한에 의한 어선 종류 등으로 분류하고 있다.

1) 선박법상 분류

「선박법」상 선박의 형식적 분류기준으로는 자력항행능력(自力航行能力)과 선박의 크기를 기준으로 분류하고 있다(제1조의2). 즉 선박이 자력항행능력을 가졌는가 여부에 따라 기선(機船), 범선(帆船), 부선(艀船)으로 분류하고, 선박의 크기를 기준으로 소형선박을 분류하고 있다.

기선, 범선, 부선은 상술한 바와 같으며, 소형선박은 총톤수 20톤 미만인 기선 및 범선, 총톤수 100톤 미만인 부선을 말한다.

2) 등기선과 비등기선

등기선(登記船)과 비등기선(非登記船) 또는 부등기선(不登記船)의 분류는 「선박법」 및 「선박등기법」에 따라 등기를 해야 하는 선박인가의 여부에 따른 분류이다.

「선박법」은 선박소유자에게 선적항을 관할하는 지방해양수산청에 선박을 등록하도록 하고 있다. 이때 「선박법」은 등록할 선박이 「선박등기법」상 등기를 해야 하는 선박인 경우에는 선박등기를 한 다음 그 선박의 등록을 신청하도록 하고 있다(제8조 제1항).

---

10) 구(舊)「개항질서법」에서는 "잡종선"이라 함은 부선·단정 및 총톤수 20톤 미만의 선박과 노와 상앗대만으로 운전하거나 주로 노와 상앗대로 운전하는 선박 기타 이와 유사한 선박을 말한다(제2조 제2호). 2015년 2월 3일 「개항질서법」을 폐지하고, 「선박의 입항 및 출항 등에 관한 법률」을 제정하였는데, 동법에서는 잡종선은 삭제하였다.

11) 「선박법」은 노와 상앗대만으로 운전하는 선박이라는 표현을 사용하고 있는데(제26조), 구(舊)「개항질서법」상 잡종선에 해당한다. 한편, 「상법」은 해상편(海商編)에서 상법을 적용하지 않는 선박의 하나로 노도선을 규정하고 있다(제781조 제2항).

이와 같이 「선박등기법」에 따라 선적항을 관할하는 지방법원, 그 지원(支院) 또는 등기소에 등기된 선박을 등기선이라 하고, 이에 상대적인 개념으로 등기의 대상이 아니어서 등기하지 않은 선박을 비등기선이라 한다.

등기선 또는 등기선 여부에 따라 소유권 취득과 상실, 선박의 양도요건 및 양도효과, 선박저당권 설정 등에 있어서 법적 효력에 차이가 있다. 선박등기의 효과 등에 관하여는 후술(後述)한다.

3) 등록선과 비등록선

선박소유자는 선박을 취득한 날부터 60일 이내에 선적항을 관할하는 지방해양수산청장에게 자신이 소유한 선박의 등록을 신청하도록 하고 있다(선박법 제8조 제1항).

이에 따라 선박을 등록하면 선박국적증서(certificate of register)를 교부받게 된다. 선박은 이로써 국적선으로서의 지위를 누리게 된다.

4) 내수선과 항해선

상법 제125조에 의하면, 운송업은 "육상 또는 호천·항만에서 물건 또는 여객의 운송을 영업으로 하는 것을 말한다. 여기서 (육상)운송업의 항행구역을 호천·항만으로 법정한 것에 따른 구별이다. 즉 내수선과 항해선을 구별하는 기준은 선박의 구조적 기준에 의한 것이 아니다.

선박은 상술한 바와 같이 수상(水上), 즉 바다·강·호수·하천 등에서 항해에 사용하는 배를 말한다. 이들 선박은 선박소유자의 요청, 선박의 구조 및 선박시설기준 등을 고려하여 그 항해구역이 정해진다.

「선박안전법」은 선박의 항행구역을 평수구역12), 연해구역13), 근해구역14) 및 원양구역15)으로 구분하고 선박검사 시 이를 지정하여 선박검사증서를 교부하도록 하고 있다(선박안전법 제8조 및 동법 시행규칙 제15조·제16조).

내수선(內水船, vessel of inland navigation)은 호수와 강·평수구역 안에서만 항해하는 선박을 말하는데, 이러한 내수선에 의한 운송은 상법상 제125조 이하의 육상운송의 일부로 취급되기 때문에 원칙적으로 상법 제5편(해상편)의 적용을 받지 않는다.

항해선(航海船)은 평수구역 밖의 항행구역에서 항해하는 선박을 말한다. 즉 호수, 항만 등의 내해(內海), 「항만법」 제2조 제4호16)에 따른 항만구역 내의 수역 또는 이에 근접한 수역 등으로서 「영해 및 접속수역법」 제1조17)에 따른 영해 내의 수역만을 항해하는 선박 이외의 선박을 말한다.

---

12) 평수구역이란 호소·하천 및 항내의 수역(「항만법」에 따른 항만구역이 지정된 항만의 경우 항만구역과 「어촌·어항법」에 따른 어항구역이 지정된 어항의 경우 어항구역)과 해양수산부령으로 정하는 수역(18구 수역)을 말한다(선박안전법 시행령 제2조 제1항 제3호 가목 및 동법 시행규칙 제15조 제2항 관련 〈별표 4〉).

13) 연해구역은 영해기점으로부터 20해리 이내의 수역과 해양수산부령으로 정하는 수역(5구 수역)을 말한다(선박안전법 시행령 제2조 제1항 제3호 나목 및 동법 시행규칙 제15조 제3항 관련 〈별표 5〉).

14) 근해구역은 동쪽은 동경 175도, 서쪽은 동경 94도, 남쪽은 남위 11도 및 북쪽은 북위 63도의 선으로 둘러싸이 수역을 말한다(선박안전법 시행령 제15조 제4항).

15) 원양구역은 모든 수역을 말한다(선박안전법 시행령 제15조 제5항).

16) "항만구역"이란 제2호(무역항)와 제3호(연안항)에 따른 항만의 수상구역과 육상구역을 말한다(항만법 제2조 제4호).

17) 대한민국의 영해는 기선(基線)으로부터 측정하여 그 바깥쪽 12해리의 선까지에 이르는 수역(水域)으로 한다. 다만, 대통령령으로 정하는 바에 따라 일정 수역의 경우에는 12해리 이내에서 영해의 범위를 따로 정할 수 있다(영해 및 접속수역법 제1조).

5) 외항선과 내항선

외항선 또는 내항선은 외국 항만으로 운항하는 선박인가 아니면, 국내 항만을 운항하는 선박인가에 따른 분류이다. 즉 선박이 국내 항만과 국내 항만 사이의 항로만을 운항하는 선박을 내항선(內航船)이라 하고, 국내 항만과 외국 항만 사이 또는 외국 항만과 외국 항만 사이의 항로를 운항하는 선박을 외항선(外航船)이라 한다.

해양수산부 고시「무역항 등의 항만시설 사용 및 사용료에 관한 규정」은 외항선과 내항선에 대하여 같은 취지로 다음과 같이 각각 정의하고 있다.

먼저, "외항선"이란 국내 항만과 외국 항만 간을 운항하거나 운항하기 위한 선박(원양어선을 포함한다)으로 정의하고 있는데, 이 경우 해외로 수출하는 선박은「선박의 입항 및 출항 등에 관한 법률 시행령」에 따른 외항선 출입신고서상의 출항일부터 외항선으로 본다(제2조 제2호).

이에 대하여 "내항선"이란 국내 항만을 운항하거나 운항하기 위한 선박으로 정의하고 있는데, 이 경우 해외에서 도입하는 선박은「선박의 입항 및 출항 등에 관한 법률 시행령」에 따른 외항선 출입신고서상의 입항일부터 내항선으로 본다(제2조 제3호).

6) 소형선박

"소형선박(小型船舶)"은 해사 관련 법률에서 선박의 크기를 나타내는 톤수, 길이 등을 기준으로 당해 법률의 적용범위와 관련하여 개별적으로 정의되고 있다.[18][19]

---

18) 「선박안전법」상 "소형선박"이라 함은 제27조 제1항 제2호의 규정에 따른 측정 방법으로 측정된 선박길이가 12미터 미만인 선박을 말한다(제2조 제11호).

「선박법」에서는 선박의 톤수를 기준으로 정의하고 있는데, 총톤수 20톤 미만인 기선 및 범선, 총톤수 100톤 미만인 부선을 소형선박으로 정의하고 있다(제1조의2 제2항 각호).

2007년 8월 개정 이전 「선박법」은 선박의 등록과 관련하여 소형선박에 대한 특례규정(제26조의2)을 두고 있었다.[20] 즉 선박등기대상에서 제외되는 소형선박은 선박등록 외에 별도의 선적증서원부(船籍證書原簿)에 등록을 하도록 하였다. 이에 따르면, 소형선박의 소유자는 선적항을 관할하는 해무관청에 선적증서원부의 기재를 신청할 수 있도록 하고, 선적증서원부의 기재를 신청 받은 지방해무관청은 총톤수를 측정하고 이를 선적증서원부에 기재한 후 신청인에게 선적증서를 교부하도록 하였다.

즉 2007년 8월 개정 이전의 「선박법」에서는 선박등록절차를 선박의 크기에 따라 등기대상인 선박과 등기대상 제외선박으로 구분하여 선박원부에 등록·기재를 하고 있고, 선박증서 교부도 선박국적증서(등기대상 선박), 선적증서(등기대상 제외선박)로 이원화(二元化)하여 이를 교부하고 있어 선박톤수 등의 변경시 등록절차의 변경 및 증서를 재교부해야 하는 등 선박의 실질적 법률관계의 변동 없이 그 내용만 변경하는 등 불합리한 행정적 요소가 있어 이를 일원화(一元化)할 필요가 있었다.

그 결과 2007년 8월 「선박법」을 개정하여 등기대상에서 제외되는 선박[21]의 등록절차인 선적증서원부에의 기재 신청 및 선적증서 교부 등

---

19) 「선박직원법」상 "소형선박"이라 함은 총톤수 25톤 미만의 선박을 말한다(동법 시행령 제2조 제5호).
20) 소형선박 특례가 적용되는 선박은 총톤수 20톤 미만의 기선, 총톤수 5톤 이상 20톤 미만의 범선, 총톤수 20톤 이상 100톤 미만의 부선(다만, 선박계류용·저장용등으로 사용하기 위하여 수상에 고정하여 설치하는 부선은 제외)으로 하고 있었다.
21) 2007년 8월 개정 이전 「선박법」상 소형선박에 대한 특례가 적용되는 선박은 (1)총톤수 20톤 미만의 기선, (2)총톤수 5톤 이상 20톤 미만의 범선, (3)총톤수 20톤 이상 100톤 미

에 대한 특례규정(제26조의2)을 삭제하고, 등기대상이 아닌 선박도 등기대상인 선박과 동일하게 등록신청 및 선박국적증서를 교부할 수 있도록 선박의 등록절차를 일원화(一元化)하였다.

다만, 개정 「선박법」은 소형선박에 대한 특례규정(제26조의2)을 삭제하는 대신, 제1조의2(정의)를 신설함으로써 소형선박 범위가 현행과 같이 되었다.

제 3 절 적용범위

「선박법」은 대한민국 선박(한국선박)에 적용된다. 여기서 한국선박이란 국유(國有) 또는 공유(公有)의 선박, 대한민국 국민이 소유하는 선박, 대한민국의 법률에 따라 설립된 상사법인(商事法人)이 소유하는 선박, 대한민국에 주된 사무소를 둔 대한민국의 법률에 따라 설립된 상사법인 외의 법인으로서 그 대표자(공동대표인 경우에는 그 전원)가 대한민국 국민인 경우에 그 법인이 소유하는 선박을 말한다(제2조 각호).

그러나 한국선박이라도 일부의 선박에 대하여는 규정의 일부를 적용제외한다. 즉 아래의 선박에 대하여는 선박톤수 측정의 신청(제7조), 등기와 등록(제8조), 소형선박 소유권 변동의 효력(제8조의2), 압류등록(제8조의3), 임시선박국적증서의 발급신청(제9조), 국기 게양과 항행(제10조), 국기 게양과 표시(제11조), 국제톤수증서 등(제13조), 등록사항의 변경(제18조) 및 말소등록(제22조)에 관한 규정을 적용하지 않는다(제26조 각호).

만의 부선(다만, 선박계류용·저장용등으로 사용하기 위하여 수상에 고정하여 설치하는 부선을 제외)으로 현행 「선박법」상 소형선박(제1조의2 제2항)의 개념과 같다.

1. 군함, 경찰용 선박
2. 총톤수 5톤 미만인 범선 중 기관을 설치하지 아니한 범선
3. 총톤수 20톤 미만인 부선
4. 총톤수 20톤 이상인 부선 중 선박계류용·저장용 등으로 사용하기 위하여 수상에 고정하여 설치하는 부선
   다만, 「공유수면 관리 및 매립에 관한 법률」 제8조에 따른 점용 또는 사용 허가를 받았거나, 「하천법」 제33조에 따른 점용허가를 받은 수상호텔, 수상식당 또는 수상공연장 등 부유식 수상구조물형 부선은 제외한다. 즉 「선박법」의 적용을 받는다.
5. 노와 상앗대만으로 운전하는 선박
6. 「어선법」 제2조 제1호 각 목의 어선
   다만, 어선에 대하여는 제8조(등기와 등록), 제18조(등록사항의 변경) 및 제22조(말소등록)를 적용하지 않는다.[22]
7. 「건설기계관리법」 제3조에 따라 건설기계로 등록된 준설선(浚渫船)
8. 「수상레저안전법」 제2조 제4호에 따른 동력수상레저기구 중 같은 법 제30조에 따라 수상레저기구로 등록된 수상오토바이·모터보트·고무보트 및 요트

이와 같이 일부 규정의 적용을 제외하는 것은 이미 다른 법률에서 등록·관리하고 있는 선박들에 대해 이 법에 의한 등록을 면제하려는 취지이다. 즉 그동안 추진기관의 탈·부착이 용이한 선외기 모터보트 등은 선박에서 제외되어 「선박법」에 의한 등록·관리가 제대로 이루어지지 않았기 때문에 이들 선박의 안전관리, 보험가입 등에 문제점이 있었

---

[22] 어선에 대하여는 「어선법」에서 어선의 등기와 등록(제13조), 등록사항의 변경(제17조), 등록의 말소와 선박국적증서 등의 반납(제19조)에 관하여 따로 규정하고 있으며, 준설선은 「건설기계관리법」에서, 동력수상레저기구는 「수상레저안전법」에서 각각 등록·변경등록·말소등록 등에 관하여 규정하고 있다.

다. 따라서 이를 체계적으로 관리하도록 하는 한편,「어선법」,「건설기계관리법」,「수상레저안전법」에 따라 등록되어 있는 어선, 준설선, 동력수상레저기구 등에 대해서는 이 법에 의한 이중등록(二重登錄)을 면제하여 선박등록에 따른 불편을 해소하고자 하는 것이다.[23]

〈표 2-2〉 선박등록에 관한 법률과 선박의 등록

구분	등록대상	주무관청	면제
선박법	·한국선박	·선적항 관할 지방해양수산청	·군함 및 경찰용 선박 ·5톤 미만인 범선 중 기관을 설치하지 않은 범선 ·20톤 미만인 부선 ·20톤 이상인 부선 중 수상에 고정하여 설치하는 부선 ·노와 상앗대만으로 운전하는 선박 ·「어선법」상의 어선 ·「건설기계관리법」상 건설기계로 등록된 준설선 ·「수상레저안전법」상 동력수상레저기구 중 수상레저기구로 등록된 기구
수상레저안전법	·동력수상레저기구	·선박소유자 주소지 관할 시·군·구	·「선박법」에 따라 등록한 선박
어선법	·어선	·어선이 주로 입·출항하는 항구 및 포구(선적항)의 관할 시·군·구	·「선박법」에 따라 등록한 선박
국제선박등록법	·한국국민 소유선박 ·한국 법률에 따라 설립된 상사법인이 소유한 선박 ·한국에 주된 사무소를 둔 외국법인으로 그 대표자가 대한민국 국민인 경우에 그 법인이 소유한 선박 ·국적취득조건부선체용선 외국선박	·해양수산부	·국유 및 공유선박 ·「어선법에 따른 선박

[23] 국회 농림해양수산위원회, 선박법 일부개정법률안 심사보고서, 2007.6, 3-4쪽 참조; 정해덕, "개정상법 하에서의 선박의 의의와 선박등록·등기",『법조』통권 제618호, 법조협회, 2008.3, 203-204쪽.

제 2 장 선박의 국적

제1절 개요

선박은 그 성질이 동산(動産)임에도 불구하고 부동산 유사성을 인정하여 선박등기제도를 마련하고, 무엇보다 선박의 인격자 유사성에 관한 징표로 자연인 또는 법인과 같이 이름(船名)은 물론, 주소지(船籍港)를 가지며 이에 부수하여 국적(船籍)을 갖는다.[1]

선박의 국적(ship's nationality)은 사람의 국적과 같이 그 선박이 어느 나라에 속하는지를 나타내는 것이다.[2] 선적국(船籍國), 즉 선박의 기국(旗國)은 선박에 대한 관리감독 권한을 가지며, 국제법적으로 그 선박에 대한 국가관할권을 확정하는 기준이 되는 등 국내법은 물론, 국제법적으

---

1) 종래 선박국적제도는 선박법인설, 즉 선박은 인적·물적설비를 갖춘 유기적 조직체라는 데 그 이론적 근거를 두고 있었으나, 오늘날 선박법인설은 허구적 가설에 불과하다는 데 이견이 없기 때문에 더 이상 이 견해를 지지하는 사람은 없다(같은 취지로는 채이식, "선박의 국적제도에 관한 연구", 『한국해법학회지』 제19권 제1호, 한국해법학회, 1997.3, 22-23쪽).

2) 손주찬, 『신상법(하)』, 보문각, 1965, 24쪽; 上野喜一郞, 「船舶法規의 解說(登錄·測度編)」, 成出堂書店(東京), 1969, 24頁; 민성규·임동철, 『해사법규요론』, 한국해양대학해사도서출판부, 1974, 27쪽; 임동철, "선박의 국적에 관한 연구", 『한국해양대학 논문집』 별책 제12집, 1977.3, 266쪽; 배병태, 『주석 해상법』, 한국사법행정학회, 1979, 62쪽; 서돈각, 『상법강의(하)』, 법문사, 1986, 475쪽.

로도 중요한 의미를 갖는다.[3]

상술한 선박등록제도는 선박의 국적을 부여하고 이를 명확히 하기 위한 절차이다. 다만, 선박의 국적요건, 즉 어떠한 선박에 자국국적을 부여할 것인가. 1896년 이후 국제적으로 선박국적 부여요건을 통일하기 위한 국제적 노력이 있었지만, 이렇다 할만한 결실을 보지 못하였다. 그러다가 1958년「공해에 관한 협약(Convention on the High Seas; 공해협약)」[4]에서 선박의 국적부여 요소로 기국(旗國)과 선박 간에 진정한 관련성(genuine link)이 있어야 한다는 원칙을 비로소 규정하게 되었다. 이후 이 원칙은 1982년「유엔해양법협약(United Nations Convention on the Law of the Sea, UNCLOS)」[5]에서도 그대로 수용되었다.

제 2 절   연혁 및 국제 논의경과

1. 연혁

선적(船籍) 또는 선박의 국적이라는 용어가 사용된 시기가 언제부터인지는 명확하지 않다. 다만, 선박국적의 흔적을 찾을 수 있는 최초의 입

---

3) 같은 취지로는 N.P.Ready, ship registration, Lloyd's of london press, 1991, p.1.
4) 제네바에서 개최된 제1차 유엔해양법회의(1958.2.24~4.27)에서 채택된 4개 조약, 이른바 "1958년 제네바협약(Geneva Convention 1958)"-영해 및 접속수역에 관한 협약, 공해에 관한 협약, 대륙붕에 관한 협약, 공해생물자원보존협약-의 하나로 종래 국제관습법 형태로 인정되어 오던 공해에 관한 규범을 법전화 한 것으로 1962년 9월 30일 발효되었다.
5) 제1차 유엔해양법회의(1958년)에서 4개 조약을 채택함으로써 당시 국제관습법으로 존재하던 바다에 관한 규범을 성문화하였지만, 국가 간에 영해와 어업수역의 폭을 정하는 문제는 국가 간에 첨예한 이해관계 대립으로 1960년 제2차 유엔해양법회의에서도 합의를 도출하지 못하였다. 그러다가 제3차 유엔해양법회의(1973.12~1982.4.30)에서 기존 1958년 제네바협약을 포함하여 해양법 관련 주요 의제들을 망라하여 논의한 끝에 국가 간 이해관계를 조정함으로써 1982년 4월 30일 채택되었다. 협약 중 가장 방대한 내용을 담은 이 협약은 1994년 11월 16일 발효되었으며, 우리나라는 1996년 1월 29일에 이를 비준하였다.

법적 기원은 영국의 「항해조례(Navigation Act)」[6]에서 찾고 있다. 가장 관련 있는 항해조례는 1651년 올리버 크롬웰(Oliver Cromwell)에 의해 제정·공포된 것이다.[7] 이 항해조례가 공포·시행된 이후로 주변 유럽 국가들에서도 선박에 국적을 부여하기 위한 법령들을 제정되는 등 선박국적제도가 일반화되기 시작한 것으로 알려지고 있다.[8] 이 항해조례에서는 아시아, 아프리카, 아메리카 등 식민지 개척지에서 약탈·침탈 내지 교역으로 발생한 화물을 영국이나 속령(屬領)의 국가들로 운송할 수 있는 선박의 요건을 규정하고 있었다. 첫째, 영국국민이 소유한 선박이어야 하고, 둘째, 선장과 선원의 대부분이 영국국민이어야 할 것 등이다.[9] 그러나 1651년 항해조례가 요구하는 요건을 충족해야 하는 선박은 영국과 관계되는 국제무역에 종사하고자 하는 선박이 구비해야 할 요건이지 결코 선박의 국적을 부여하기 위한 요건은 아니었다.[10]

이후 왕정복고시대(王政復古時代)에 들어서면서 영국 찰스 2세(Charles Ⅱ)가 1660년에 새로이 항해조례를 공포하였다. 이 항해조례에 따르면, 영

---

[6] 중세 영국에서는 몇 차례 항해조례가 공포되었는데, 그 첫 항해조례가 1381년이다. 선박국적과 가장 관련이 있는 것은 1651「항해조례」이다. 당시 영국은 국제해상무역의 지배권을 장악하고 있던 네덜란드 세력에 대항하여 이들의 중계무역을 압박하고 영국의 해운을 보호함과 동시에 무역을 확대하기 위해 제정하였는데, 동 조례에서는 영국의 국기를 게양한 선박에게만 영국의 교역물품을 해상운송할 수 있도록 하고 있었다. 이 제도는 이후 2세기 넘게 지속되었다(Encyclopaedia Britannica, Vol.16, 1969, p.147; 박경현, "선박국적제도에 관한 국제동향과 국내법의 개정방향", 『해법회지』 제9권 제1호, 한국해법학회, 1987, 145쪽; 최재수, "선박국적제도의 변질과정에서 본 세계해운의 구조적 변화", 『한국해운학회지』 제9권, 한국해운학회, 1989.11, 16쪽).

[7] 손주찬, 전게서, 25쪽; 민성규·임동철, 전게서, 27쪽; 배병태, 전게서, 61쪽; 박경현, 『선박법규해설(선박의 등록과 톤수제도편)』, 한국해사문제연구소, 1985, 37쪽; 서돈각, 전게서, 475쪽.

[8] 山本敬三, "船舶の國籍に關する 一考察", 『廣島大學 政經論叢』 第26卷 第5號, 1977, 152頁.

[9] 榎本喜三郎, 『國際海事法における船舶登錄要件の史的研究』, 海事産業研究所, 1985, 11-12頁.

[10] 최재수, 전게논문, 16-17쪽.

국의 국제무역에 종사할 수 있는 선박의 요건으로 첫째, 영국에서 건조한 선박이어야 하며11), 둘째, 선장과 선원의 4분의 3 이상이 영국국민이어야 한다.12) 이와 함께 이 항해조례의 적용을 받아 영국의 국제무역에 종사할 수 있는 선박을 확정하기 위한 수단으로 선박등록부(ship's register)를 개설하였다.13)14) 이로써 영국에서는 선박소유권, 승무원 국적, 선박건조지의 3가지 요건을 모두 갖춘 선박만 영국국기를 게양할 수 있게 하고, 영국국기를 게양한 선박만이 영국의 연안무역을 할 수 있게 하고, 영국과 다른 국가 간 교역을 통해 발생한 화물을 운송할 수 있게 하였다.15)

결과적으로 위에서 언급한 1651년 항해조례와 1660년 항해조례에서의 선박소유권, 선원의 국적, 선박건조지의 3가지 요소가 국적부여기준이 되는 중요한 선례(先例)가 되어 오늘날 세계 각국의 선박국적부여 조건에 관한 입법에 영향을 미치게 되었다.

---

11) 영국 조선산업을 보호하고자 하는 취지였으나, 1851년 폐지되었다(D.P.O'Connell, The International Law of the Sea, Clarendon Press, 1982, p.760; 박경현, "선박의 국적제도와 등록조건에 관한 유우엔협약①", 『월간해양한국』 제151호, 한국해사문제연구소, 1986. 131쪽).

12) 榎本喜三郎, 전게서, 13頁.

13) Encyclopaedia Britannica, op.cit., p.147; 박경현, "선박국적제도에 관한 국제동향과 국내법의 개정방향", 『해법회지』 제9권 제1호, 1987, 146쪽.

14) 1651년 크롬웰의 항해조례와 1660년 찰스 2세의 항해조례가 차이를 보이는 이유는 항해조례의 제정목적에 있다. 즉 전자(前者)는 영국이 당시 네델란드의 해양무역 지배권에 대응하여 영국의 해상교역 지배권을 확대하기 위한 것이 주된 목적이었다면, 후자(後者)는 식민지 경영에 중점을 두고 무역확대를 넘어 자국의 선복량 확대를 위한 조선장려책(造船奬勵策)의 일환으로 선박건조지 요건을 추가한 것으로 경제적 실리에 중점을 두었다 (최재수, 전게논문, 17쪽; 榎本喜三郎, 전게서, 12-14頁).

15) D.P.O'Connell, op.cit., p.760; 박경현, 전게논문, 146쪽.

2. 국제논의 경과

19세기 들어 증기기관의 발명과 함께 선박에 증기기관이 활용되면서 종래 목선(木船)의 범선(帆船)이 철제(鐵製)의 증기선(蒸氣船)으로 대체되기에 이른다. 이러한 선박의 성능발달은 국제해상운송이 활발해지는 계기가 되었고, 선박의 항해거리도 훨씬 늘어나게 되었다. 따라서 국제적으로 선박의 등록요건을 통일화하려는 움직임들이 나타났다.16)

1896년에는 이탈리아 베네치아(Venice; 영어명 베니스)에서 국제법학회(The Institute of International Law)가 개최되었는데, 여기서 아세르(Tobias Michael Carel Asser)17)가 제안한 안(案)을 기초로 선박에 국적을 부여하는 조건에 관한 통일규칙(상선을 위한 국가사용에 관한 규칙)18)을 최초로 채택하였다. 이 규칙은 선박의 국적취득과 상실, 선박의 가국적(假國籍) 취득 등에 관

---

16) 19세기말부터 진행된 국제적 통일화 논의경과에 대한 상세는 橫田喜三郞, 『海の國際法(上卷)』, 有斐閣, 1959, 313-322頁 참조.
17) Tobias Michael Carel Asser(1838.4.28~1913.7.29)는 네델란드의 법률가이자, 외교관·정치가이다. 1860년 변호사가 되었고, 암스테르담대학 법학교수(1862~1893)를 지냈으며, 1873년에 만치니(Mancini 1817~1888; 이탈리아 정치가·학자, 국제법학회 초대회장)와 함께 국제법학회를 설립하였다. 1891년에 Asser는 국제사법의 통일을 위해 헤이그에 국제회의를 개최할 것을 네델란드 정부에 건의하여 제1회 회의가 1893년에 개최되었다. 이 회의는 후에 상설기관이 되었다. 그는 1893년, 1894년, 1900년 및 1904년 동 회의의 4회기의 의장으로서 특히 국제가족법에 관한 조약의 성립에 공헌하였다. 1910년과 1912년에 아세르는 약속어음 및 수표에 관한 법의 통일을 위해 국제회의를 주재하였다. 또한 아세르는 1899년과 1907년에 헤이그에서 개최된 평화회의의 네델란드 대표였다. 헤이그 평화회의에서의 상설중재재판소 창설의 공적으로 아세르는 1911년 오스트리아의 알프레드 프리트와 함께 노벨평화상을 공동수상하였나(『21세기 정치학대사전』, 정치학대사전편찬위원회).
18) 이 규칙에 의하면, 먼저, 선박소유권의 2분의 1 이상이 다음의 어느 하나에 해당하는 자(者)에게 귀속되어 있어야 한다. ①선박이 등록되어 있는 국가의 국민, ②책임사원의 2분의 1 이상이 국민인 합명회사 또는 합자회사, ③회사의 이사 3분의 2 이상이 국민인 주식회사여야 한다. 그리고 이들의 주된 영업소가 등록국(登錄國)에 주소를 두고 있어야 한다(임동철, 전게논문, 270쪽).

한 10개의 조문으로 구성되어 있었다.[19]

비록 이 규칙이 국제협약으로까지는 발전하지 못하였지만, 선박의 국적조건에 관하여 국제적으로 통일된 규칙이 채택되었다는 점과 나중에 유엔(United Nations, 국제연합) 산하의 국제법위원회(International Law Commission of United Nations)에서 유엔총회에 제출할 「선박등록요건에 대한 통일규칙 초안」을 작성하는 데 기초가 되었다는 점에서 매우 큰 의의를 갖는다.[20]

그 이후에도 1930년 헤이그(Hague)에서 열린 해양법 법전화(法典化)를 위한 유엔회의에서 선박의 국적취득조건을 포함하여 해양법(海洋法)을 국제적으로 통일시키기 위한 법전화 계획이 논의되었지만, 법전화 하는 단계에까지는 이르지 못하였다.[21]

이러한 국제적 논의는 1958년 「공해에 관한 협약」이 채택될 때까지 유엔국제법위원회의 주도로 1951년[22]과 1955년[23]에 각각 협약(안)들이 채택되기도 하였지만, 이들 협약(안)도 국제협약으로 채택되지는 못하고

---

19) 선장과 선원의 국적은 선박의 국적요건이 아니었다(Bolesaw Adam Boczek, Flags of Convenience, Havard Univ. Press, 1962, pp.210-212).

20) 榎本喜三郎, 전게서, 18頁.

21) 최재수, 전게논문, 18쪽; 최낙정, 전게논문, 131쪽; R.R.Churchill and A.V.Lawe, The Law of the Sea, Manchester University Press, 1983, p.13.

22) 1951년 협약(案)은 1896년 국제법학회에서 채택한 규칙(안)과 대체로 동일하지만, 두 가지 중요한 수정이 있었다. 첫째, 국제법학회의 안(案)에서는 「국민」이라는 용어가 사용되던 것을 「국민 또는 그 국가의 영토에 주소를 두고 있는 사람」으로 변경하였고, 주식회사는 그 나라 법률에 의해 설립되어지면 족하고 이사의 3분의 2 이상이 국민이어야 한다는 요건은 삭제하였다(橫田喜三郎, 전게서, 315頁).

23) 1955년 공해에 관한 협약(안)에서는 각국은 선박의 등록과 국기를 게양하는 권리를 위한 조건을 정할 수 있도록 하였는데, 선박의 국적이 다른 나라에 의해 승인되기 위해서는, 선박이 그 나라의 소유에 속하던가, 아니면, 선박소유권의 2분의 1 이상이 ①그 나라의 국민 또는 그 나라의 영토에 주소를 두고 현재 그 곳에 거주하고 있는 사람, ② 사원의 2분의 1 이상이 위와 같은 사람으로 구성되어 있는 합명회사 또는 합자회사, ③그 나라의 법령에 의해 설립되고 등록된 사무소를 그 나라의 영토 안에 두고 있는 주식회사 중 어느 하나에 귀속하여야 한다(임동철, 전게논문, 270쪽).

폐기되고 말았다. 그러다가 1956년에야 비로소 1958년 해양법회의에서 논의하게 될 선박국적에 관한 해양법 초안을 채택하여 제출하였다.

1) 1958년 공해협약

유엔(UN)은 1947년 국제법위원회를 창설한 이후 10여년에 걸친 검토와 합의 끝에 제네바(Geneva)에서 제1차 해양법회의(1958.2.24.~4.27)를 개최하여 이른바 "1958년 제네바협약(Geneva Convention 1958)"으로 불리는 4개 협약24)과 1개 의정서(議定書), 9개의 결의서(決議書)를 채택하였다.

1958년 제네바협약 중에서 선박의 국적에 관하여는 「공해에 관한 협약(Convention on the High Seas, 이하 "공해협약"이라 함)」에서 이를 규정하고 있다.

공해협약(公海協約) 제5조는 제1항에서 "각 국은 선박에 대한 자국 국적의 허용, 자국 영토 내 선박의 등록 및 자국 국기를 게양할 권리에 관한 조건을 정하여야 한다. 선박은 그 국기를 게양할 수 있는 국가의 국적을 가진다. 국가와 선박 간에는 진정한 관련성(genuine link)25)이 존재하여야 한다. 특히 그 국가는 자국국기를 게양한 선박에 대하여 행정적·기술적 및 사회적인 사항에 관한 자국의 관할권 및 감독권을 유효하게 행사하여야 한다."고 규정하고, 제2항에서 "각 국은 국기게양권을

---

24) 영해 및 접속수역에 관한 협약(Convention on the Territorial Sea and the Contiguous Zone), 공해에 관한 협약(Convention on the High Seas), 대륙붕에 관한 협약(Convention on the Continental Shelf), 공해의 생물자원의 보존에 관한 협약(Convention on Fishing and Conservation of the Living Resources of the High Seas)이다.

25) "진정한 관련성(genuine link)"이라는 표현이 매우 추상적이고 명확하지 않은 개념이기 때문에 논란이 많았으나, 막연한 기준이기는 하지만 전혀 없는 것보다 낫다고 하여 채택된 것이다(榎本喜三郎, 전게서, 118-119頁). 그러나 선박과 기국(旗國) 간에 어떠한 관계가 있어야 한다는 구체적인 내용이 빠져 있어 협약 성립 후에도 실효성 논란과 함께 편의치적에 따른 선박국적의 남용 등 해운업계에 논란이 계속되었다(임동철, 전게논문, 272쪽; 박경현, 전게논문, 156쪽; 최재수, 전게논문, 19쪽).

허용한 선박에 대하여 증명서를 발급하여야 한다."고 규정하고 있다.[26]

1956년 해양법 초안에서 사용한 국가와 선박 사이에 "진정한 관련성(genuine link)[27]"이라는 추상적이고 모호한 표현으로 인해 국가 간 의견이 분분(紛紛)하였다. 이와 관련한 논의는 크게 3가지 부류의 국가로 나눌 수 있다. 첫째, 기국(旗國)이 선박에 대하여 실효적인 관할권(管轄權)을 행사해야 한다는 국가들(네덜란드, 덴마크, 노르웨이, 이탈리아 등)이 있었고, 둘째, 기국과 선박 간에 관련성을 강화하는 것을 반대하고 각 국의 결정에 일임하도록 하든지, 진정한 관련성이라는 요건을 삭제할 것을 주장하는 국가들(라이베리아, 파나마 등)이 있었으며, 셋째, 그 중간적인 입장을 취하는 국가(영국 등)가 있었다.

공해협약 제5조는 「실효적인 관할권과 관리·감독권 행사」라는 표현을 부가(附加)하자는 이탈리아의 제안과 「행정적·기술적 및 사회적인 사항에 관하여」라는 표현을 부가하자는 프랑스의 제안을 수용하여 채택하게 된 것이다.[28]

2) 1982년 유엔해양법협약

1958년 채택된 해양법 관련 협약[29]을 보완·발전시키기 위해 개최된

---

[26] 임동철, 전게논문, 271-272쪽; Thomas J. Schoenbaum, *Admiralty & Maritime Law*, 1986, p.47 참조.

[27] "진정한 관련성(genuine link)"에 관하여는 채이식, 전게논문, 29-30쪽 참조. 진정한 관련성의 존부와 범위에 관한 폭넓고 상세하게 다루고 있는 문헌으로는 M.L.McConnell, "Darkening Confusion Mounted Upon Darking Confusion": *The Search for the Elusive Genuine Link*, Vol.16(3), 1985 참조.

[28] 임동철, 전게논문, 271쪽.

[29] 1958년 제네바에서 개최된 〈제1차 유엔해양법 회의〉에서 많은 관습법을 성문화 했으나 몇 가지 이슈로 인해 협약에 서명한 많은 국가들이 비준을 하지 않았다. 이후 1960년에 〈제2차 유엔해양법 회의〉가 개최되었으나 영해의 범위에 관한 문제를 해결하지 못함

「제3차 해양법에 관한 유엔회의(UNCLOS-III, 1973~1982)」에서는 10년간에 걸쳐 광범위하게 해양법 관련 사항을 논의한 끝에 17개의 장, 320개 조문으로 구성된 「유엔해양법협약(UNCLOS, United Nations Convention on the Law of the Sea)」과 9개의 부속서 및 제3차 유엔해양법협약 최종의정서로 구성된 부속문서를 채택하였다.[30]

이 협약은 선박국적과 관련하여 제91조[31]에서 규정하고 있지만, 기국의 의무 등을 명문화 하는 등 1958년 공해협약의 내용을 부분 수정하여 채택하였을 뿐, 선박의 국적취득에 관하여 실질적인 내용의 변화는 없었다.[32]

> 제91조(선박의 국적) ① 모든 국가는 선박에 대한 자국국적의 부여, 자국영토에서의 선박의 등록 및 자국국기를 게양할 권리에 관한 조건을 정한다. 어느 국기를 게양할 자격이 있는 선박은 그 국가의 국적을 가진다. 그 국가와 선박 간에는 진정한 관련이 있어야 한다.
> ② 모든 국가는 그 국기를 게양할 권리를 부여한 선박에 대하여 그러한 취지의 서류를 발급한다.

으로써 성과 없이 끝났다(국가기록원, http://www.archives.go.kr/next/search/list Subject Description.do?id=008920&pageFlag=A, 2019.4.12방문).

30) 최진이, "유엔해양법협약(UNCLOS)상의 이어도의 법적 지위와 해양경계획정에 관한 연구", 『해항도시문화교섭학』 제18호, 한국해양대학교 국제해양문제연구소, 2018.4, 95쪽; 국가기록원, http://www.archives.go.kr/next/search/listSubjectDescription.do?id=008920).

31) Article 91(Nationality of ships) 1. Every State shall fix the conditions for the grant of its nationality to ships, for the registration of ships in its territory, and for the right tony its flag. Ships have the nationality of the State whose flag they are entitled to fly. There must exist a genuine link between the State and the ship.
 2. Every State shall issue to ships to which it has granted the right tony its flag documents to that effect.

32) 榎本喜三郎, 전게서, 201頁; 같은 취지로는 주동호, "국제법상 편의치적에 관한 연구", 석사학위논문, 연세대학교 대학원, 1988, 140쪽.

다만, 이 협약은 제94조(기국의 의무)를 통해 1958년 공해협약에 비하여 선박과 그 선박에 국적을 부여하는 국가 사이의 "진정한 관련성"이 무엇인지에 대해 보다 구체적으로 추론할 수 있는 규정을 두고 있다.

즉 종래와 같이 국가가 자국국기를 게양한 선박에 대하여 행정적·기술적·사회적 사항에 관하여 유효하게 자국의 관할권을 행사하고 통제하는가의 여부를 진정한 관련성 판단의 기준으로 하되, 제94조 제2항 각호에 따른 기국(旗國)의 선박통제가 실질적으로 행사되고 있는지가 중요한 기준이 될 것이다.

제94조(기국의 의무) ① 모든 국가는 자국기를 게양한 선박에 대하여 행정적·기술적·사회적 사항에 관하여 유효하게 자국의 관할권을 행사하고 통제한다.
② 모든 국가는 특히,
  (a) 일반적으로 수락된 국제규칙이 적용되지 아니하는 소형 선박을 제외하고는 자국기를 게양한 선명과 세부사항을 포함하는 선박등록대장을 유지한다.
  (b) 선박에 관련된 행정적·기술적·사회적 사항과 관련하여 자국기를 게양한 선박, 그 선박의 선장, 사관과 선원에 대한 관할권을 자국의 국내법에 따라 행사한다.
③ 모든 국가는 자국기를 게양한 선박에 대하여 해상안전을 확보하기 위하여 필요한 조치로서 특히 다음 사항에 관한 조치를 취한다.
  (a) 선박의 건조, 장비 및 감항성
  (b) 적용가능한 국제문서를 고려한 선박의 인원배치, 선원의 근로조건 및 훈련
  (c) 신호의 사용, 통신의 유지 및 충돌의 방지
④~⑦ 생략

---

3) 선박의 등록조건에 관한 유엔협약

2차 세계대전(1939/41~1945) 전후(前後)로 편의치적(flag on convenience)이 증가하기 시작하여 1960년대 들어 급속한 증가세를 나타냈다. 이에 영국 등 전통적인 해운강국과 국제운수노조연맹(International Transportation

Workers Federation, ITF)33) 등을 중심으로 편의치적(便宜置籍)을 반대하는 움직임이 본격화되었다.34) 국제운수노조연맹은 항만노조와 연대하여 항만에서 하역을 거부하는 등 편의치적 반대운동을 전개하였지만, 항만노조와 연대할 수 없는 지역에서는 불가능하였고, 자신들이 정한 최저임금의 지급을 요구할 수는 있었지만, 그 이상을 요구할 수는 없었으며, 편의치적선(便宜置籍船 Flag on Convenience Vessels) 자체를 부정할 수는 없었다.35)

한편, 유엔무역개발회의(United Nations Conference on Trade and Development, UNCTAD)36)에서는 개발도상국을 중심으로 편의치적을 반대하는 움직임이 전개되었다.37) 유엔무역개발회의(UNCTAD)는 2차 세계대전 후 선진국은 선원인건비가 상승하면서 해운경쟁력이 약화되자 선주(특히 미국 선주)들이 소유한 선박을 편의치적국에 이적(移籍)하여 개발도상국의 선원을 고용하게 됨에 따라 선진국에서는 선원의 인건비 부담으로 사양화(斜陽化)된 해운업이 개발도상국으로 이전되지 못하고 편의치적국에 선적(船籍)만 이적한 채 선진국의 기업이 계속 지배하게 됨으로써 개발도상국의 해운

---

33) 1933년에 최초로 편의치적선의 열악한 고용조건에 대한 관심을 가지고 유엔에 이에 대한 문제제기를 하였다(한국해운기술원, 「선박등록조건에 관한 유엔전권회의 참가보고서」, 1984.9.25, 21쪽 참조).
34) 박경현, "선박의 국적제도와 등록조건에 관한 유우엔협약②", 『월간해양한국』 제152호, 한국해사문제연구소, 1986, 76쪽.
35) 상계논문, 76쪽.
36) 1962년 유엔총회는 선진국과 후진국 간에 점차 확대되어 가는 무역불균형을 시정하고 세계적인 남북문제를 해결하고자 UNCTAD의 설치를 결의하였으며, 1964년 3월에서 6월까지 제네바에서 121개국이 참가한 가운데 첫 회의를 개최하여 상설집행기구로 무역개발이사회(Trade and Development Board, TDB)를 설치하고, 그 산하에 해운위원회 등 7개 위원회와 각 위원회 산하 작업반회의 및 사무국을 두었다(박경현, "선박의 국적제도와 등록조건에 관한 유우엔협약②", 『월간해양한국』 제152호, 한국해사문제연구소, 1986, 77쪽).
37) UNCTAD는 편의치적선을 개방등록선(open registry)이라는 용어를 사용하였다(최재수, "선박국적제도의 변질과정에서 본 세계해운의 구조적 변화", 『한국해운학회지』 제9권, 한국해운학회, 1989.11, 20쪽).

업 진출기회가 박탈당하게 된다고 판단하였다.38) 이에 제6차 해운위원회 (1974.7.29부터 2주간)는 「상선분야 경제협력」에 관한 결의(제22호)를 채택하여 1958년 공해협약에서 정하고 있는 "선박과 기국 간의 진정한 관련성의 존재 또는 결여가 국제해운에 미치는 경제적 영향(Economic Consequences of the Existence or Lack of a Genuine Link between Vessel and Flag of Registry)"을 검토하기로 하고, 사무국에 이에 관한 조사를 신속하게 실시해 줄 것을 요청하였다.39)

이에 사무국은 편의치적선대의 특성과 미치는 영향 등에 관한 보고서를 작성하여 1977년 제8차 해운위원회에 제출하였고, 해운위원회에서는 편의치적 문제의 심각성을 고려하여 사무국에 이 문제를 다룰 「정부간특별작업반회의(Ad hoc Intergovernmental Working Group)」를 구성할 것을 사무국에 요청하였다. 그 결과 1978년 2월 제1차 정부간특별작업반회의가 개최되었다.40)

이후 1980년 1월에 제2차 정부간특별작업반회의가 개최되었지만, 편

---

38) 박경현, "선박국적제도에 관한 국제동향과 국내법의 개정방향", 『해법회지』 제9권 제1호, 1987, 159쪽; 최재수, 「한국해운산업 합리화 정책의 평가에 관한 연구」, 한국해사문제연구소, 1988, 130쪽.

39) 한국선주협회, "UNCTAD 해운위원회 제3차 특별회의 참가보고서", 船協資料 81-1, 1981, 45쪽; 강종희, "선박등록조건에 관한 유엔회의", 『해운산업연구』 창간호, 한국해사기술원, 1984.10, 75쪽; 南部伸孝, "經濟的三要素で大幅な前進" 『海運』 1985年 10月號, 日本海運集會所, 1985.10, 20頁; 한국해운기술원, 「유엔선박등록조건협약, 협약의 내용과 비준에 대한 의견을 중심으로」, 연구보고서, 1986.12, 62쪽; 최낙정, 전게논문, 134쪽; 박경현, "선박의 국적제도와 등록조건에 관한 유우엔협약②", 『월간해양한국』 제152호, 한국해사문제연구소, 1986, 77쪽.

40) 그러나 편의치적에 대해 부정적인 태도를 취하는 유엔무역개발회의(UNCTAD)의 입장에 대해 선진국그룹이 강력하게 반대하고 나섬에 따라 편의치적 폐지하는 결의는 하지 못하고 편의치적선의 팽창이 개발도상국을 포함하여 편의치적제도와 관계를 맺지 않고 있는 국가의 선대증강과 국제경쟁력에 악영향을 미치게 된다는 정도의 결의를 채택하는 데 그쳤다(한국해운기술원, 전게보고서, 67쪽).

의치적의 단계적 폐지문제에 대해 개발도상국과 선진국 사이에 이견(異見)을 좁히지 못하고 해운위원회에 편의치적문제를 전담할 특별회의를 개최할 것을 결정하였다.

이에 따라 1981년(5.27~6.5) 제네바에서 해운위원회 제3차 특별회의를 개최하고 편의치적 문제를 논의하였다. 이 회의에서는 일부 편의치적 공여국과 미국 등 대부분의 선진국이 강력하게 반대하는 등 의견이 대립하였고, 각 그룹[41] 내에서도 의견 조율이 되지 않아 단일 결의안을 도출하는 데는 실패하고 가까스로 다수결로 결의안을 채택하였다.

이후에도 1982년에 정부 간 준비회의(4월과 11월)와 1983년 정부 간 준비위원회(11월)를 거쳐 선박의 등록조건에 관한 협정의 채택에 관한 문제를 검토할 「선박의 등록조건에 관한 유엔회의(United Nations Conference on Conditions for Registration of ships)」를 개최하기로 하고 그동안 회의에서 논의한 선박의 등록조건에 관한 국제협약초안으로서 각 그룹별 의견이 병기(倂記)된 합성본문(composite text)을 채택하였다.[42]

선박의 등록조건에 관한 협약의 채택을 위한 제1차 유엔 전권회의가 주요 해운국 92개국(77그룹 61개국, B그룹 22개국, D그룹 7개국, 중국 및 기타 1개국)과 유엔전문기구 등 25개 기구가 참가한 가운데[43] 1984년 7월 12일

---

41) 유엔무역개발회의(UNCTAD)는 당시 168개 정회원국으로 구성되어 있었는데, 이들은 이 해관계에 따라 개발도상국의 이익을 대변하는 77그룹[아시아와 아프리카 국가들로 구성된 A그룹(95개국)과 라틴아메리카국가로 구성된 C그룹(33그룹)으로 구성], 선진국의 이익을 대변하는 D그룹(10개국), 독자노선을 추구하던 중국(당시 중공)으로 나누어져 있었다(박경현, 전게논문, 77쪽).

42) 박경현, 전게논문, 78쪽; 박경현, "선박국적제도에 관한 국제동향과 국내법의 개정방향", 『해법회지』 제9권 제1호, 1987, 160쪽.

43) 박경현, "선박의 국적제도와 등록조건에 관한 유우엔협약②", 『월간해양한국』 제152호, 한국해사문제연구소, 1986, 78쪽.

부터 8월 13일까지 23일간에 걸쳐 스위스 제네바 유엔무역개발회의 (UNCTAD) 본부에서 개최되었다.44) 제2차 회의는 1985년 1월 28일부터 2월 15일까지 주요 해운국 93개국(77그룹 63개국, B그룹 19개국, D그룹 10개국, 중국)과 유엔전문기구 등 23개 기구가 참가한 가운데 제네바에서 개최되었으며, 같은 해 7월 8일부터 19일까지 제3차 회의가 속개되었다.45)

마침내 1986년 1월 20일부터 2월 7일까지 제네바에서 109개국(총 회원국 169개국)과 기타 다수의 정부 간 및 비정부 간 기구의 대표자가 참석한 가운데 개최된 제4차 회의에서는 제3차 회의에서 작성한 단일의 합성본문(composite text)을 중심으로 논의를 진행한 결과 타협에 이르게 되었다. 이로써 1987년 2월 7일, 선박의 등록조건에 관한 협약의 채택을 위한 제4차 회의에서 협약의 성립경위와 기본성격을 명시한 전문(前文)과 함께 총 22개 조문의 본문, 그리고 3개의 부속서로 구성된 「선박의 등록조건에 관한 유엔협약(United Nations Convention on Conditions for Registration of Ships)」이 채택되었다.46)

이 협약에서 규정하는 선박등록요건을 요약하면, (1) 선박치적 요건으로는, 선원승무 요건과 자본참여 요건 중 하나 이상을 만족시키고, 동시에 기국의 선박회사(또는 선박) 관리요건을 충족시켜야 한다. (2) 선원

---

44) 이 회의에서는 개도국의 이익을 대변하는 77그룹과 선진국 이익을 대변하는 B그룹 간에 기본입장이 첨예(尖銳)하게 대립하였다. 이해관계를 달리하는 그룹 간 기본입장에 관한 상세는 한국해운산업연구원, 「선박등록조건에 관한 유엔전권회의 참가보고서」, 1985, 35-42쪽; 최낙정, 전게논문, 135쪽 참조.

45) 77그룹이 대폭 양보함으로써 협약의 핵심사항인 선원의 승무와 선박의 소유권에 관한 협약문안에 합의함으로써 단일의 혼합문서(composite text)를 작성할 수 있었다(박경현, 전게논문, 79쪽).

46) 주영대사관, 「유엔선박등록조건회의 참가보고」, 영국(해무) 1572-145, 1986.2.11. 참조. 실제로는 자정을 넘긴 2월 8일 아침 6시에 채택되었다고 한다(상게 「유엔선박등록조건회의 참가보고」 참조).

승무 요건으로, 첫째, 자국기 게양선박에 승무한 선원 중 상당비율이 자국 내국민이어야 한다. 둘째, 등록국은 선박, 선사 또는 선대(船隊) 단위로 협약의 규정을 적용할 수 있다. (3) 자본참여 요건으로, 첫째, 자국기 게양선박 또는 이 선박 소유기업에 대해 동국(同國) 또는 동국(同國)의 내국민이 소유권에 참여하고 있어야 한다. 둘째, 소유권 참여수준은 기국(旗國)이 선박에 대한 관할권 행사와 통제를 행하기에 충분한 정도여야 한다. (4) 각 국의 선박회사 또는 선박 관리요건으로, 자국기(自國旗)를 게양한 선박을 소유하고 있는 자국 내에 설립(또는 주된 영업소 유지)되거나 대표자(경영자)가 자국민 또는 자국 내 거주자이어야 한다.47)

그러나 이 협약이 성립되었다고 해서 종래 선박국적에 관한 문제가 완전히 해결된 것은 아니다. 왜냐하면, 이 협약이 성립하는 과정에서 이해관계를 달리하는 그룹 간의 의견불일치로 합의점을 도출하는 데 어려움을 겪으면서 당사국 간 합의에 지나치게 치중하게 되었다. 그 결과 국가 간에 이해관계가 상충되는 중요 쟁점 사항에 관하여는 명확한 결론을 내리기보다는 애매한 표현으로 절충하고 넘어갔다. 그렇기 때문에 이 협약이 성립된 이후에도 선박의 국적조건에 관한 문제는 전혀 개선되거나 해결될 가능성이 없다고 할 것이다.48)

---

47) 박창홍, "제2 선적제도에 관한 선주의 견해", 『해양한국』 제1993-11호, 한국해사문제연구소, 1993.11, 21쪽
48) 같은 취지로는 최낙정, 전게논문, 135쪽; 채이식, 전게논문, 27쪽; 榎本喜三郞, 『船舶登錄要件に關する條約』, 海事產業硏究所報, 海事產業硏究所, 1986.6, 25-27頁.

제3절 선박국적에 관한 입법주의

1. 개요

국제법상 선박은 반드시 국적을 가져야 하며, 이중국적(二重國籍)을 가지지 못한다.[49]

다만, 상술한 바와 같이, 1958년 「공해에 관한 협약」 등 각종 협약에도 불구하고 국제법상 선박국적취득에 관한 구체적 기준이 확립되어 있지 못하다. 특히 협약들에서는 국가가 선박에 국적을 부여하기 위해서는 국가와 선박 간에 "진정한 관련성"이 있어야 할 것을 요구하고 있지만, 그 내용이 명확하지 못하고 추상적이기 때문에 선박의 국적부여에 관한 구체적인 조건은 각국의 국내법에서 자율적으로 정하도록 위임되어 있다. 따라서 각 국가들은 국내적 여건을 고려하여 선박의 국적부여 조건을 정하고 있다.

영국 항해조례에서 살펴본 바와 같이, 대체로 각국은 선박의 국적부여조건으로 선박의 소유(property), 선박의 건조(origin), 승무원(seamen) 등을 표준으로 삼고 있었다. 그러나 오늘날 선박의 건조지가 우리나라, 중국, 일본 등 몇몇 국가에 편중되어 있는 등 자국건조를 선박의 국적요건으로 삼는 것이 현실적으로 어렵기 때문에 선박의 건조를 선박국적부여 요건으로 고집하는 국가는 없으며, 선박의 소유(property) 또는 승무원(seamen) 요건을 병용(倂用)하는 것이 대부분이다.

---

[49] 「1958년 공해에 관한 협약」 제6조, 「1982년 유엔해양법협약」 제92조, 「1986년 유엔선박등록조건에 관한 협약」 제4조 참조.

그 중에서도 선박의 소유권을 주된 선박국적 부여기준으로 삼고, 승무원의 국적을 추가적으로 요구하는 경우가 대부분이다.50)

2. 선박소유자가 자연인인 경우

선박소유자가 자연인인 경우에는 선박소유자의 국적에 따라 선박국적이 정해지는데, 이때 선박국적에 관한 입법주의는 대체로 다음과 같은 유형의 국가들이 있다.51)

첫째, 선박소유권의 전부가 자국민에 속할 것을 요건으로 하는 입법주의이다(자국민소유주의, 선박소유권 전부주의). 가장 많은 국가들이 취하는 방식으로 영미법계와 독일법계의 국가들 대부분이 이에 해당한다. 둘째, 선박소유권의 일정비율 이상이 자국민에 속할 것을 요건으로 하는 입법주의이다(소유권 일부주의). 대표적인 국가들로는 프랑스, 이탈리아 등이 있다. 셋째, 선박소유권의 일부와 선원의 일정 수가 자국민일 것을 요건으로 하는 입법주의이다(소유권 및 선원 일부주의). 대표적인 국가로는 그리스가 있다. 넷째, 선박소유권 전부가 자국민에 속하고, 선원의 일정 수가 자국민일 것을 요건으로 하는 입법주의이다(소유권 및 선원주의). 대표적인 국가로는 미국이 있다. 다섯째, 선박소유자의 국적여부와 상관

---

50) 田中誠二, 『海商法詳論』, 勁草書房(東京), 1970, 162-164頁; 민성규·임동철, 『해사법규요론(제10판)』, 한국해양대학해사도서출판부, 1987, 41쪽; 임동철, 전게논문, 267쪽; 강동수, "선박국적제도의 개선을 위한 입법론적 연구 -제2선적제도 도입 필요성을 중심으로-", 석사학위논문, 한국해양대학교 대학원, 1992, 11-12쪽; 박용섭, 『해상법론』, 형설출판사, 1994, 106-107쪽.

51) 田中誠二, 상게서, 164-165頁; 임동철, 전게논문, 267-268쪽; 日本運輸省(海事法規研究會), 『海事法規解說』, 成山堂(東京), 1981, 6頁; 박용섭, "선박 등기제도와 저당권에 관한 연구-비자항선과 관련하여-", 『해법회지』 제8권 제1호, 한국해법학회, 1986.8, 155쪽; 채이식, 전게논문, 35-36쪽.

없이 다른 나라에 선박이 등록되지 않았으면 선박소유자의 선박등록신청만으로 선박의 국적취득이 가능하도록 하는 입법주의가 있다(편의치적주의).

3. 선박소유자가 법인인 경우

선박소유자가 자연인인 경우에는 그 사람의 국적을 결정하는 것은 국적법에 따라 부여하면 되겠지만, 법인인 경우에는 어떤 법인을 자국법인으로 인정하고 그 법인소유의 선박에 국적을 부여할 것인가 하는 문제가 발생한다.

법인의 국적을 결정하는 요소에는 법인의 설립 준거법, 법인의 주소 또는 본점소재지, 대표자 또는 임원의 국적, 자본가의 국적 등이 있다.[52]

첫째, 법인이 자국의 관련 법률에 따라 설립되고 본점이 자국 내에 있을 것을 요건으로 하는 입법주의이다(자국설립주의). 둘째, 법인의 주소가 자국의 영토 내에 있고, 임원의 전부 또는 일부가 자국민일 것을 요건으로 하는 입법주의이다(자국민 임원주의). 셋째, 법인의 주소가 자국의 영토 내에 있고, 자본가의 일부가 자국민일 것을 요건으로 하는 입법주의이다(자본가 일부주의). 넷째, 법인의 설립이 자국의 법률에 따라 설립되고, 임원의 일정 비율 이상이 자국민이며, 자본가도 일정 비율 이상이 자국민일 것을 요건으로 하는 입법주의이다(복합주의).

---

52) 日本運輸省(海事法規研究會), 상게서, 6頁; 박용섭, 전게논문, 155쪽.

제4절 선박국적의 국제법적 효과

1. 일반적 효과

사람에게 있어 국적(國籍)은 그 사람이 특정한 나라에 소속되는 것과 그에 따른 권리의무의 총체로서 특정한 나라의 구성원을 지칭하는 정치적 개념이자 법적 개념이다. 사람은 특정한 나라의 국적을 가짐으로써 그 나라의 국민이 된다.[53]

선박국적 역시 선박과 국가 간의 관계, 즉 선박이 어느 나라에 소속되어 있는지를 나타내는 것으로 기국주의(旗國主義)에 따라 선박관리감독권과 국가관할권을 확정하는 기준이 되는 등 국내법 및 국제법적으로 중요한 의미가 있다.[54]

어떤 선박에 국적을 부여하고 그 나라의 국기를 게양할 권리를 줄 것인가 하는 것은 주권국가의 고유권한이며, 국제법상 선박국적을 그 선박에 대한 국가관할권 행사의 기준으로 삼고 있다. 주권국가의 국기를 게양한 선박은 공해상에서 국적국(國籍國)의 영토 연장선으로 보는 것은 오래전부터 국제적으로 내려온 국제관습법(國際慣習法)이기도 하였다.[55]

그리고 선박국적은 해사행정상 선박의 기국차별을 통해 자국선박에 대한 각종 권리와 의무를 부여하는 근거가 되기도 하며, 대외적으로 어떤 국가의 선대규모를 결정하는 데 있어 그 기준이 되기도 한다.

---

53) 『한국민족문화대백과사전』 참조.
54) 같은 취지로는 N.P.Ready, op.cit, p.1 참조.
55) 최재수, "선박국적제도의 변질과정에서 본 세계해운의 구조적 변화", 『한국해운학회지』 제9권, 한국해운학회, 1989.11, 15쪽.

2. 유엔해양법협약상 효과

유엔해양법협약에서 선박이 소속된 국가에게 인정하는 선박국적에 따른 일반적인 효과는 다음과 같다.

첫째, 기국(旗國)으로 하여금 소속 선박에 대한 배타적 관할권을 인정한다(동 협약 제92조). 즉 국제조약이나 이 협약에 명시적으로 규정된 경우를 제외하고 선박은 어느 한 국가의 국기만을 게양하고 항행하며 공해에서는 그 국가의 배타적인 관할권에 속한다. 만약, 2개국 이상의 국기를 편의에 따라 게양하고 항행하는 선박은 다른 국가에 대하여 그 어느 국적도 주장할 수 없으며 무국적선(無國籍船)으로 취급될 수 있다.

둘째, 모든 국가는 자기 나라의 국기를 게양한 선박에 대하여 행정적·기술적·사회적 사항에 관하여 유효하게 자국의 관할권을 행사하고 통제한다(동 협약 제93조).

셋째, 군함과 국가가 소유하거나 운용하는 선박으로서 정부의 비상업적 업무에만 사용되는 선박은 공해에서 기국 외의 어떠한 국가의 관할권으로부터도 완전히 면제된다(동 협약 제95조 및 제96조).

넷째, 공해에서 발생한 선박의 충돌 또는 선박에 관련된 그 밖의 항행사고로 인하여 선장 또는 그 선박에서 근무하는 그 밖의 사람의 형사책임이나 징계책임이 발생하는 경우 기국(旗國)에 배타적 형사관할권을 인정한다. 즉 관련자에 대한 형사 또는 징계절차는 그 선박의 기국이나 그 관련자의 국적국(國籍國)의 사법기관(司法機關) 또는 행정기관(行政機關) 외에서는 제기될 수 없다(제97조).

제 5 절   우리나라의 선박국적제도

1. 개요

우리나라에서 근대적 의미의 형식을 갖춘 선박국적제도(船舶國籍制度)에 관한 법률은 일제강점기 본격적인 침략을 위해 시작된 법령정비작업의 일환으로 1910년 4월 1일 법률 제1호로 제정된 「선박법」이다.56) 이 법은 일제가 강제병합한 후 1914년 「조선선박령(朝鮮船舶令)」과 「조선선박적경측도령(朝鮮船舶積景測度令)」으로 대체되어 일제강점기가 끝난 이후에도 시행되었다. 그러다가 1960년 2월과 같은 해 12월에 「선박법」과 「선박적경측도법(船舶積景測度法)」이 각각 제정·시행된 후에야 폐지되었다.

1960년 「선박법」은 자국민소유주의(선박소유권 전부주의)에 따라 선박소유권 전부가 우리나라 국민에 귀속할 것을 원칙으로 하고 있었으며, 법인의 경우에는 국내에 본점 또는 주된 사무소를 두어야 하고, 대표자를 포함한 임원 전원이 우리나라 국민일 것을 요건(자국민 임원주의)으로 하고 있었다. 이는 외국계자본의 참여를 명시적으로 금지한 것은 아니었지만, 회사의 경영에 참여할 수 있는 임원이 되지 못하였기 때문에 외국계자본이 국내 해운업에 참여하는 것을 사실상 배제한 것이라 할 수 있다.

이후 1970년대는 해운동맹이 가장 활발하게 전개되는 시기였고, 해운

---

56) 당시 「선박법」은 19개의 조문과 부칙으로 구성되어 있었는데, 제1조에서 선박국적요건을 정하고 있었다. 선박에 대하여 한국국적을 부여하기 위한 요건으로 첫째, 한국관청 또는 관공서의 소유에 속하는 선박일 것, 둘째, 한국국민의 소유에 속하는 선박일 것, 셋째, 한국에 주된 사무소가 존재하는 법인으로 그 대표자의 전원이 한국신민(韓國臣民)이 되거나 혹은 한국신민이 되는 자의 소유에 속하는 선박일 것 등이다(최낙정, 전게논문, 156쪽).

업의 국제경쟁이 치열해지는 등 국제해운환경이 크게 변화하여 해외 선진해운국과의 협력 내지 합작의 필요성이 강하게 요구되었다.57) 따라서 1978년 12월「선박법」개정을 통해 제한적이기는 하지만, 외국인의 자본참여 및 경영참여가 가능하도록 선박국적요건을 완화하였다.58)

2. 선적항

1) 의의 및 법적 효과

선적항은 선박에 대한 행정감독 등을 위해 선박을 등기 또는 등록하는 특정된 등록항(port of registry)을 말한다.59) 선박소유자는 선적항(船籍港)을 정하고 그 선적항(또는 선박 소재지)을 관할하는 지방해양수산청에 신청하여 선박의 총톤수를 측정한 다음, 선박의 등기 및 등록을 하여야 한다(제7조 및 제8조).60)

선적항은 선박을 등록하여 선박국적증서를 발급받아 선박국적을 취득하는 등 선박에 관한 해사행정의 중심지이다. 또한,「민사소송법」은 선적항에 대하여 선박 또는 선원에 관한 각종 소송의 특별재판관할권이

---

57) 강종희·한철환·황진희,『편의치적제도 활용방안 연구』, 한국해양수산개발원, 2001, 16-17쪽.

58) 대한민국의 법률에 의하여 설립된 상사법인으로 출자의 과반수와 이사회의 의결권의 5분의 3 이상이 대한민국국민에 속하는 법인이 소유하는 선박을 대한민국 선박으로 함으로써 외국인으로 하여금 우리나라 선박회사에의 출자 또는 경영에 참여할 수 있도록 하려는 취지이다(법제처, 개정이유 참조, http://www.law.go.kr/lsInfoP.do?lsiSeq=1190&ancYd=19781205&ancNo=03148&efYd=19781205&nwJoYnInfo=N&efGubun=Y&chrClsCd=010202#0000, 2019.4.17방문). 다만, 그 법인의 대표이사는 대한민국국민이어야 한다.

59) 대법원은 선적항의 의미를 선박의 등기 또는 등록을 한 등록항의 뜻 외에 해상기업의 본거항(home port)으로서의 의미도 갖는다고 판시한 바 있다(대법원 1991. 12. 24. 선고 91다30759 판결). 본거항(本據港)은 상인의 영업소와 같이 선박소유자의 해상기업의 경영(영업) 중심지이다.

60) 선박등기 및 선박등록에 관한 상세는 "제4장 선박공시제도" 참조.

인정되는 사법(司法) 중심지이자,[61] 「상법」상 선장의 대리권의 범위를 결정짓는 중요한 기준점이 되는 곳이기도 하다.

「상법」은 선박소유자를 위한 선장의 대리권 범위를 선적항을 기준으로 정하고 있는데, 선적항에서는 선박소유자에게 직접 지휘·감독을 받기 때문에 선장의 대리권을 매우 제한적으로 규정하고 있으나, 선적항이 아닌 곳에서의 선장의 대리권은 매우 넓게 포괄적으로 규정하고 있다. 즉 선장은 선적항 외에서는 선박소유자를 대리하여 항해에 필요한 재판상 또는 재판 외의 모든 행위를 할 수 있는 권한을 부여하고 있고, 선적항에서는 선박소유자로부터 특히 위임을 받은 경우가 아니면 해원의 고용(雇傭)과 해고(解雇)에 관하여만 대리할 수 있도록 규정하고 있다(상법 제749조).[62]

2) 명칭 및 지정원칙

선박에 관한 해사행정의 중심지인 선적항은 그 명칭과 선적항을 정하는 기본원칙은 다음과 같다(시행령 제2조).

첫째, 선적항은 시·읍·면의 명칭으로 한다.

둘째, 선적항으로 할 시·읍·면은 선박이 항행할 수 있는 수면에 접한 곳으로 한정한다.

셋째, 선적항은 선박소유자의 주소지에 정하는 것을 원칙으로 하되, 다

---

[61] 민사소송법은 제10조는 선원에 대한 특별재판적을 인정하고 있고(선원에 대하여 재산권에 관한 소를 제기하는 경우에는 선적(船籍)이 있는 곳의 법원에 제기할 수 있다.), 제13조는 선박 또는 항해에 관한 일로 선박소유자, 그 밖의 선박이용자에 대하여 소를 제기하는 경우에는 선적이 있는 곳의 법원에 제기할 수 있도록 함으로써 선적이 있는 곳에 특별재판적을 인정한다.

[62] 오늘날 해상기업들의 경영체계상 선장이 해원 고용·해고에 대한 인사권을 직접 행사하는 경우는 거의 없고, 특히 정보통신기술의 발달이나 지점 또는 대리점의 확대 등으로 선적항 밖에서도 실질적인 선장의 대리권은 현저히 감소되고 있다.

음의 경우에는 선박소유자의 주소지가 아닌 시·읍·면에 정할 수 있다.
1. 국내에 주소가 없는 선박소유자가 국내에 선적항을 정하려는 경우
2. 선박소유자의 주소지가 선박이 항행할 수 있는 수면에 접한 시·읍·면이 아닌 경우
3. 「제주특별자치법」에 따라 선박등록특구로 지정된 개항(開港)을 선적항으로 정하려는 경우
4. 그밖에 소유자의 주소지 외의 시·읍·면을 선적항으로 정하여야 할 부득이한 사유가 있는 경우

3. 한국국적의 취득

현행 「선박법」은 자국민소유주의(自國民所有主義), 즉 선박소유자의 국적을 기준으로 선박국적을 부여하는 것을 원칙으로 한다. 이 법에서는 아래의 선박에 대하여 한국국적을 부여한다(제2조).
1. 국유 또는 공유의 선박
2. 대한민국 국민이 소유하는 선박
3. 대한민국의 법률에 따라 설립된 상사법인(商事法人)이 소유하는 선박
4. 대한민국에 주된 사무소를 둔 제3호 외의 법인으로서 그 대표자(공동대표인 경우에는 그 전원)가 대한민국 국민인 경우에 그 법인이 소유하는 선박

한국선박의 소유자는 선박을 취득한 날부터 60일 이내에 선적항을 관할하는 지방해양수산청에 그 선박의 등록을 신청하여야 한다. 이때 「선박등기법」상 등기대상인 선박은 등기를 한 다음 선박등록을 신청한다(선박법 제8조 제1항). 등록신청을 받은 지방해양수산청이 이를 선박원부

(船舶原簿)에 등록함으로써 그 선박은 한국국적을 취득한다. 지방해양수산청은 선박의 국적취득을 증명하기 위해 선박소유자에게 선박국적증서(船舶國籍證書)를 발급하여야 한다.

외국에서 선박을 취득한 경우에는 지방해양수산청장 또는 그 취득지를 관할하는 대한민국 영사에게 임시선박국적증서(臨時船舶國籍證書)를 발급받아 국내 선적항에 도착한 다음, 선박을 등록하고 선박국적증서를 교부받는다.

4. 한국국적의 상실

한국선박이 다음의 어느 하나에 해당하게 된 때에는 선박소유자는 그 사실을 안 날부터 30일 이내에 선적항을 관할하는 지방해양수산청장에게 말소등록의 신청을 하여야 한다(제22조 제1항).

1. 선박이 멸실·침몰 또는 해체된 때
2. 선박이 대한민국 국적을 상실한 때
3. 선박이 제26조 각 호에 규정된 선박(일부 적용제외 선박)으로 된 때
4. 선박의 존재 여부가 90일간 분명하지 아니한 때

위의 사유가 발생하였음에도 불구하고 선박소유자가 말소등록의 신청을 하지 않으면 선적항을 관할하는 지방해양수산청장은 30일 이내의 기간을 정하여 선박소유자에게 선박의 말소등록신청을 최고(催告)하고, 그 기간이 지나도록 말소등록신청을 하지 않으면 직권으로 그 선박의 말소등록을 하도록 하였다(제2항).

이와 같이 선박등록을 통해 취득한 선박의 한국국적은 말소등록을 함으로써 소멸한다.

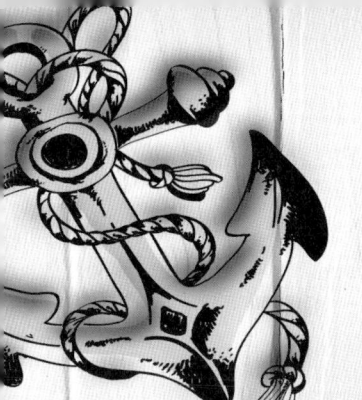

제 3 장 선박톤수

제1절 개요

1. 선박의 크기

선박은 그 선박이 운송하는 화물의 형태가 어떠한가에 따라 톤수, TEU, 세제곱미터(m^3) 등 선박의 크기를 표시하는 방법이 다르다.

먼저, 컨테이너 선박은 「선박법」이 선박의 크기를 표시하기 위해 기준으로 삼고 있는 중량(무게)이나 용적(부피)보다는 실을 수 있는 컨테이너의 개수로 표현하는 것이 선박의 크기를 인식하기에는 훨씬 용이하다. 따라서 컨테이너 선박의 크기는 표준컨테이너 단위인 TEU(twenty-foot equivalent unit)로 표시한다. 즉 1TEU의 크기는 길이 20ft(6.096미터), 높이 8ft(2.4384미터), 폭 8ft(2.4384미터)인 컨테이너 1개를 말한다.

다음으로, 액화천연가스(LNG, liquefied natural gas) 등 액화된 기체를 운송하는 LNG선박 등은 화물이 기체이기 때문에 중량보다는 용적(부피) 단위(m^3)를 사용하는 것이 선박의 크기를 인식하는 데 훨씬 용이하다.

그리고 산적화물이나 원유를 운반하는 선박은 그 화물의 형태가 고체나 액체이기 때문에 중량이나 용적을 기준으로 선박의 크기를 표시하는 톤수가 선박의 크기를 인식하는 데 용이하다.

> ※ 선박톤수(tonnage)의 유래
>
> 선박의 톤수는 무게(중량) 개념이 아니라, 용적(부피) 개념이라는 점에 주목할 필요가 있다. 일반적인 개념인 미터(meter)법상의 톤(ton)은 중량개념으로 1톤(ton)은 곧 1,000킬로그램(kg)을 의미한다. 그러나 선박에서는 톤이라는 개념은 그 발전과정에서 편의상 용적개념을 사용하였고 그것이 오늘날까지 이어지고 있다.
>
> 유럽에서 선박에 의한 해상운송이 활발해지면서 각 국가들은 선박에 세금(항구세)을 부과하려 하였고, 선박에 세금을 부과하기 위해서는 선박의 크기를 인식할 수 있는 일정한 객관적 지표가 필요하였다.
>
> 그러나 당시까지만 하더라도 선박의 크기를 정하는 뚜렷한 기준이 없었기 때문에 당시 선박으로 운송되는 화물 중에서 가장 보편적인 화물의 하나였던 포도주통을 기준으로 사용하게 되었다. 즉 어느 선박의 공간 전부를 포도주통으로 다 채웠을 때의 몇 개의 통을 적재할 수 있느냐를 기준으로 선박의 크기를 나타내었다. 즉 선박에 포도주통 100개를 실을 수 있으면, 그 선박은 100톤 선박이고, 150개를 실을 수 있으면 150톤 선박이 되는 것이다.
>
> 포도주통은 참나무로 만들어졌으며, 통에 들은 술은 알코올이기 때문에 해수보다는 비중이 낮고, 또 둥근 통에 담기 때문에 적재할 때 빈 공간(dead space)이 생길 수밖에 없다. 그렇기 때문에 선박에 포도주통을 몇 개나 실을 수 있는가는 무게를 중심으로 측정하기 보다는 포도주통을 싣는 데 사용할 수 있는 선박 내 공간의 크기(용적)가 보다 더 편리하였다. 이러한 관행이 오늘날까지 이어져 선박의 크기를 나타내는 톤수가 무게(중량)가 아닌 부피(용적)를 지표로 삼고 있는 이유이기도 하다.

2. 선박법상 선박크기

선박에 싣는 화물의 형태에 따라 선박의 크기를 나타내는 지표를 다르게 사용하기도 하지만, 「선박법」은 중량이나 용적을 기준으로 선박의 크기 또는 화물의 유용능력을 나타내는 지표로 톤수(tonnage)를 사용하고 있다.[63]

---

[63] 상법은 제769조 이하에서 선박소유자의 책임을 제한하는 규정을 두고 있다. 이에 따르면, 선박소유자는 선박의 톤수에 일정한 금액을 곱해 산출한 금액을 한도로 책임을 부담하는, 소위 금액책임주의(tonnage limitation)를 취하고 있다. 따라서 선박의 총톤수(국제총톤수)는 선박소유자의 책임한도액을 산정하는 데 있어 중요한 의미를 가진다(상법 제770조).

선박의 톤수라는 것은 단순히 물건의 질량을 표시하는 단위 지표가 아니다. 선박의 크기를 나타내는 톤수만 해도 10여 가지가 되고, 같은 선박이라고 해도 여러 가지 톤수가 각각 다르기 때문에 단순히 선박톤수가 "몇 톤이다"라고 단정 지을 수가 없다. 예를 들어, 2019년 2월 28일, 부산 용호부두에서 6000톤급 러시아 화물선 씨그랜드호가 선장의 음주상태로 출항하다가 광안대교를 추돌하는 사고가 발생하여 사회적으로 큰 이슈가 된 바가 있다. 이때 선박의 크기를 표시하는 6000톤은 무슨 의미일까?

이에 대하여 갑(甲), 을(乙), 병(丙)은 각각 다음과 같은 의미라고 설명하고 있다.

갑(甲)은, "선박 자체의 무게가 6000톤이라는 의미이다."

을(乙)은, "선박에 실을 수 있는 화물의 무게가 6000톤이라는 의미이다."

병(丙)은, "선박에 화물을 가득 실은 상태에서 화물과 선박의 무게를 합한 것이 6000톤이라는 의미이다."

위의 갑(甲), 을(乙), 병(丙) 중 어느 누구도 어느 것도 정답이라 할 수 없는 동시에, 모두 정답이 될 수도 있다. 먼저, 갑(甲)이 말한 것은 화물을 싣지 않은 상태에서 선박 자체의 무게를 나타내는 톤수로 "경하배수톤수"이다. 다음으로, 을(乙)이 말한 것은 선박에 실을 수 있는 화물의 무게, 즉 화물운송능력을 나타내는 "재화중량톤수"이다. 마지막으로 병(丙)이 말한 것은 실린 화물과 선박이 밀어낸 물의 양을 측정한 것으로 "배수톤수"이다.

선박에 사용되는 톤(ton)은 중량의 단위로서의 톤만이 아니고 용적(부피)의 개념으로도 톤을 사용하고 있다. 따라서 선박톤수(tonnage)는 그 사용목적에 따라 용적을 기준으로 표시하는 용적톤수와 중량을 기준으로 표시하는 중량톤수로 구분된다.

<표 2-3> 「선박법」상 선박톤수 종류

톤수	기능	산정방법
국제 총톤수	「1969년 선박톤수측정에 관한 국제협약」(이하 "협약"이라 한다) 및 협약의 부속서(附屬書)에 따라 주로 국제항해에 종사하는 선박에 대하여 그 크기를 나타내기 위하여 사용되는 지표	「선박톤수의 측정에 관한 규칙」제9조 제1항
총톤수	우리나라의 해사에 관한 법령을 적용할 때 선박의 크기를 나타내기 위하여 사용되는 지표	「선박톤수의 측정에 관한 규칙」제35조
순톤수	협약 및 협약의 부속서에 따라 여객 또는 화물의 운송용으로 제공되는 선박 안에 있는 장소의 크기를 나타내기 위하여 사용되는 지표	「선박톤수의 측정에 관한 규칙」제37조
재화중량 톤수	항행의 안전을 확보할 수 있는 한도에서 선박의 여객 및 화물 등의 최대적재량을 나타내기 위하여 사용되는 지표	「선박톤수의 측정에 관한 규칙」제44조

자료: 「선박법」및 「선박톤수의 측정에 관한 규칙」참조.

1) 용적톤수

선박의 부피를 기준으로 하는 용적톤수에는 총톤수(GT, Gross Tonnage)와 순톤수(NT, Net Tonnage)가 있다. 톤수에 관한 국제협약이 제정되기 전에는 해당 국가별로 별도의 규정에 따라 측정되었기 때문에 선박의 크기를 일률적으로 나타내지 못하였다. 1969년에 국제해사기구(IMO)의 전신인 정부간해사자문기구(IMCO, Inter Governmental Maritime Consultative Organization, 1948~1982)에서 채택한 선박톤수측정에 관한 협약이 발효되고 나서야 비로소 측정방법이 국제적으로 통일되었다(1982.7.18. 협약발효).

총톤수는 선박의 모든 폐위된 장소(enclosed space)의 합계용적에 기초하여 우리나라의 해사에 관한 법령을 적용할 때 선박의 크기를 나타내기 위해 사용되는 지표이며, 순톤수는 여객 또는 화물을 운송하는 데 제공되는 선박 안에 있는 장소의 크기를 나타내기 위하여 사용되는 지표이다(제3조).

용적톤수(capacity tonnage)는 선박의 공식톤수로 선박을 등록하거나, 세금 및 각종 요금을 징수하는 기준이 되는 톤수이며, 이를 법정톤수라고도 한다.

(1) 총톤수

총톤수(GT)는 선체외판(선각, 船殼)으로 둘러싸인 선체의 총 용적에서 상갑판 상부에 있는 추진, 항해, 안전, 위생을 위해 사용되는 공간을 제외한 용적을 톤수로 표시한 것이다. 일반적으로 조선소의 연간 건조능력이나 각국의 선박보유량을 나타낼 때 총톤수가 사용된다. 군함 이외의 대부분의 선박은 주로 이 총톤수로 그 크기를 나타낸다.

총톤수는 관세, 선박등록세, 도선료, 계선료, 검사수수료, 입거료(入渠料, 수리를 위해 도크에 들어갈 때 지불하는 사용료) 등의 과세기준 또는 수수료 산출기준으로 사용된다.

(2) 순톤수

순톤수(NT)는 총톤수에서 선원실, 해도실, 기관실, 밸러스트탱크 등 선박운항에 이용되는 부분을 제외하고 화물과 여객의 운송에 제공되는 순수한 용적을 톤수로 표시한 것이다. 보통 총톤수의 약 65% 정도에 해당된다.

순톤수는 화물 또는 여객운송이라는 상행위와 직접적인 관련성을 갖는 지표이기 때문에 항세, 톤세, 운하통과료, 등대사용료, 검역수수료, 항만시설사용료 등을 부과하는 기준이 된다.

2) 중량톤수

선박이 만재흘수선까지 물에 잠기는 것은 선박에 적재한 화물의 용적이 아니라, 화물의 중량(해수의 무게)에 의하여 결정된다. 따라서 용적을 기준으로 하는 공식톤수 외에 선박의 크기를 보다 실용적으로 표시하기 위해 중량톤수(Weight Tonnage)를 사용하기도 한다.

중량톤수는 선박소유자 등이 영업상 필요에 따라 해당 선박에 어느 정도의 화물을 적재할 수 있는가를 중량 면에서 나타내는 것이다. 여기에는 배수톤수(DT, Displacement Tonnage)와 재화중량톤수(DWT, Dead Weight Tonnage)가 있다.

(1) 배수톤수

배수톤수는 '선체(船體)가 물에 잠긴 부분의 부피와 같은 부피의 물의 중량(부력)은 선체 중량과 같다.'는 아르키메데스(Archimedes)의 원리에 의해서 선체의 중량을 측정하여 무게로 표시한 것이다. 즉 선박은 그 일부는 수면 위에 있고 또 그 일부는 수면 아래에 잠기게 된다. 이때 수면 아래에 잠긴 선박의 부피만큼 물을 밀어내게 되고 선박이 잠긴 부분에 의해 밀려난 그 물의 양을 측정하면 그 무게는 선박의 무게와 일치한다. 이러한 방식으로 측정된 선박의 무게가 바로 배수톤수이다.

배수톤수는 선박에 실린 화물의 양(量)에 따라 선박이 잠기는 정도가 달라지기 때문에 배수톤수로는 상선의 크기를 일률적으로 나타낼 수가 없다. 따라서 배수톤수는 상선에서는 사용하지 않고 군용선박이나 경찰용선박 등 함정의 크기를 표시하는 데 사용된다. 즉 군함 등이 그 고유의 기능을 수행하기 위한 장비를 모두 갖추고 병력도 정규로 승선시킨 상태에서의 배수톤수를 함정의 톤수로 사용한다.

(2) 재화중량톤수

　재화중량톤수는 선박에 실을 수 있는 화물의 최대 무게를 기준으로 선박의 크기를 나타낸 것으로, 선박에 화물을 가득 실은 상태(만재 상태)의 배수톤수(만재배수톤수; Full Load Displacement)[64]에서 아무것도 싣지 않은 상태의 배수톤수(경하배수톤수; LWT, Light Weight Displacement Tonnage)[65]를 뺀 것이다.

　재화중량톤수는 화물, 여객과 선원 및 그 소지품, 연료, 음료수, 밸러스트(ballast, 평형수), 식량, 선용품 등이 포함된 무게이기 때문에 선박이 실제 수송할 수 있는 화물의 양(量)은 재화중량톤수로부터 이들 각 중량을 차감한 수치다. 특히 유조선의 크기는 대부분 재화중량톤수를 사용하고 있다.

　예를 들어, 어떤 유조선이 31만6500톤이라고 한다면 그 유조선의 크기는 31만6500DWT로 표시된다. 이것은 선원과 그들의 소지품, 식량, 청수, 연료, 기타 선박운항에 필요한 모든 부품과 운송화물인 원유를 합쳐서 31만6500톤까지 적재가 가능하다는 것을 의미한다.

　재화중량톤수는 선박의 화물 적재능력을 나타내는 데 가장 적절한 지표이기 때문에 선박의 건조계약에서부터 선박의 매매, 용선에 이르기까지 거의 모든 상거래에서 쓰이고 있다.

---

[64] 만재배수톤수는 화물, 연료, 청수, 식량 등을 적재하여 하기만재흘수선(Summer Load Draft)으로 떠있는 상태에서의 배수톤수를 말한다.

[65] 사람, 화물, 연료, 윤활유, 평형수, 탱크안의 청수 및 보일러수, 소모저장품과 여객 및 선원의 휴대품을 싣지 않은 상태에서 선박 자체만의 배수톤수를 말하는 데(선박톤수측정에 관한 규칙 제44조 참조), 상선에서 실제 사용되는 경우는 거의 없고, 선박이 수명을 다하여 폐선(廢船)할 때 고철 매각을 위한 선가(船價) 산정기준으로만 사용된다.

※ **표준화물선환산톤수(CGT, Compensated Gross Tonnage)**
    표준화물선환산톤수(CGT)는 선박의 건조량을 측정하기 위해 사용하는 선박크기 표시단위이다. 선박의 종류나 선종이 비교적 단순하여 여객선이나 일부 특수선을 제외하고는 건조 공정상 큰 차이가 없었던 과거와 달리, 제2차 세계대전 이후 급속한 산업화로 운송물이 다양해졌고, 선형도 대형화, 전용선화 되었다. 그 결과 선종과 선형이 다양하고 복잡해지면서 총톤수는 선박의 건조량을 표시하는 국제적인 지표로서의 기능적 한계가 있었기 때문에 도입된 단위이다.
    1969년에 체결한 UN의 IMO의 「선박톤수 측정에 관한 국제협약」이 발효함에 따라 GT가 새로운 톤수 단위인 CGRT(Compensated Gross Registered Tonnage)로 대체되었으나, 1982년 1월 1일부터 CGT를 사용하고 있다.

〈표 2-4〉 선박의 톤수개념

톤수 종류		톤수 내용
용적 톤수	총톤수	선체외판(선각, 船殼)으로 둘러싸인 선체의 총 용적에서 상갑판 상부에 있는 추진, 항해, 안전, 위생에 관계되는 공간을 뺀 용적을 톤수로 표시한 것
	순톤수	선박의 총톤수에서 승무원실, 기관실, 해도실 등 선박 운항에 필요한 장소의 용적을 뺀 톤수 ※ 톤세, 항세, 부표사용료, 예선료, 운하통과료 등 기준
중량 톤수	만재 배수톤수	선박이 최대로 적재하고 안전하게 운항할 수 있는 만재흘수에서 수면 아래에 잠기는 부분의 용적에 상당하는 해수의 중량(선박이 밀어낸 물의 양(배수량)으로 선박의 무게를 계산한 것]
	경하 배수톤수	선박의 자체 중량에 기관, 각종 장비 및 비품의 무게를 합한 톤수(선박이 화물을 싣지 않았을 때의 배수량과 같음)
	재화 중량톤수	선박이 적재할 수 있는 화물의 중량(만재배수톤수 - 경하배수톤수)

제 2 절 선박의 톤수측정

1. 국제통일화

선박의 크기를 나타내는 선박톤수는 각종 과세의 기준이 되는 것은 물론, 선박의 가격, 용선료 등을 산정하는 기준이 되고, 항만사용료, 도선료, 운하통과료 등을 부과하는 기준이 되는 중요한 지표이다. 그럼에도 불구하고, 국가별로 선박톤수의 측정방식이 서로 달라서 산정된 톤수가 선박의 크기나 수익능력을 일률적으로 나타내지 못하는 문제가 있었다. 예를 들어, 어떤 선박이 A국가에서 B국가로 선박국적을 변경하고자 할 때, A국가와 B국가의 선박톤수 측정방식이 다를 경우에는 선박톤수가 달라지기 때문에 하나의 선박을 두고도 어느 국가에서 선박크기를 측정하는가에 따라 선박의 크기가 달라지는 모순이 발생한다.

각국마다 선박의 크기를 측정하는 기준이 다르다는 것은 단순히 사람들이 인식하는 선박의 크기에 변동이 생기는 것에 그치는 것이 아니라, 선박의 수익능력을 정확하게 반영하지 못하는 것은 물론, 불공평한 결과를 초래하고 해운과 항만관리 등에 커다란 혼선을 발생시키게 된다. 따라서 국제적으로 통일된 선박톤수 측정기준을 정하여 어느 국가에서 측정하든 같은 결과가 나올 수 있도록 국가별 선박톤수 측정방식을 통일시킬 필요가 있었다. 따라서 국제해사기구(IMO)의 전신인 정부간해사자문기구[66]는 설립 당시부터 선박톤수 측정기준의 국제적 통일을 중요한

---

[66] 정부간해사자문기구(IMCO)는 해운과 조선에 관한 국제적인 문제들을 다루기 위해 설립된 유엔(UN) 산하 전문기구로 1948년로 설립되었다. 1982년년 국제해사기구(IMO, International Maritime Organization)로 명칭변경 되었다.

과제로 인식하였다. IMCO의 분과위원회인 해사안전위원회(MSC, Maritime Safety Committee)는 기술보조기관으로 톤수측정소위원회(Sub-Committee on Tonnage Measurement)를 구성하여 1959년 6월에 첫 회의를 개최한 이래, 약 10년 동안의 기술적인 연구와 검토를 거쳐 「선박톤수측정에 관한 국제협약(International Convention on Tonnage Measurement of Ships, 1969)」을 탄생시켰다. 1982년 7월 18일에 협약이 발효됨으로써 선박톤수측정이 국제적으로 통일되었다. 이로써 세계 공통의 톤수측정제도를 도입하기 위한 노력이 처음으로 성과를 거두었다.[67]

2. 톤수측정 및 제외선박

1) 톤수측정 절차

선박톤수는 선박에 대한 해사행정, 과세, 선가(船價)의 측정 등을 하는 기초자료로 선박등기와 선박등록, 그리고 선박검사를 하는 경우에는 반드시 선박톤수측정을 하여야 한다.

선박톤수는 선박검사증서, 선박원부, 선박국적증서 등 선박 관련 서류의 필수기재사항이다.

선박소유자는 선박을 등기·등록하기 전에 선적항(船籍港)을 정하고 그 선적항 또는 선박의 소재지를 관할하는 지방해양수산청(지방해양수산청 해양수산사무소 포함)에 선박의 총톤수의 측정을 신청하여야 한다. 선적

---

[67] 1969년 국제톤수측정협약이 채택되기 이전에는 상선의 총톤수 측정을 위해 사용되는 기준이 나라마다 달랐다. 대부분의 나라에서 1845년 영국 정부의 상무성 소속 조지 무어섬(George Moorsom)에서 고안해낸 측정방법을 채택하고 있었지만, 나라별로 상당한 차이가 있었다(민성규, "1969년의 선박의 톤수측정에 관한 국제협약", 『월간해양한국』 2004년 6월호, 한국해사문제연구소, 2004.6, 148쪽).

항을 관할하는 지방해양수산청장은 선박의 소재지를 관할하는 지방해양수산청장에게 선박톤수를 측정하게 할 수 있다(제7조 제1항 및 제2항).

한편, 외국에서 취득한 선박을 외국 각 항간에서 항행시키는 경우에는 대한민국 영사(領事)에게 그 선박톤수의 측정을 신청할 수 있다(동조 제3항).

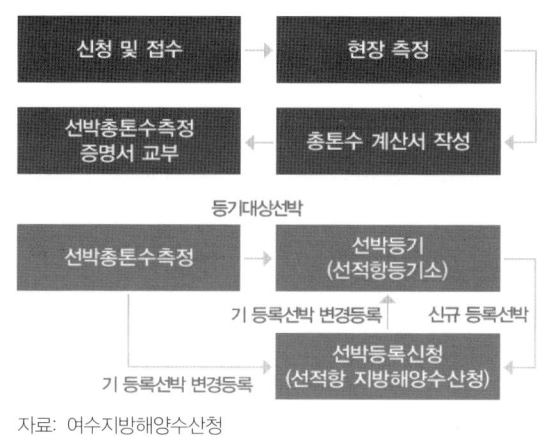

자료: 여수지방해양수산청

〈그림 2-2〉 선박톤수측정 및 선박등록절차

2) 제외선박

「선박법」제26조에서는 선박 중 일부 선박에 대하여는 해사행정의 효율성 및 선박소유자의 편의 등을 고려하여 「선박법」의 적용을 제외하고 있다.[68] 이 규정에 따라 선박톤수 측정신청 의무에서 제외되는 선박은 다음과 같다.

---

[68] 제26조(일부 적용 제외 선박) 다음 각 호의 어느 하나에 해당하는 선박에 대하여는 제7조, 제8조, 제8조의2, 제8조의3, 제9조부터 제11조까지, 제13조, 제18조 및 제22조를 적용하지 아니한다. 다만, 제6호에 해당하는 선박에 대하여는 제8조, 제18조 및 제22조를 적용하지 아니한다.

1. 군함, 경찰용 선박
2. 총톤수 5톤 미만인 범선 중 기관을 설치하지 않은 범선
3. 총톤수 20톤 미만인 부선
4. 총톤수 20톤 이상인 부선 중 선박계류용·저장용 등으로 고정해서 사용하는 부선. 다만, 공유수면 또는 하천의 점용 또는 사용 허가를 받은 수상호텔, 공연장 등은 제외한다.[69]
5. 노와 삿앗대만으로 운전하는 선박
6. 「어선법」에 따른 어선[70]
7. 「건설기계관리법」에 따라 건설기계로 등록된 준설선(浚渫船)
8. 「수상레저안전법」에 따라 등록된 수상레저기구(수상오토바이·모터보트·고무보트 및 요트)

3. 선박톤수 측정 등의 대행

선박톤수의 측정은 선적항 또는 선박의 소재지를 관할하는 지방해양수산청(지방해양수산청 해양수산사무소 포함)의 업무로 하되[71], 한국해양교통안전공단[72] 및 선급법인(船級法人)[73]에게 그 업무를 대행하게 할 수 있

---

[69] 즉 「공유수면 관리 및 매립에 관한 법률」 제8조에 따른 점용 또는 사용 허가나 「하천법」 제33조에 따른 점용허가를 받은 수상호텔, 수상식당 또는 수상공연장 등 부유식 수상구조물형 부선은 일부 적용 제외 선박에서 제외하고 있기 때문에 공유수면 또는 하천의 점용 또는 사용 허가를 받은 부선은 적용대상이다.

[70] 어선은 수산업(어업, 어획물운반업, 수산물가공업)에 종사하는 선박, 수산업에 관한 시험·조사·지도·단속 또는 교습에 종사하는 선박, 어선건조허가를 받아 건조 중이거나 건조한 선박, 어선의 등록을 한 선박을 말한다(어선법 제2조 제1호).

[71] 외국에서 취득한 선박을 외국 각 항간에서 항행시키는 경우 선박소유자는 대한민국 영사에게 톤수측정을 신청한다(제7조 제3항).

[72] 한국해양교통안전공단은 「한국해양교통안전공단법(2018.12.31제정, 시행2019.7.1)」에 따라 설립된 법인으로 해양교통사고 예방을 위한 사업 및 해양교통체계 운영·관리 지원을

도록 하고 있다(제29조의2 제1항).

1. 선박톤수의 측정
2. 국제총톤수·순톤수의 측정, 국제톤수증서 또는 국제톤수확인서의 발급

<표 2-5> 톤수측정 관련 법령

명칭	종류	주요내용
선박법(시행령 및 시행규칙)	법률	・선박톤수의 종류 ・선박톤수측정 근거 등 규정
선박톤수의 측정에 관한 규칙	부령	・선박톤수의 측정기준
선박톤수 측정 등의 대행수수료	고시	・선박톤수측정 대행기관의 대행수수료
선박 톤수 측정 요령	훈령	・선박톤수측정의 정확성을 기하기 위해 필요한 사항
수면비행선박 톤수측정기준	고시	・수면비행선박의 톤수측정에 관한 사항
어선톤수 측정업무의 집행요령	고시	・어선 톤수측정에 관한 사항 ・선박안전기술공단(대행기관)의 톤수측정업무 처리방법 등
총톤수 10톤 미만 소형어선의 구조 및 설비기준	고시	・소형어선 선체, 기관, 그 밖의 설비기준 ・최대승선인원 계산 등에 관한 기준

위한 사업을 수행한다(https://www.komsa.or.kr). 연혁적으로는 「어선법」(1979.1.1시행, 1977.12.31제정)에 근거하여 "한국어선협회(1979.1.1)"가 설립되었고, 1998년 한국어선협회를 해산하고 "선박안전기술원(1998.7.1)"을 설립하였으며, 1999년에는 선박안전기술원을 "선박기술협회(1998.10.6)"로 명칭 변경하였다. 그리고 2007년에는 근거법률을 「선박안전법(2007.1.3 전부개정)」으로 변경하고 "선박안전기술공단"을 설립하였다.

73) 한국선급(KR, Korean Register)은 선급에 등록된 선박 및 선박용 물건에 대한 검사, 선박 및 선박용 물건·컨테이너 검정, 각종 형식승인 및 인증 등의 업무를 수행하는 (사)한국선급협회(1960.6.20)로 설립되어 한국선급으로 명칭이 변경되었다(1987.2.27). 1988년 5월 31일 국제선급연합회(IACS, International Association of Classification Societies)의 정회원 지위로 승격하여 수차례 국제선급연합회(세계 선복량의 90% 이상 관리, 2019년 현재 12개 회원국) 의장직을 수행하였다.

한국해양교통안전공단은 선급법인에 대행하게 하는 선박 외의 선박의 톤수측정업무를 대행하고, 한국선급(KR)은 한국선급에 선급의 등록을 하였거나 등록을 하려는 선박의 톤수측정에 관한 업무를 대행한다(동조 제2항).

4. 국제톤수측정 및 증서의 발급

1) 국제톤수측정

선박소유자는 소유한 선박을 국제항해에 종사하게 하려면 선박의 국제총톤수 및 순톤수를 측정한 다음, 톤수증명서(국제톤수증서 또는 국제톤수확인서)를 발급받아 선박에 비치하고 국제항해에 종사하여야 한다.

국제톤수의 측정은 한국국적 선박에 한하여 실시되며, 측정기준과 방법은 총톤수 측정절차와 동일한 절차에 의해 진행된다. 선박국적증서가 영문으로 번역된 영역서(英譯書)를 첨부해야 한다는 것 외에는 총톤수 측정과 동일하다.

2) 국제톤수증서의 발급

(1) 길이 24미터 이상인 선박

선박길이가 24미터 이상인 한국선박의 소유자(그 선박이 공유(共有)로 되어 있는 경우에는 선박관리인, 그 선박이 대여된 경우에는 선박임차인)는 국제톤수증서(국제총톤수 및 순톤수를 적은 증서)를 발급받아 이를 선박 안에 비치하고 국제항해에 종사하여야 한다(제13조 제1항).[74]

---

[74] 선박소유자가 선박에 국제톤수증서를 갖추어 두지 않고 선박을 국제항해에 종사하게 한 경우 200만 원 이하의 과태료가 부과된다(시행령 제35조 제2항 제4호).

선박소유자가 국제톤수증서의 발급을 신청하면 해양수산부장관은 해당 선박에 대하여 국제총톤수 및 순톤수를 측정한 다음, 그 신청인에게 국제톤수증서를 발급하여야 한다(제2항).

한편, 선박소유자는 선박이 아래의 어느 하나에 해당하게 된 때에는 그 사실을 안 날부터 30일 이내에 선적항을 관할하는 지방해양수산청장에게 신고하여야 한다(제4항).[75]

1. 제22조 제1항 각 호에 해당하게 된 때[76]
2. 국제항해에 종사하지 아니하게 된 때
3. 선박의 길이가 24미터 미만으로 된 때

② 길이 24미터 미만인 선박

선박소유자가 길이 24미터 미만의 선박을 국제항해에 종사하게 하려는 경우에는 국제톤수확인서(국제총톤수 및 순톤수를 적은 서면)를 발급받아야 한다(제5항).

이때 국제톤수확인서에 관하여는 국제톤수증서에 관한 위 규정을 준용한다. 즉 "국제톤수증서"는 "국제톤수확인서"로, "길이가 24미터 미만"은 "길이가 24미터 이상"으로 본다.

---

75) 선박소유자가 멸실 등에 관한 신고를 하지 않은 경우 200만 원 이하의 과태료가 부과된다(시행령 제35조 제2항 제5호).
76) 제22조(말소등록) ①한국선박이 다음 각 호의 어느 하나에 해당하게 된 때에는 선박소유자는 그 사실을 안 날부터 30일 이내에 선적항을 관할하는 지방해양수산청장에게 말소등록의 신청을 하여야 한다.
  1. 선박이 멸실·침몰 또는 해체된 때
  2. 선박이 대한민국 국적을 상실한 때
  3. 선박이 제26조 각 호에 규정된 선박으로 된 때
  4. 선박의 존재 여부가 90일간 분명하지 아니한 때

〈표 2-6〉 톤수측정에 사용되는 주요 용어의 정의

용어	개념
폐위장소	외판·구획(가동식인 것을 포함한다)·격벽·갑판 또는 덮개(천막을 제외)로 폐위되어 있는 선박 안의 모든 장소
상갑판	다음의 기준에 적합한 갑판 중 최상층의 것 (최상층 갑판에 계단부가 있는 선박의 경우는 당해 갑판의 노출부의 최하단부분 및 이를 당해 갑판의 상단부와 평행하게 연장한 부분을 상갑판으로 봄) 가. 외기에 접한 모든 개구에 상설의 풍우밀폐쇄장치가 설치되어 있을 것 나. 갑판이 선수로부터 선미까지 전통하여 있을 것 다. 갑판보다 하방의 선측에 있는 모든 개구는 상설의 수밀폐쇄장치가 설치되어 있을 것
화물 적재장소	화물운송에 사용되는 폐위장소안의 장소
기준 흘수선	선박의 구분에 따라 각각 다음에 정하는 흘수선 가. 만재흘수선규정의 적용을 받는 선박(나목의 선박을 제외한다) : 하기만재흘수선 또는 해수만재흘수선 나. 선박구획규정의 적용을 받는 선박 : 최고구획만재흘수선 다. 가목 및 나목의 선박 외의 선박으로서 항해에 관한 조건으로서 흘수선을 지정한 선박 : 당해 흘수선
형깊이	·목선: 용골의 레비트의 밑가장자리로부터 선측에 있어서의 상갑판 하면까지의 수직거리 ·기타 선박: 용골의 상면으로부터 선측의 상갑판의 하면까지의 수직거리
선박의 길이	최소 형깊이의 85퍼센트 위치에서 계획만재흘수선에 평행한 흘수선 전장의 96퍼센트와 그 흘수선상의 선수재 전면으로부터 타두재 중심선까지의 거리 중 큰 것을 말함
선박의 너비	·금속제외판이 있는 선박: 선박의 길이의 중앙에서 늑골 외면 간의 최대너비 ·금속제외판 외의 외판이 있는 선박: 선박의 길이의 중앙에서 선체외면 간의 최대너비

자료: 「선박톤수의 측정에 관한 규칙」 참조.

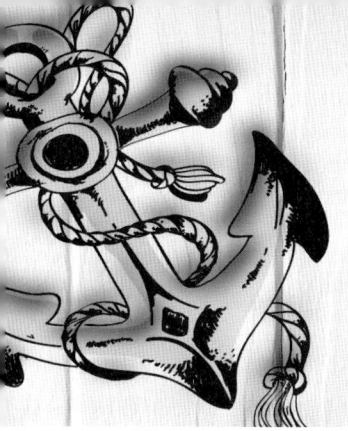

제 4 장 선박공시제도

제1절 개요

1. 공시제도

공시제도(公示制度)란 국가기관이 법정절차에 따라 권리, 재산, 신분 등과 관련된 사실 또는 관계를 공적 문서에 기재하고, 외부에 그 기재 및 권리내용을 명확히 알림으로써 권리를 보호하거나 거래의 안전을 도모하기 위한 제도이다. 이러한 공시방법으로 우리나라에는 등기제도와 등록제도가 있다.

먼저, 등기제도는 재산적 법률관계를 명백히 하고, 이해관계를 가지는 누구나가 그 내용을 알 수 있도록 함으로써 제3자가 그 재산적 법률관계로부터 예견할 수 없는 손해를 입지 않도록 하기 위한 것으로 거래의 안전에 중요한 역할을 한다. 이는 부동산을 중심으로 발전되어 왔기 때문에 일반적으로 등기라고 하면 부동산등기[1]를 의미한다. 그러나 부

---

[1] 부동산등기부라는 공적장부에 부동산의 표시와 그 부동산에 관한 권리관계를 기재하여 일반인에게 널리 공시하는 제도이다. 부동산에 관한 소유권 등의 권리관계 발생, 권리 이전 또는 변경은 등기가 있어야 그 효력이 생긴다. 부동산에 관한 권리관계(부동산의 지번, 지목, 구조, 면적 등의 부동산의 표시사항과 소유권, 지상권, 저당권, 전세권, 가압류 등)를

동산등기 외에도 법인등기(法人登記)2), 부부재산약정등기(夫婦財産約定登記)3), 동산·채권담보등기4), 입목등기(立木登記)5), 상업등기(商業登記)6), 선박등기 등이 있다.

다음으로, 등록제도는 행정법상 일정한 법률사실 또는 법률관계에 관한 사항을 행정관청 등의 등록기관에 비치된 장부에 기재하는 것을 말한다. 위의 등기제도의 목적은 오직 사적(私的) 권리를 외부에 공시하는 것에 있지만, 등록은 어떤 사실이나 법률관계의 존재를 공적으로 공시 또는 증명하는 공증행위(公證行爲)에 해당한다.

알고 싶으면 누구든지 부동산등기부의 등기기록을 열람하거나 등기사항증명서(등기부등본)를 발급받아 확인할 수 있다.

2) 법인은 그 설립근거법률에 따라 민사법인(비영리사단법인과 재단법인)과 상사법인(회사), 특수법인으로 구분되는데 이들 법인에 관한 등기를 말한다. 민사법인은 주무관청의 허가를 받아 설립하고(허가주의), 상사법인은 상법상 일정한 요건만 갖추면 설립할 수 있으며(준칙주의), 특수법인은 해당 법인의 설립근거법률에 따라 허가주의 또는 준칙주의 등의 태도를 취한다.

3) "부부재산약정등기(夫婦財産約定登記)"란 결혼 전에 예비부부가 결혼 후에 재산적 법률관계에 관해 약정하고 이를 등기하는 제도로서 남편이 될 자의 주소지를 관할하는 지방법원, 그 지원 또는 등기소에 한다(「부부재산약정등기 사무처리 지침」 참조).

4) 동산·채권담보등기는 「동산·채권 등의 담보에 관한 법률」에 따라 동산(여러 개의 동산 또는 장래에 취득할 동산을 포함) 또는 금전의 지급을 목적으로 하는 지명채권 (여러 개의 채권 또는 장래에 발생할 채권을 포함)을 담보로 제공하기 위하여 이루어진 등기를 말한다. "담보권설정자"는 동산·채권에 담보권을 설정한 자를 말하는데, 법인(상사법인, 민법법인, 특별법에 따른 법인, 외국법인) 또는 「상업등기법」에 따라 상호등기를 한 사람으로 한정된다. "담보권자"는 동산·채권을 목적으로 하는 담보권을 취득한 자를 말한다.

5) 수목(樹木)은 그 생육기반인 토지와 분리하여 독립된 부동산이라고 할 수 없으나 「입목에 관한 법률」에 의하여 소유권보존등기가 된 토지에 부착된 수목의 집단은 부동산으로 간주한다. 즉 "입목(立木)"이란 토지에 부착된 수목의 집단으로서 「입목에 관한 법률」에 의해 소유권보존등기가 된 수목을 말하는데, 입목의 소유권 및 저당권 등의 일정한 권리관계를 법정절차에 따라 기재하는 것 또는 그 기재 자체를 입목등기(立木登記)라 한다.

6) 상업등기(商業登記)란 「상법」, 「상업등기법」 등의 법령에 의하여 등기관이 상업등기부(11종)라는 공적장부에 회사, 지배인, 기타 상인에 관한 일정한 사항을 법정절차에 따라 기록하는 것 또는 그 기록 자체를 말한다.

그러나 실정법상으로는 등록행위에 여러 가지의 효과를 부여하거나 일정한 행위를 하기 위한 요건으로서 등록을 하도록 규정함으로써 혼란을 가져오는 경우가 많다.[7]

실정법상 등록의 용례(用例)를 살펴보면, 첫째, 특정사실 또는 법률관계의 존재여부를 공적으로 증명하는 강학(講學)상 준법률행위의 일종인 공증(公證)으로서의 기능만을 하는 경우가 있다. 예컨대, 토지대장이나 건축물대장 등의 명부 또는 장부에 등재하도록 하여 행정사무집행의 편의와 사실증명의 자료로 사용되는 경우이다.

둘째, 부동산에 관한 권리의 변동요건인 등기와 같이 특허권·상표권 등의 등록에서와 같이 등록이 권리의 효력발생요건으로 되어 있는 경우도 있고, 저작권의 상속·양도 등의 경우에서와 같이 제3자 대항요건으로 되어 있는 경우도 있다.

셋째, 등록은 의사·변호사·세무사 등의 자격취득자에 대하여 그 자격과 관련된 업무를 개시하기 위한 요건으로 사용된 경우도 있다.

넷째, 실정법에서 가장 많이 사용되고 있는 경우로서 행정법이론상 허가와 같은 의미로 사용되는 경우가 많다. 예를 들어, 영업허가를 받아야 영업행위를 할 수 있는 경우와 같이 특정한 영업행위에 있어서는 행정관청에 등록을 해야 영업행위를 할 수 있도록 하고 있는데, 이때 등록은 허가와 같은 의미이다.

---

7) 박재옥, "등록제도에 관한 현행법 검토", 『법제』 제496호, 법제처, 1999.4, 51쪽.

2. 선박공시제도

1) 의의

선박공시제도는 선박에 관한 재산적 관계(물권) 및 그 변동 등과 같은 권리관계와 선박의 명칭·국적·크기 등과 같은 선박의 일반현황에 관한 사항을 확정하고, 이를 외부에 알리는 제도이다.

이러한 선박공시제도는 상술한 오늘날 선박국적제도의 기원이라 할 수 있는 영국의 「항해조례」와 밀접한 관련이 있다. 즉 1660년에 공포된 「항해조례」에서는 영국의 국제무역에 종사할 수 있는 선박요건을 정하고, 이「항해조례」의 적용을 받아 영국의 국제무역에 종사할 수 있는 선박을 확정하기 위한 수단으로 "선박등록부(ship's register)"를 개설하였다.[8] 이것이 바로 선박공시제도의 효시라 할 수 있겠다.

2) 유형

선박의 공시유형에는 선박등록(船舶登錄)과 선박의 권리관계의 공시를 목적으로 하는 선박등기(船舶登記)가 있다.

먼저, 선박등록은 선박항행의 전제요건으로 국내적으로는 선박의 관리·감독 등 해사행정의 편의를 도모하고, 국제적으로는 선박의 국적취득과 국기게양, 관할권 행사 등을 위하여 필요한 제도이다. 공법상의 필요에 따른 제도로 설명된다.

이에 대하여 선박등기는 선박의 소유권, 저당권 등 선박에 관한 사적인 권리관계를 공시하는 기능을 수행함으로써 거래의 안전을 위해 필요

---

[8] Encyclopaedia Britannica, op.cit., p.147; 박경현, "선박국적제도에 관한 국제동향과 국내법의 개정방향", 『한국해법학회지』 제9권 제1호, 한국해법학회, 1987, 146쪽 참조.

한 공시제도이다. 사법상의 필요에 따른 제도로 설명된다.[9]

「선박법」은 선박공시와 관련하여 법원(등기소 포함)에 하는 등기와 선박에 대한 해사행정상 관리·감독을 위해 지방해양수산청에 선박을 등록하도록 함으로써 이원적 공시제도를 운영하고 있으며[10], 또한, 선박등기는 「선박등기법」에서 규정하고, 선박등록은 「선박법」에서 규정함으로써 그 근거법률을 달리하고 있다.

선박은 「민법」상 물건 중에서 동산(動産)에 해당하기 때문에 원칙적으로 선박은 점유(占有)에 의한 방법으로 권리관계가 공시되어야 한다. 그러나 「선박등기법」은 선박의 크기(총톤수)를 기준으로 일정규모 이상의 선박에 대하여는 그 공시방법으로 「선박법」에 의한 선박등록과는 별도로 선박등기를 하도록 하고 있다(선박등기법 제2조).

한편, 「선박법」은 소형선박의 소유권 득실변경(得失變更)은 선박원부에 "등록(登錄)"을 해야 그 효력이 생기도록 하고 있으며(제8조의2), 소형선박(小型船舶)에 대한 압류도 선박원부에 등록을 하도록 규정하고 있다(제8조의3). 그렇기 때문에 선박등록이 선박의 동일성과 선박의 국적부여 및 국적증명 등 해사행정상 선박관리·감독을 주된 목적으로 하는 제도이기는 하지만, 제한적으로나마 공시기능도 있기 때문에 선박등기와 함께 선박공시제도의 일부로 보아야 한다.

현행법에 의하면, 선박의 종류에 상관없이 선박의 크기(총톤수)에 따라

---

9) 손주찬, 『상법(하)(제11 정증보판)』, 박영사, 2006, 720쪽; 부산지방법원, 『선박등기실무』, 2014, 39쪽; 최세련, "선박의 등기 및 등록에 대한 연구", 『상사법연구』 제36권 제4호, 한국상사법학회, 2018.12, 153쪽.

10) 그러나 투하자본의 규모나 운항에 따른 위험 등에 있어 선박과 유사하거나 더 큰 항공기는 일원주의를 취하고 있다. 즉 등기제도를 따로 운영하지는 않고 관할관청에 항공기를 등록하도록 하고 있다(항공안전법 제7조).

(1) 등기와 등록을 모두 해야 하는 선박, (2) 등록만 하는 선박, (3) 등기·등록 모두를 하지 않아도 되는 선박으로 그 공시방법이 각각 달라질 수 있다(선박법 제8조 및 선박등기법 제2조).

3. 선박공시에 관한 입법주의

모든 국가들은 선박등록이나 선박등기 등의 선박공시제도를 채택하여 운영하고 있다. 다만, 어떤 특정한 공시방식이 강제되는 것은 아니기 때문에 어떤 방식의 공시제도를 채택할 것인가 하는 문제는 각국의 입법정책적 문제라 할 것이다. 따라서 각국은 선박공시제도의 운영방식을 선택하는 데 있어 행정의 효율성이나 이용자의 편의성, 경제성 등을 고려하여 자신들에게 맞는 제도를 채택하게 된다.

그 결과 각국의 선박공시제도에는[11], 먼저, 선박등기나 선박등록 중 어느 하나의 방식만을 요구하는 일원적 공시주의(一元的 公示主義)가 있다. 일원적 공시주의에는 사법적(私法的) 권리관계의 공시(公示)에 관한 선박등기제도를 채택한 등기일원주의(登記一元主義)가 있으며, 이탈리아, 벨기에, 독일[12], 노르웨이 등에서 채택하고 있는 선박공시제도이다. 그

---

11) 박태원 외, 「우리나라 선박등록제도 개편방안 연구」, 『수탁』 2003-18, 한국해양수산개발원, 2003.3, 3쪽.

12) 독일은 등기일원주의를 채택한 국가로 소개된다. 등기에 대한 근거법령은 독일 선적국법(Gesetz uber das Flaggenrecht der Seeschiffe und die Flaggenfuhrung der Binnenschiffe: Flaggenrechtsgesetz)과 선박등기령(Schiffsregisterordnung: SchRegO)이다. 선박등기제도와는 별개로 제2선적제도로서 국제선박등록(Internationalen Seeschifffahrtsregister: ISR)을 할 수 있다. 국제선박등록은 연방 해양 및 수로청(Bundesamt fur Seeschiffahrt und Hydrographie: BSH)에서 관할한다(최세련, 전게논문, 171쪽; www.deutsche-flagge.de 참조). 독일의 선박등기제도에 관하여는 한국법경제학회, 「국가경쟁력 제고를 위한 등기·등록 일원화 방안 연구」, 2009.12, 288-290쪽 참조.

리고 해사행정상의 관리감독 등을 주된 목적으로 하는 선박등록제도를 채택하는 등록일원주의(登錄一元主義)가 있는데, 영국13), 미국14), 홍콩15), 네덜란드 등이 이에 해당하는 국가이다.

다음으로, 사법적 권리관계를 공시하는 등기제도와 행정상의 목적인 등록제도 양자 모두를 요구하는 이원적 공시주의(二元的 公示主義)가 있다. 이를 등기·등록 이원주의라고도 한다. 이러한 이원적 선박공시제도를 채택한 국가로는 한국, 프랑스, 일본16) 등이 있다.

4. 선박공시제도의 개선 필요성

「선박법」은 등기해야하는 선박은 선박의 등기를 한 후에 선박의 등록을 신청하도록 함으로써 이원적 선박공시제도를 취하고 있는 것은 앞서 살펴 본 바와 같다. 이에 대하여 오래 전부터 이원적 공시제도의 절차적 이중성 등으로 합목적성이 결여되어 있다는 지적이 꾸준히 있어 왔다.17) 즉 선적항을 관할하는 지방법원, 그 지원(支院) 또는 등기소에

---

13) 영국은 등록일원주의를 채택한 국가로 소개되고 있다. 영국에서의 선박등록은 상선법(Merchant Shipping Act 1995)과 선박등록규정[Merchant Shipping(Registration of Ships) Regulations 1993]이 규율하고 있다. 선박등록업무는 해상경비대(MCA, Maritime and Coast guard Agency)가 관장하고 있다(정소민, 전게논문, 620-621쪽; 최세련, 전게논문, 170쪽). 영국의 선박등록제도에 관하여는 이윤철·김진권, "소형선박등록제도에 관한 비교법적 고찰", 『한국해법학회지』 제27권 제1호, 한국해법학회, 2005.4, 87-93쪽; 한국법경제학회, 상게보고서, 272-279쪽 참조.
14) 미국도 등록일원주의를 채택한 국가로 소개되고 있다. 미국은 선박의 등록과 관련하여 선박법(The United States Code Title 46 Shipping)과 선박규정(United States Code of Federal Regulation Title 46)이 규율하고 있다(정소민, 전게논문, 624쪽; 최세련, 전게논문, 171쪽). 미국의 선박등록제도에 관하여는 한국법경제학회, 상게보고서, 280-287쪽 참조.
15) 홍콩의 선박등록제도에 관하여는 한국법경제학회, 상게보고서, 302-310쪽 참조.
16) 일본의 선박공시제도에 관하여는 한국법경제학회, 상게보고서, 310-318쪽 참조.

등기를 하고, 다시 선적항을 관할하는 지방해양수산청에 등록해야 하기 때문에 경제적·시간적 부담은 물론, 번거롭고 동시에 행정력 낭비를 초래한다. 뿐만 아니라, 복잡한 등기·등록 절차로 인해 제주선박등록 특구에 외국선박을 유치하는 데 장애요인이 될 수 있다는 것이다.[18]

선박의 공시제도가 반드시 이원적으로 존재해야할 당위성은 없으며, 다수의 국가들에서 선박등기 또는 선박등록 중 어느 하나의 공시제도를 채택하고서도 선박의 권리관계 공시나 해사행정상 선박의 관리·감독 등이 원활하게 이루어지고 있다.

또한, 선박과 유사한 자동차와 항공기의 경우에도 동산이면서 저당권의 목적이 될 수 있음에도 불구하고, 그 공시방법으로 등록제도를 채택하여 사적(私的) 권리관계를 주무관청에 등록함으로써 이를 공시하도록 하고 있다.

이러한 점들을 고려할 때 선박공시제도의 효율적이고 합리적인 방안으로는 선박등기보다 선박등록이 일응 타당해 보인다. 선박공시제도 개선에 관하여는 종래부터 대체로 선박등기제도보다는 선박등록제도로 일원화하자는 등록일원주의 입장이 절대적으로 우세에 있는 듯하다.[19]

---

17) 박용섭, "선박등기제도와 저당권에 관한 연구-비자항선과 관련하여-",『해법회지』제8권 제1호, 한국해법학회, 1986.8, 131쪽 이하; 김철수, "선박소유권의 이전",『해법회지』제9권 제1호, 한국해법학회, 1987.11, 197쪽; 박용섭,『해상법론』, 명신문화사, 1991, 86쪽; 강동수, "선박의 등기와 등록제도 일원화에 관한 고찰",『한국해법학회지』제25권 제1호, 한국해법학회, 2003.4, 197쪽; 정소민, "등기·등록 일원화에 관한 연구",『한양법학』제22권 제1집(통권 제33집), 한양법학회, 2011.2, 628쪽; 최세련, 전게논문, 173쪽.

18) 해양수산부 내부자료, 제주도 선박등록특구 제도, 2002.9 참조. 공시제도의 이원적 운영으로 인한 장단점에 관하여는 노종천, "등기와 지적제도의 이원화로 인한 법률문제연구", 박사학위논문, 숭실대학교 대학원, 2000 참조.

19) 이에 관하여는 박용섭, 상게논문, 159쪽; 박경현, 전게서, 55쪽; 민성규·임동철, 전게서, 52쪽; 박용섭, 상게서, 88쪽; 강동수, 전게논문, 133-136쪽; 한국법경제학회, 전게보고서, 329쪽; 정소민, 전게논문, 628쪽; 고형석, "선박물권변동에 관한 연구",『비교사법』제20

제 2 절   선박등기제도

1. 의의

등기제도는 부동산에 관한 물권(物權)을 공시하는 제도로서 동산과는 밀접한 관련이 있는 제도는 아니다. 그러나 동산(動産) 중에서도 그 경제적 가치가 부동산에 못하지 않고, 또한 물건의 소재확인이 비교적 쉬운 것에 관하여는 법률상 동산에 해당하지만, 특별법에 의하여 특별히 등기제도가 그 공시방법으로 인정되고 있다. 선박등기와 입목등기가 그것이다.

선박등기란 「선박등기법」에 따라 등기할 선박의 선적항을 관할하는 지방법원, 그 지원(支院) 또는 등기소에 국가기관으로서의 등기관이 선박등기부라는 공적 장부에 선박의 명칭 등 그 표시와 그에 대한 소유권, 저당권, 임차권에 관한 권리의 설정 · 보존 · 이전 · 변경 · 처분의 제한 또는 소멸 등의 관계를 법정절차에 따라 기재하는 것 또는 그 기재 자체를 말한다.

선박등기는 다음과 같은 특성을 갖는다.[20]

첫째, 선박을 항행에 이용하기 위해서는 반드시 선박등기를 하여야 하는데, 선박등기를 마친 후에는 선박은 법률상 부동산과 유사한 성질을 갖는 물건으로 취급된다.

둘째, 소유권보존등기가 된 선박은 법률상 부동산과 유사한 물건으로

권 제4호, 한국비교사법학회, 2013.12, 1222-1224쪽; 최세련, 전게논문, 173쪽 등 다수.
[20] 대법원 인터넷등기소(http://www.iros.go.kr/pos1/jsp/cms6/web1/view.jsp?menuid=00100 4002005001, 2019년 4월 21일 방문).

취급되어지고 있지만, 선박등기는 선박에 관한 권리이전의 효력발생요건이 아니라 대항요건에 불과하다는 점에서 부동산등기와 다르다.

셋째, 부동산등기의 경우에는 모든 토지와 건물이 그 대상이 되지만, 「선박등기법」은 선박등기의 대상이 되는 선박을 제한하고 있다.

넷째, 등기된 선박은 부동산으로 취급되므로 저당권과 임차권의 목적으로 할 수 있으나, 질권(質權)의 목적으로 할 수는 없다.

다섯째, 선박등기는 선박에 관한 사법상의 권리관계를 공시하는 제도인 것이지만, 선박의 국적증명을 위한 공법상의 목적을 갖는 선박등록제도와 밀접하게 결합되어 있다. 즉「선박법」은 선박등기 후 선박등록을 하게 함으로써 선박의 소유권 확인과 선박의 국적증명을 상호 연결시키고 있다.

여섯째, 부동산등기의 경우에는 사적자치(私的自治)의 원칙상 등기의무를 부과하는 것은 예외적인 것에 해당하지만, 선박등기는 선박등록제도와 밀접하게 연관되어져 있다. 즉 등록할 선박이 등기하여야 하는 선박이면 선박등기를 한 다음 선박등록을 하여야 하기 때문에 선박등기를 하지 않으면 선박등록을 하지 못한다.

일곱째, 선박등기에는 회사대표자 또는 지배인의 등기에 유사한 선박관리인의 등기제도가 있다는 점에서 상업등기와 유사하고 부동산등기와 구별된다.

여덟째, 선박소유권이전등기가 제3자에 대한 대항력을 가지기 위해서는 이전등기만으로는 부족하고 선박국적증서에 기재까지 되었을 때 비로소 제3자에 대한 대항력이 생긴다.

2. 선박등기절차

「선박법」은 선박등기와 관련하여서는 등기해야하는 선박은 선박의 등기를 한 후에 선박의 등록을 신청하도록 하면서 선박의 등기에 관하여는 따로 정하도록 하고 있다. 이에 근거하여 등기할 사항 및 절차 등은 「선박등기법」에서 따로 정하고 있다. 그러나 이 법은 6개의 조문에 불과하고, 특히 선박등기는 사법상의 권리관계를 공시하는 것을 목적으로 하는 제도이기 때문에 선박등기법 외에 「부동산등기법」의 주요 규정을 준용하고 있다(선박등기법 제5조).

구체적인 선박등기절차에 관하여는 「선박등기규칙」에서 이를 정하고 있는데, 선박등기절차 역시 상당부분 「부동산등기규칙」이 준용되고 있다.[21] 「선박등기규칙」에 의하면, 등기부의 무인발급(제27조), 인터넷을 이용한 등기부 발급 및 열람(제28조), 전자표준양식에 의한 등기신청(제64조), 등기의 전자신청 방법(제67조), 전자신청을 위한 사용자등록에 관한 규정(제68조 내지 제71조)을 제외하고는 성질에 반하지 아니하는 한 「부동산등기규칙」을 준용하도록 하고 있다(선박등기규칙 제3조).

3. 등기대상 선박

「민법」상 물건은 유체물(有體物) 및 전기(電氣) 기타 관리할 수 있는 자연력을 말하는데(민법 제98조), 이러한 물건 중에서 토지 및 그 정착물을 부동산(不動産)이라 하고, 부동산 이외의 물건을 동산(動産)이라 한다(민법

---

21) 선박등기에 관하여 이 규칙에 특별한 규정이 있는 경우와 「부동산등기규칙」 제27조, 제28조, 제64조 및 제67조부터 제71조까지의 규정을 제외하고는 성질에 반하지 아니하는 한 「부동산등기규칙」을 준용한다(선박등기규칙 제3조).

제99조). 이에 따르면, 선박은 동산임에 틀림없다.

그러나 선박은 경제적으로 고가(高價)이고, 운송수단으로 이용하는 과정에서 담보(擔保)의 필요가 크다. 법 기술적으로는 선박의 명칭, 국적, 선적항, 선질, 총톤수 등에 의해 개별화됨으로써 등기부상 동일성 인식도 용이하다. 따라서 권리의 공시방법으로 점유(占有) 또는 인도가 아니라, 등기제도를 채택하였으며, 담보물권도 질권(質權)이 아닌 저당권(抵當權)의 목적으로 하는 등 일정규모 이상의 선박에 대하여는 부동산에 준하여 취급한다.

1) 선박법 제8조가 적용되는 선박

「선박법」상 선박을 운항하기 위해서는 반드시 등록을 해야 한다. 그런데 등기해야 하는 선박에 대하여는 선박등록의 전제조건으로 등기를 하도록 하고 있다(제8조). 즉 선박등기는 임의적인 부동산등기와는 달리 「선박법」에 의해 강제되는 필수적인 의무사항이다.

「선박등기법」은 등기해야 하는 선박으로 총톤수 20톤 이상의 기선(機船)과 범선(帆船) 및 총톤수 100톤 이상의 부선(艀船)으로 정하고 있다. 다만, 총톤수 20톤 이상인 부선 중 선박계류용·저장용 등으로 사용하기 위하여 수상에 고정하여 설치하는 부선은 등기할 선박에서 제외하고 있다(선박등기법 제2조 및 선박법 제26조 제4호).

2) 선박법 제8조가 적용되지 않는 선박

「선박법」은 군함 및 경찰용 선박, 총톤수 5톤 미만인 범선 중 기관을 설치하지 아니한 범선, 총톤수 20톤 미만인 부선, 총톤수 20톤 이상인 부선 중 선박계류용·저장용 등으로 사용하기 위하여 수상에 고정하여 설치하는 부선22), 노와 상앗대만으로 운전하는 선박은 등기·등록해야 하는 선박에서 제외하고 있다(제26조 제1호 내지 제5호).

〈표 2-7〉 선박법상 선박분류에 따른 선박등기 여부

종류	구분	등기여부	근거법률
기선	20톤 이상	등기	선박법 제8조/ 선박등기법 제2조
	20톤 미만	-	선박법 제8조
범선	20톤 이상	등기	선박법 제8조/ 선박등기법 제2조
	20톤 미만	-	선박법 제8조
	5톤 미만인 범선 중 기관을 설치하지 아니한 범선	-	선박법 제26조
부선	100톤 이상	등기	선박법 제8조/ 선박등기법 제2조
	20톤 ~ 100톤 미만	-	선박법 제8조
	20톤 이상인 부선 중 선박계류용·저장용 등으로 사용하기 위하여 수상에 고정하여 설치하는 부선	-	선박법 제26조
	20톤 미만	-	선박법 제26조

그리고 「어선법」상 어선, 「건설기계관리법」에 따라 건설기계로 등록된 준설선(浚渫船), 「수상레저안전법」에 따라 수상레저기구로 등록된 수상오토바이·모터보트·고무보트 및 요트 등도 「선박법」 제8조의 적용을 제외하고 있다(제26조 제6호 내지 제8호).

---

22) 다만, 「공유수면 관리 및 매립에 관한 법률」 제8조에 따른 점용 또는 사용 허가를 받았거나, 「하천법」 제33조에 따른 점용허가를 받은 수상호텔, 수상식당 또는 수상공연장 등 부유식 수상구조물형 부선(艀船)은 제외하고 있기 때문에 등기·등록 하여야 한다(제26조 제4호 단서).

〈표 2-8〉 선박의 등록유형에 따른 선박등기 여부

종류	구분		등기여부	근거법률
어선	「선박법」 선박으로 등록	20톤 이상	등기	선박법 제8조/ 선박등기법 제2조
		20톤 미만	-	
	「어선법」 어선으로 등록	20톤 이상	등기	어선법 제13조/ 선박등기법 제2조
		20톤 미만	-	
준설선	「선박법」 선박으로 등록	100톤 이상	등기	선박법 제8조/ 선박등기법 제2조
		100톤 미만	-	
	건설기계로 등록		-	건설기계관리법 제3조
동력수상 레저기구	「선박법」 선박으로 등록	20톤 이상	등기	선박법 제8조/ 선박등기법 제2조
		20톤 미만	-	
	동력수상레저기구로 등록		-	수상레저안전법 제30조

그러나 경우에 따라서는 어선, 준설선, 동력수상레저기구도 「선박법」 제8조가 적용될 여지가 있다.

먼저, 어선의 경우 어선으로 사용하기 위해서는 「어선법」에 따라 등기·등록을 해야 하기 때문에 「선박법」 제8조가 적용될 가능성은 사실상 없다.23)

둘째, 준설선의 경우 「건설기계관리법」상 등록대상은 비자항식(非自航式) 준설선으로 한정하고 있다.24) 따라서 자항식(自航式) 준설선은 기선(機船)으로 「선박법」 제8조의 적용을 받게 된다. 또한, 준설선(비자항식)을

---

23) 「어선법」은 「선박등기법」에 따라 어선을 등기하도록 한다(어선법 제13조). 그러나 「선박등기법」의 근거는 「선박법」 제8조 제4항에 있음을 명백히 하고 있고(선박등기법 제1조), 「선박법」 제8조의 적용을 받지 않는 어선을 「선박등기법」에 따라 등기하도록 하는 것은 모순이다(같은 취지; 고형석, 전게논문, 1206쪽).

24) 「건설기계관리법」상 등록대상인 준설선은 비자항식에 한정되며, 「선박법」에 의해 선박으로 등록된 것이 아니어야 한다(건설기계관리법 시행령 제2조 관련 〈별표 1〉 건설기계 범위).

건설기계가 아닌 부선(艀船)으로 등록하는 경우에는 「선박법」 제8조의 적용을 받게 된다.

셋째, 「수상레저안전법」상 등록대상인 수상레저기구는 (1) 「선박법」에 따라 등록된 선박이 아니어야 하고(수상레저안전법 제30조 제1항), (2) 수상레저활동에 이용하거나 이용하려는 것으로 (ㄱ)수상오토바이, (ㄴ)선내기 또는 선외기인 모터보트(총톤수 20톤 미만, 추진기관 30마력 이상), (ㄷ)공기를 넣으면 부풀고 접어서 운반할 수 있는 고무보트(총톤수 20톤 미만, 추진기관 30마력 이상), (ㄹ)총톤수 20톤 미만인 세일링요트[25])이다(동조 제3항 및 시행령 제22조). 따라서 총톤수 20톤 이상의 모터보트와 총톤수 20톤 이상의 요트는 「선박법」 제8조의 적용을 받는다.

3) 건조 중의 선박

선박의 실체를 갖추지 못한 건조 중의 선박은 법률상 선박이라 할 수 없고, 건조 중이기 때문에 당연히 소유권보존등기도 할 수가 없다. 따라서 건조 중인 선박은 동산질권만 성립할 수 있어야 한다.

그러나 건조 중의 선박도 선박금융의 활용 등 특별한 목적을 위해 선박으로 취급되어질 필요가 있다. 따라서 상법은 특칙을 규정하여 소유권보존등기가 이루어지지 않은 건조 중인 선박에 대하여도 선박담보에 관하여는 등기한 선박과 같이 취급하고 있다(상법 제790조). 즉 건조 중의 선박도 입질은 금지되고 저당권(抵當權)의 목적이 될 수 있다.

건조 중인 선박에 대한 저당권의 등기는 조선지(造船地)를 관할하는 등기소에 신청한다(선박등기규칙 제23조 제1항). 건조 중의 선박에 저당권등

---

25) 기관과 돛을 사용하지만, 주로 돛을 사용하여 항해하는 요트이다.

기를 마친 경우 소유권보존등기는 저당권등기보다 뒤에 이루어지게 되기 때문에 이 경우 소유권보존등기는 선적항을 관할하는 등기소가 아니라, 저당권등기를 한 등기소에 신청한다(동 규칙 제24조 제1항).

저당권등기를 마친 선박에 대하여 소유권보존등기를 하려는 경우 저당권등기를 한 등기소와 선적항을 관할하는 등기소가 서로 다른 경우에는 저당권등기를 한 등기소는 지체 없이 전산정보처리조직을 이용하여 그 선박에 관한 등기기록과 신탁원부, 공동담보목록 및 도면의 처리권한을 선적항을 관할하는 등기소로 넘겨주어야 한다(동 규칙 제25조).

4. 선박등기부 및 등기사항

1) 선박등기부 구성

선박등기부는 선박에 관한 등기정보자료를 기재하기 위하여 등기소에 비치하는 공적장부를 말하는데,「선박등기법」에 따른 선박등기에 필요한 사항은「선박등기규칙」에서 정하고 있다. 이 규칙에 의하면, 선박등기부는 1척의 선박에 대하여 1개의 등기기록을 편성하도록 함으로써 부동산등기부[26]와 같이 물적 편성주의를 취하고 있다(선박등기규칙 제4조).

선박등기기록에는 표제부(表題部), 갑구(甲區), 을구(乙區), 병구(丙區)를 두고 있다. 표제부에는 선박의 표시에 관한 사항을, 갑구에는 소유권에 관한 사항을, 을구에는 저당권과 임차권에 관한 사항을, 병구에는 선박관리인에 관한 사항을 각각 기록한다(선박등기규칙 제5조).

---

[26]「부동산등기법」은 등기부의 물적 편성주의를 취하면서 등기부를 편성할 때에는 1필의 토지 또는 1개의 건물에 대하여 1개의 등기기록을 두는 것을 원칙으로 한다. 다만, 1동의 건물을 구분한 건물(집합건물)에 있어서는 1동의 건물에 속하는 전부에 대하여 1개의 등기기록을 사용하도록 하였다(제15조 제1항).

2) 등기사항

선박의 등기는 소유권, 저당권, 임차권의 설정·보존·이전·변경·처분의 제한 또는 소멸에 대하여 이루어진다(선박등기법 제3조).

<표 2-9> 선박등기기록

[별지 제1호 양식] 선박등기기록

[선박] ○○광역시 ○○구 ○선 ○○호(○○○톤) 고유번호 0000-0000-000000

[표제부]		(선박의 표시)	
표시번호	접수	선박의 표시	등기원인 및 기타사항

[갑구]		(소유권에 관한 사항)		
순위번호	등기목적	접수	등기원인	권리자 및 기타사항

[을구]		(저당권 및 임차권에 관한 사항)		
순위번호	등기목적	접수	등기원인	권리자 및 기타사항

[병구]		(선박관리인에 관한 사항)		
순위번호	등기목적	접수	등기원인	선박관리인 및 기타사항

등기사항전부증명서(말소사항 포함) - 선박

[선박] 부산광역시 기선 한바다호 (3491.77 톤) 고유번호 1801-2006-503815

【 표 제 부 】 (선박의 표시)

표시번호	접 수	선박의 표시	등기원인 및 기타사항
1 (전 1)	2005년11월10일	선박의 종류와 명칭 기선 한바다호 선적항 부산광역시 선질 강 총톤수 3491.77톤 기관의 종류와 수 디젤발동기 1개 추진기의 종류와 수 나선추진기 1개 진수 연월일 1975년 8월 26일	
2	2018년1월31일	선박의 종류와 명칭 기선 한바다호 선적항 부산광역시 선질 강 총톤수 3491.77톤 기관의 종류와 수 디젤발동기 1개 추진기의 종류와 수 나선추진기 1개 진수 연월일 1975년 8월 26일	선박등기규칙 제42조의3제1항의 규정에 의하여 2007년11월07일 전산이기 선박명칭 변경

【 갑 구 】 (소유권에 관한 사항)

순위번호	등 기 목 적	접 수	등 기 원 인	권리자 및 기타사항
1	소유권보존	1975년11월19일		소유자

〈그림 2-3〉 선박등기부 예시(표제부 및 갑구)

[선박] 부산광역시 기선 흰바다호 (3491.77 톤)

고유번호 1801-2006-503815

순위번호	등 기 목 적	접 수	등 기 원 인	권 리 자 및 기 타 사 항
(전 1)		제1513호		관타형 문교부
				선박등기규칙 제42조의3제1항의 규정에 의하여 2007년11월07일 전산이기
1-1	1번등기명의인표시변경	2018년1월31일 제147호	1990년12월27일 명칭변경	관리청 교육부

【 을   구 】 (소유권 및 임차권에 관한 사항)

기록사항 없음

【 병   구 】 (선박관리인에 관한 사항)

기록사항 없음

-- 이   하   여   백 --

수수료 1,200원 영수함   관할등기소 부산지방법원 등기과 / 발행등기소 부산지방법원 등기과

이 증명서는 등기기록의 내용과 틀림없음을 증명합니다.

서기 2018년 05월 16일

법원행정처 등기정보중앙관리소   전산운영책임관

* 실선으로 그어진 부분은 빈 란임을 표시함.
* 기록사항 없는 을구, 병구는 '기록사항 없음'으로 표시함.
* 문서 하단의 바코드를 스캐너로 확인하거나, 인터넷등기소(http://www.iros.go.kr)의 발급확인 메뉴에서 발급확인번호를 입력하여 위·변조 여부를 확인할 수 있습니다. 발급확인번호를 통한 확인은 3개월까지 5회에 한하여 가능합니다.

발행일 2018/05/16
발급확인번호 ASIL-UWAG-8153
발행번호 18020118001208051010006516115906003815548F215-45091112   2/2

〈그림 2-4〉 선박등기부 예시(을구 및 병구)

5. 선박등기의 효력

선박등기는 「선박등기법」이 정하는 바에 따라 선박등기부에 소유권, 저당권, 임차권에 관한 사항을 기재하는 것을 말하는데, 이들 선박등기 내용에 따라 그 효력상의 차이가 있다.

1) 선박소유권과 선박등기

선박의 등록에 관한 사항과 소형선박의 등록효력[27]에 관하여는 「선박법」과 「선박법 시행령」 및 「선박법 시행규칙」에서 규정하고 있다.[28]

그리고 선박의 등기에 관하여는 「선박등기법」과 「선박등기규칙」에서 규정하고 있으며, 선박등기의 효력(선박소유권 이전)과 등기선의 선박등록 효력에 관하여는 「상법」에서 규정하고 있다. 그 결과 선박의 소유권 변동요건은 그 선박이 등기·등록 모두를 해야 하는 선박(등기선·등록선)[29]인가, 등기 없이 등록만 하는 선박인가(비등기선·등록선)[30], 등기와 등록 모두를 하지 않는 선박(비등기선·비등록선)[31]인가에 따라 달라진다.

---

[27] "소형선박 소유권의 득실변경(得失變更)은 등록을 하여야 그 효력이 생긴다."고 규정(선박법 제8조의2)함으로써 등록선이면서 비등기선인 경우 선박원부에의 기재를 소유권변동의 효력요건으로 하고 있다.

[28] 총톤수 20톤 미만의 소형어선의 소유권 득실변경에 대하여 등록을 효력요건으로 하는 점은 「선박법」과 다르지 않다(어선법 제13조의2 참조). 그러나 「선박법」은 소형선박 중 일부에 대해 등록을 면제하고 있지만, 「어선법」상 어선은 예외 없이 어선 크기와 상관없이 어선원부에 등록하여야 한다(어선법 제13조 제1항).

[29] 등기해야 하는 선박은 총톤수 20톤 이상의 기선과 범선 및 총톤수 100톤 이상의 부선(총톤수 20톤 이상인 부선 중 선박계류용·저장용 등으로 사용하기 위하여 수상에 고정하여 설치하는 부선은 제외)이다(선박등기법 제2조).

[30] 「선박법」상의 소형선박 중에서도 등록해야 하는 선박(같은 법 제26조에 따라 등록의무가 면제되는 선박을 제외한 선박)이 이에 해당한다.

[31] 이는 「선박법」상 소형선박 중에서 같은 법 제26조에 따라 등기·등록 모두가 면제되는 선박(단정, 노도선, 20톤 미만 부선, 기관이 없는 총톤수 5톤 미만 범선 등)으로 일반 동

「상법」은 "등기 및 등록할 수 있는 선박의 경우 그 소유권의 이전은 당사자 사이의 합의만으로 그 효력이 생긴다. 다만, 이를 등기하고 선박국적증서에 기재하지 아니하면 제3자에게 대항하지 못한다."고 규정하고 있다(상법 제743조). 즉 선박의 소유권 이전은 의사주의(비형식주의)를 취하면서 선박의 소유권이전등기는 대항요건으로 하고 있다. 이는 「민법」이 부동산 물권변동에 관하여 형식주의를 취하고 소유권이전등기를 효력요건으로 하고 있는 것과 구별된다(민법 제186조).

2) 선박저당권과 선박등기

선박저당권은 채무자 또는 제3자가 선박의 점유를 이전하지 않으면서 채무의 담보로 제공한 선박에 대하여 채권자(저당권자)가 다른 채권자보다 자기채권을 우선변제 받을 수 있는 권리이다(민법 제356조 참조).

선박은 동산이기 때문에 원칙적으로는 담보물권으로 저당권의 목적은 될 수 없고, 질권(質權)의 목적이 될 수 있을 뿐이다. 그러나 질권의 경우 설정자에 의한 대리점유를 금지하고 있다(민법 제332조). 선박은 해상운송수단으로 항해를 전제로 하기 때문에 그 성질상 질권을 설정하는 것은 곤란하다. 이를 고려하여 상법은 등기한 선박에 대하여는 입질(入質)을 불허(不許)함으로써 질권의 목적으로 하지 못하게 하고(상법 제789조), 담보물권으로는 저당권의 목적으로 할 수 있도록 하고 있다(상법 제787조 제1항).

선박의 저당권에는 「민법」의 저당권에 관한 규정을 준용하고 있다(상법 제787조 제3항).

동산권변동원칙에 따른다. 즉 당사자 합의와 함께 해당 선박의 인도(점유이전)가 있어야 한다(민법 제188조 참조).

선박의 소유권에 관한 선박등기는 제3자에 대한 대항요건인 반면(상법 제743조), 선박의 저당권에 관한 선박등기는 효력요건이다.

> ※ 참고
> 소형선박 등 특정동산32)에 대하여「자동차 등 특정동산 저당법(특정동산저당법)」에서는 담보물권 중 질권의 목적으로 하지 못하도록 하고, 대신 저당권의 목적으로 할 수 있도록 하고 있다.33)
> 그리고 저당권에 관한 득실변경은 담보목적물별로 선박원부, 어선원부 등에 등록하여야 그 효력이 생기도록 하고 있다(동법 제5조 제1항). 즉 "등록"은 저당권의 효력요건이다.

3) 선박임차권과 선박등기

선박임대차(船舶賃貸借)란 당사자 일방이 상대방에게 선박을 사용·수익하게 할 것을 약정하고 상대방이 이에 대하여 차임을 지급할 것을 약정하는 것을 말한다. 선박임차권은 선박임대차계약에 따라 선박임차인이 선박임대차계약에 따라 임차한 선박을 사용·수익할 수 있는 권리를 말한다.

「상법」은 타인의 선박을 사용·수익할 수 있는 방법으로 항해용선계약(제5편 제2장 제3절)34), 정기용선계약(제5편 제2장 제4절)35), 선체용선계약

---

32) "특정동산"이란 등록의 대상이 되는 건설기계, 소형선박, 자동차, 항공기, 경량항공기를 말한다(특정동산저당법 제2조 제1호).
33) 제3조(저당권의 목적물) 다음 각 호의 특정동산은 저당권의 목적물로 할 수 있다.
 1. 「건설기계관리법」에 따라 등록된 건설기계
 2. 「선박등기법」이 적용되지 아니하는 다음 각 목의 선박(소형선박)
  가. 「선박법」 제1조의2 제2항의 소형선박 중 같은 법 제26조 각 호의 선박을 제외한 선박
  나. 「어선법」 제2조 제1호 각 목의 어선 중 총톤수 20톤 미만의 어선
  다. 「수상레저안전법」 제30조에 따라 등록된 동력수상레저기구
 3. 「자동차관리법」에 따라 등록된 자동차
 4. 「항공안전법」에 따라 등록된 항공기 및 경량항공기

(제5편 제2장 제5절)을 각각 규정하고 있다. 이들 중에서 상법은 선체용선계약에 대하여만 그 성질에 반하지 않는다면, 「민법」의 임대차에 관한 규정을 준용하도록 하고 있다(상법 제848조 제1항). 그렇기 때문에 선체용선계약을 선박임대차계약이라고도 한다.

선박임차권은 선체용선계약에 따라 선체용선자(이하 "선박임차인"이라 함)가 갖는 권리이다. 이는 채권적 권리이기 때문에 계약당사자인 선박소유자에게만 주장할 수 있을 뿐이다. 따라서 매매 등으로 선체용선계약의 대상인 선박소유권이 제3자에게 이전되는 경우에는 선박매수인이 선체용선계약상의 당사자 지위를 승계하지 않는 한, 선박임차인은 선박매수인에게 선체용선계약을 주장하지 못한다. 선박임차인에게 예기치 못한 불측의 손해가 발생할 수가 있기 때문에 「상법」은 선체용선등기를 할 수 있도록 하고(제849조 제1항), 선체용선등기를 한 때에는 그 때부터 제3자에 대하여 효력이 생기도록 하고 있다(동조 제2항). 상술한 선박의 저당권에 관한 선박등기와 마찬가지로 선박임대차에 관한 선박등기도 효력요건이다.

---

34) 항해용선계약은 특정항해를 목적으로 선박소유자가 용선자에게 선원이 승무하고 항해장비를 갖춘 선박의 전부 또는 일부를 물건운송에 제공하기로 하고, 용선자는 운임을 지급하기로 하는 계약이다(상법 제827조 제1항). 따라서 항해용선의 법적 성질은 운송계약이다.
35) 정기용선계약은 선박소유자가 용선자에게 선원이 승무하고 항해장비를 갖춘 선박을 일정기간 동안 항해에 사용하게 하고, 용선자가 용선료를 지급하기로 하는 계약이다(상법 제842조 제1항). 선박임대차계약의 성질도 있기는 하지만, 대체로 운송계약의 일종으로 보는 견해가 다수이다(이균성, 『해상법 대계』, 한국해양수산개발원, 2010, 216-217쪽; 채이식, 『상법강의(하)』, 박영사, 2003, 643쪽; 강남호, 『해상법의 법률지식』, 청림출판, 1997, 165쪽; 이기수·최병규·김인현, 『보험·해상법』, 박영사, 2008, 417쪽; 최준선, 『보험법·해상법·항공운송법』, 삼영사, 2012, 499쪽; 정찬형, 『상법강의(하)』, 박영사, 2016, 844쪽 등).

제3절 선박등록제도

1. 개요

선박등록제도는 선박의 안전항해, 선박의 국적부여, 선박의 동일성 및 선박의 국적증명 등 국내외적인 해사행정에 필요한 선박관리·감독과 선박의 권리관계 등 선박에 관한 일정한 사항을 선박원부에 기재하고 이들 기재에 대해 일정한 법적 효력을 부여하기 위한 공법상의 제도이다.[36]

선박소유자가 선적항을 관할하는 지방해양수산청의 선박원부에 선박을 등록하여 행정관할을 확정하는 절차이다. 따라서 선박등록의 법적 성질은 행정관청이 선박의 표시사항과 소유자에 관한 법률사실을 증명하는 공증행위이며 행정법상 준법률행위적 행정행위라 할 것이다.[37]

선박을 등록함으로써 그 선박은 등록선이 되고 비로소 국적을 가지게 되며, 선적국의 배타적 관할권에 종속된다. 그 결과 선적국의 법률에 따른 공·사법상의 권리와 의무를 부담하는 것은 물론, 선적국의 법률에 근거하여 각종 해상기업 활동을 수행하게 된다.

---

[36] 등록(登錄)은 어떤 사실이나 법률관계의 존재를 공적으로 공시 또는 증명하는 공증행위(公證行爲)에 속하며, 그 직접적인 효과는 공증력(公證力)을 발생케 하는 데 있으나 기타의 효력은 각종 등록에 따라 여러 가지가 있다(박재옥, "등록제도에 관한 현행법 검토", 법제, 1999.4, 51쪽; 강동수, "선박의 등기와 등록제도 일원화에 관한 고찰", 『한국해법학회지』 제25권 제1호, 2003.4, 126-127쪽).

[37] 자동차·항공기 등은 동산임에도 불구하고 그 권리의 득실변경에 등록을 하도록 하고 있는 반면, 선박에 대하여는 그 소속을 명확히 하고, 해상의 질서를 유지하며 해사행정상의 감독과 편익을 목적으로 선박을 등록하도록 하고 있다는 점에서 일반적인 동산등록과는 법적 성질이 다르다. 선박등록은 행정관청이 어떤 사실이나 법률관계의 존재를 공적으로 증명하는 준법률행위적 행정행위인 "공증(公證)"에 해당한다.

선박을 등록하는 것은 선박의 국적을 취득하기 위하여 해무관청을 통해 수행하는 행정절차라는 점에서 선박등록제도와 선박국적제도는 결과적으로 같은 의미라 할 수 있다.

2. 선박원부에의 등록

1) 선박등록

「선박법」은 선박소유자로 하여금 선적항을 정하고 그 선적항을 관할하는 지방해양수산청장에게 선박을 취득한 날부터 60일 이내에 선박등록을 신청하도록 하고 있다.[38]

이때 등록하는 선박이 「선박등기법」 제2조에 따라 등기대상인 선박이면 선박등기를 한 후에 선박등록을 신청하여야 하고, 「선박등기법」상 등기를 해야 하는 선박은 그 선박을 등기한 다음 등록하도록 하고 있다(제8조).

선박등록 신청을 받으면, 지방해양수산청장은 선박번호, 선박식별번호(IMO번호), 호출부호, 선박의 종류, 선박의 명칭, 선적항, 선질, 선박길이 및 너비, 총톤수, 각종 용적(폐위장소, 선교루, 선미루 등), 기관의 종류와 수, 조선지, 조선자, 진수일, 소유자(공유인 경우 각 지분율) 등 선박에 관한 일정한 사항을 선박원부(船舶原簿)에 등록하고 이를 전자적 방법으로 작성하여 관리한다(시행규칙 제11조).

---

[38] 선박소유자가 이 기간 내에 선박등록신청을 하지 않으면 200만 원 이하의 과태료를 부과한다(시행령 제35조 제2항 제1호).

2) 변경등록

선박명칭, 선적항, 선박크기(톤수, 길이, 폭 등), 기관의 종류 및 수(數) 등 등록신청 시 선박원부에 기재된 사항이 변경된 경우에는 그 사실을 안 날부터 30일 이내에 변경등록 신청하여야 한다(제18조).[39]

한편, 해무관청의 관할구역 조정 등으로 선박소유자의 의사와 무관하게 선적항을 관할하는 지방해무관청이 변경되는 경우에는 변경 전 지방해무관청은 지체 없이 해당 선박에 관한 선박원부와 그 부속서류를 변경 후 지방해무관청으로 보내야 한다. 선박원부 등을 받은 지방해무관청은 지체 없이 관할 관청 변경사실을 선박소유자에게 통지하여야 한다(시행규칙 제22조).

3) 말소등록

선박의 등록을 말소하는 것은 선박국적을 소멸하기 위한 절차이다.

「선박법」은 선박의 멸실 등 일정한 사유가 생긴 경우에는 그 사실을 안 날부터 30일 이내에 선적항을 관할하는 지방해양수산청장에게 말소등록의 신청을 하여야 한다(제22조).

만약, 말소등록 사유가 발생하였음에도 말소등록을 신청하지 않는 경우에는 선적항을 관할하는 지방해양수산청장은 30일 이내의 기간을 정하여 선박소유자에게 선박의 말소등록신청을 최고(催告)하고, 그 기간이 지나도록 말소등록신청을 하지 않으면 직권으로 그 선박의 등록을 말소한다.[40]

---

[39] 선박소유자가 이 기간 내에 변경등록신청을 하지 않으면 200만 원 이하의 과태료를 부과한다(시행령 제35조 제2항 제6호).

[40] 선박소유자가 선박의 말소등록신청의 최고를 받고 그 기간에 이를 이행하지 말소등록신청을 하지 않으면 200만 원 이하의 과태료를 부과한다(시행령 제35조 제2항 제7호).

선박의 등록을 말소하였을 때에는 해당 선박의 선박원부에 "말소"라는 표시를 하고 이를 따로 보관한다.

〈표 2-10〉 선박법상 선박등록 등

구분	의무자	사유	기한	해당조문
등록 신청	선박소유자	선박취득	60일	법 제8조 시행규칙 제10조
변경 등록	선박소유자	등록사항 변경	30일	법 제18조 시행규칙 제21조
말소 등록	선박소유자	1. 선박이 멸실·침몰 또는 해체된 때 2. 선박이 대한민국 국적을 상실한 때 3. 선박이 제26조 각 호에 규정된 선박으로 된 때[41] 4. 선박의 존재 여부가 90일간 분명하지 아니한 때	30일	법 제22조 시행규칙 제23조

---

[41] 제26조(일부 적용 제외 선박) 다음 각 호의 어느 하나에 해당하는 선박에 대하여는 제7조, 제8조, 제8조의2, 제8조의3, 제9조부터 제11조까지, 제13조, 제18조 및 제22조를 적용하지 아니한다. 다만, 제6호에 해당하는 선박에 대하여는 제8조, 제18조 및 제22조를 적용하지 아니한다.
1. 군함, 경찰용 선박
2. 총톤수 5톤 미만인 범선 중 기관을 설치하지 아니한 범선
3. 총톤수 20톤 미만인 부선
4. 총톤수 20톤 이상인 부선 중 선박계류용·저장용 등으로 사용하기 위하여 수상에 고정하여 설치하는 부선. 다만, 「공유수면 관리 및 매립에 관한 법률」 제8조에 따른 점용 또는 사용 허가나 「하천법」 제33조에 따른 점용허가를 받은 수상호텔, 수상식당 또는 수상공연장 등 부유식 수상구조물형 부선은 제외한다.
5. 노와 상앗대만으로 운전하는 선박
6. 「어선법」 제2조제1호 각 목의 어선
7. 「건설기계관리법」 제3조에 따라 건설기계로 등록된 준설선(浚渫船)
8. 「수상레저안전법」 제2조제4호에 따른 동력수상레저기구 중 같은 법 제30조에 따라 수상레저기구로 등록된 수상오토바이·모터보트·고무보트 및 요트

3. 등록대상인 선박

「선박법」은 한국선박의 소유자에게 선박등록의무를 부과하고 있다. 즉 선적항을 관할하는 지방해양수산청장에게 선박을 취득한 날부터 60일 이내에 선박등록을 신청하여야 한다.

등록대상 선박은 한국선박[42]으로 하되, 일정한 선박에 대하여는 이를 면제하고 있다.

「선박법」상 등록이 면제되는 선박에는 (1) 군함, 경찰용 선박, (2) 총톤수 5톤 미만인 무동력 범선, (3) 총톤수 20톤 미만인 부선, (4) 총톤수 20톤 이상인 선박계류용·저장용 등으로 사용하는 고정용 부선[43], (5) 노도선(櫓櫂船), (6) 「어선법」상의 어선, (7) 「건설기계관리법」상 건설기계로 등록된 준설선(浚渫船), (8) 「수상레저안전법」상 수상레저기구로 등록된 수상오토바이·모터보트·고무보트 및 요트 등이다(선박법 제26조 각호).[44]

선박의 등록을 면제하는 규정을 둔 이유에 대해서는 첫째, 선박등록을 신청하면 이를 선박원부에 기재하여 관리해야 하고, 선박국적증서를 발급해야 한다. 따라서 선박국적증서 교부대상 선박을 명확히 하기 위해

---

42) 한국선박은 국유 또는 공유의 선박, 대한민국 국민이 소유하는 선박, 대한민국의 법률에 따라 설립된 상사법인(商事法人)이 소유하는 선박, 대한민국에 주된 사무소를 둔 제3호 외의 법인으로서 그 대표자(공동대표인 경우에는 그 전원)가 대한민국 국민인 경우에 그 법인이 소유하는 선박을 말한다(선박법 제2조 각호).

43) 다만, 「공유수면 관리 및 매립에 관한 법률」에 따른 점용 또는 사용 허가를 받았거나, 「하천법」에 따른 점용허가를 받은 수상호텔, 수상식당 또는 수상공연장 등 부유식 수상구조물형 부선은 등록하여야 한다(제26조 제4호 단서).

44) 어선에 대하여는 「어선법」에서 어선의 등기와 등록(제13조), 등록사항의 변경(제17조), 등록의 말소와 선박국적증서 등의 반납(제19조)에 관하여 따로 규정하고 있으며, 준설선은 「건설기계관리법」에서, 동력수상레저기구는 「수상레저안전법」에서 각각 등록·변경등록·말소등록에 관하여 규정하고 있다.

등록이 면제되는 선박의 범위를 구체화하는 것이 필요하기 때문이다.[45]

둘째, 이미 다른 법률에서 등록·관리하고 있는 선박들에 대하여는 이 법에 의한 등록을 면제하려는 취지이다. 즉 그동안 추진기관의 탈·부착이 용이한 선외기 모터보트 등은 선박에서 제외되어 「선박법」에 의한 등록·관리가 제대로 이루어지지 않았기 때문에 이들 선박의 안전관리, 보험가입 등에 문제점이 있었다. 따라서 이를 체계적으로 관리하도록 하는 한편, 「어선법」, 「건설기계관리법」, 「수상레저안전법」에 따라 등록되어 있는 어선, 준설선, 동력수상레저기구 등에 대해서는 이 법에 의한 이중등록(二重登錄)을 면제하여 선박등록에 따른 불편을 해소하고자 하는 것이다.[46]

〈표 2-11〉 선박법상 등록대상 선박

종류	선박 크기	등록	해당조문
기선	20톤 이상	등록	제8조
	20톤 미만		
범선	20톤 이상	등록	제8조
	20톤 미만		
	5톤 미만인 범선 중 기관을 설치하지 아니한 범선	-	제26조
부선	100톤 이상	등록	제8조
	20톤 ~ 100톤 미만		
	20톤 이상인 부선 중 선박계류용·저장용 등으로 사용하기 위하여 수상에 고정하여 설치하는 부선	-	제26조
	20톤 미만		

---

45) 이에 관한 논의 상세는, 국회 농림해양수산위원회, 「선박법 중 개정법률안 심사보고서」, 1999.2, 7쪽 참조.
46) 국회 농림해양수산위원회, 「선박법 일부개정법률안 심사보고서」, 2007.6, 3-4쪽 참조; 정해덕, "개정상법 하에서의 선박의 의의와 선박등록·등기", 『법조』 통권 제618호, 법조협회, 2008.3, 203-204쪽.

4. 선박등록 효과

1) 선박국적의 취득 및 국적증명

선박은 사람의 국적(國籍)에 해당하는 선적(船籍), 즉 선박국적을 가져야 하는데, 이러한 선박국적을 증명하는 방법으로는 국기(flag), 등록(registration) 및 증명서(documentation)가 있다. 선박등록은 선박의 국적을 나타내는 국기를 게양하고 선박국적증서를 취득하기 위한 전제요건이다.

(1) 선박국적증서의 발급

선박국적증서는 선적항을 관할하는 지방해양수산청장이 발급하는 것으로 그 선박이 한국국적을 보유하고 있다는 것과 그 선박의 동일성을 증명하는 효력을 갖는 공문서이다.[47]

선박소유자로부터 선박등록 신청을 받으면 지방해양수산청장은 이를 선박원부(船舶原簿)에 기재(등록)하고, 신청인에게 선박에 관한 주요사항을 기재한 선박국적증서를 발급한다(제8조의2 및 시행규칙 제10조 내지 제12조 참조).

(2) 임시선박국적증서의 발급

임시선박국적증서[48]는 선박국적증서의 발급이 곤란한 경우에 선박국적증서의 기능을 대체하기 위해 임시로 발급받는 공문서이기 때문에 증서의 발급에 따른 행정절차상 차이가 있을 뿐, 증서의 기능이나 효력은 선박국적증서와 동일하다.

---

[47] 선박국적증서는 선박톤수를 증명하는 효력이 있다. 즉 국제톤수증서가 발급된 경우 외에는 선박국적증서는 선박의 국적증명과 더불어 선박의 톤수와 선박의 치수를 기재함으로써 이들 사항을 증명하는 효력을 갖는다(이윤철·김진권·홍성화, 『해사법규』, 다솜출판사, 2012, 52쪽).

[48] 2009년 12월 29일 개정 이전에는 가선박국적증서(假船舶國籍證書)라는 용어를 사용하였고, 유효기간에 제한을 두는 등 지금과는 다소 차이가 있었다.

임시선박국적증서를 발급받아야 하는 경우에는 매매계약서 등 선박의 소유권 취득을 증명할 수 있는 서류를 첨부하여 지방해양수산청장 또는 대한민국 영사에게 발급신청을 할 수 있다(제9조 및 시행규칙 제14조).

첫째, 국내에서 선박을 취득한 자가 그 취득지를 관할하는 지방해양수산청장의 관할구역에 선적항을 정하지 않는 경우이다. 이 경우 선박을 취득한 자는 그 취득지를 관할하는 지방해양수산청장에게 임시선박국적증서(臨時船舶國籍證書)를 발급받아 항해할 수 있다.

둘째, 외국에서 선박을 취득한 하는 경우이다. 외국에서 선박을 취득한 경우에는 지방해양수산청장 또는 그 취득지를 관할하는 대한민국 영사에게 임시선박국적증서의 발급을 신청할 수 있다.

셋째, 위의 경우에도 불구하고, 선박취득지에서 임시선박국적증서의 발급받을 수 없는 경우에는 선박의 취득지에서 출항한 후 최초로 기항(寄港)하는 곳에서 발급받을 수 있다.

2) 선박법상의 권리의무

선박을 등록하고 한국선적을 가지게 되면 선적국(船籍國)인 우리나라에 배타적 관할권이 인정되며, 그 선박은 우리나라 법률이 정하는 바에 따라 일정한 권리와 의무를 부담한다.

(1) 한국선박의 권리
① 국기게양권

한국선박은 대한민국 국기를 게양할 수 있다(제5조 제1항).[49] 선박의 포획을 피하기 위한 경우를 제외하고, 한국선박이 아니면 대한민국 국

---

[49] 다만, 대한민국의 항만에 출입하거나 머무는 한국선박 외의 선박은 선박의 마스트나 그 밖에 외부에서 눈에 잘 띄는 곳에 대한민국 국기를 게양할 수 있다(제5조 제2항).

기를 게양하지 못한다.

만약, 국적을 사칭할 목적으로 대한민국 국기를 게양하거나, 대한민국 국기 외의 기장(旗章)을 게양한 선박의 선장에 대하여 5년 이하의 징역 또는 5천만 원 이하의 벌금에 처할 수 있도록 하고 있으며, 특히 죄질이 중(重)한 경우에는 해당 선박을 몰수할 수도 있다(제32조 제1항 내지 제3항).

② 불개항장 기항권

한국선박이 아니면 불개항장(不開港場)에 기항(寄港)하지 못한다.[50]

한국선박이 아닌 선박은 법률 또는 조약에 다른 규정이 있거나, 해양사고 또는 포획(捕獲)을 피하려는 경우 또는 해양수산부장관의 허가를 받은 경우에 한하여 불개항장에 기항할 수 있다(제6조).[51]

"불개항장"이라 함은「항만법」상 무역항(개항)을 제외한 한국영해 및 내수를 말하고, "기항"이란 선박이 국제법상 무해통항이 아닌 특정목적 수행을 위하여 영해 및 내수에 들어오는 것을 말한다(외국선박의 불개항장 기항 등의 허가 요령 제2조 제4호 및 제5호).

③ 연안무역권

한국선박이 아니면 국내 각 항간(港間)에서 여객 또는 화물의 운송을 할 수 없다.[52] 한국선박이 아닌 선박은 법률 또는 조약에 다른 규정이 있거나, 해양수산부장관의 허가를 받은 경우에는 국내 각 항간에서의

---

50) 한국선박이 아님에도 불구하고, 선박이 불개항장(不開港場)에 기항(寄港)한 경우 그 선박의 선장은 5년 이하의 징역 또는 5천만 원 이하의 벌금에 처한다(선박법 제33조).
51)「관세법」에서도 외국무역선이나 외국무역기는 개항에 한정하여 운항할 수 있도록 하고, 개항이 아닌 지역은 당해 지역을 관할하는 세관장에게 허가를 받은 경우에 한하여 출입할 수 있다(제134조 제1항 및 시행령 제156조 제1항).
52) 한국선박이 아님에도 불구하고, 국내 각 항간(港間)에서 여객 또는 화물의 운송을 한 경우 그 선박의 선장은 5년 이하의 징역 또는 5천만 원 이하의 벌금에 처한다(선박법 제33조).

운송을 할 수 있다(제6조).

"국내항간운송"이란 한국영해 및 내수 내에서 사람이나 물건을 적재(積載)·운반(運搬)·하선(下船)하는 일련의 행위를 말한다(외국선박의 불개항장 기항 등의 허가 요령 제2조 제6호). 이를 연안무역권이라 하는데, 오직 한국선박만이 향유할 수 있다. 이와 같이 국적선과 외국적선을 차등 대우하는 각종 조치들을 국기차별(flag discrimination)이라 한다. 대부분의 국가들은 자국의 해운 및 국적선 보호를 위하여 외국적선박에 대해서는 연안무역권을 금지하고 있다.

"개항(開港)"이란 「항만법」상 "무역항"을 말한다.[53] 즉 국민경제와 공공의 이해(利害)에 밀접한 관계가 있고 주로 외항선이 입항·출항하는 항만으로서 해양수산부장관이 무역항으로 지정한 항만을 말한다(항만법 제2조 제2호).

〈표 2-12〉 항만법상 무역항

구분	항명
국가관리무역항 (14개)	경인항, 인천항, 평택·당진항, 대산항, 장항항, 군산항, 목포항, 여수항, 광양항, 마산항, 부산항, 울산항, 포항항, 동해·묵호항
지방관리무역항 (17개)	서울항, 태안항, 보령항, 완도항, 하동항, 삼천포항, 통영항, 장승포항, 옥포항, 고현항, 진해항, 호산항, 삼척항, 옥계항, 속초항, 제주항, 서귀포항

주 1) 국가관리무역항: 국내외 육·해상운송망의 거점으로서 광역권의 배후화물을 처리하거나 주요 기간산업 지원 등으로 국가의 이해에 중대한 관계를 가지는 항만(제3조 제2항)
주 2) 지방관리무역항: 지역별 육·해상운송망의 거점으로서 지역산업에 필요한 화물처리를 주목적으로 하는 항만(제3조 제2항)
자료: 「항만법」 제3조 제3항 및 같은 법 시행령 제2조 제2항 관련 〈별표 2〉 참조.

---

[53] 개항(開港)이란 「선박의 입항 및 출항 등에 관한 법률(선박입출항법)」 제2조 제1호에 따른 무역항(貿易港)을 말한다(외국선박의 불개항장 기항 등의 허가 요령 제2조 제3호). 한편, 「선박입출항법」에서는 「항만법」 제2조 제2호에 따른 항만을 무역항(貿易港)으로 정의하고 있다(선박입출항법 제2조 제1호).

「항만법」은 항만을 무역항과 연안항으로 구분하여 지정·관리하고 있는데(제3조), 무역항은 국민경제와 공공의 이해(利害)에 밀접한 관계가 있고 주로 외항선이 입항·출항하는 항만을 말하고, 연안항은 주로 국내항 간을 운항하는 선박이 입항·출항하는 항만을 말한다.54)

〈표 2-13〉 관세법상 개항

구분	개항명
항구 (25개)	인천항, 부산항, 마산항, 여수항, 목포항, 군산항, 제주항, 동해·묵호항, 울산항, 통영항, 삼천포항, 장승포항, 포항항, 장항항, 옥포항, 광양항, 평택·당진항, 대산항, 삼척항, 진해항, 완도항, 속초항, 고현항, 경인항, 보령항
공항	인천공항, 김포공항, 김해공항, 제주공항, 청주공항, 대구공항, 무안공항, 양양공항

자료:「관세법」제133조 및「관세법 시행령」제155조 제1항 참조.

(2) 한국선박의 의무

첫째, 한국선박의 소유자는 선박을 취득한 날부터 60일 이내에 그 선박을 등기하고 등록하여야 한다(제8조 제1항).55)

둘째, 한국선박은 선박을 시험운전하는 경우 등 특별히 정하는 경우56)가 아니면 선박국적증서 또는 임시선박국적증서를 선박 안에 갖추

---

54) 최진이,『물류법강의』, 다솜출판사, 2018, 378-379쪽.
55) 선박등기제도 및 선박등록제도에 관한 상세는 위의 "제4장 선박공시제도" 부분 참조.
56)「선박법 시행령」제3조(국기 게양과 선박국적증서 등의 비치 면제) ①선박이 법 제10조 단서에 따라 선박국적증서 또는 임시선박국적증서를 선박 안에 갖추어 두지 아니하고 대한민국 국기를 게양할 수 있는 경우는 다음 각 호의 어느 하나에 해당하는 경우로 한다.
 1. 국경일, 그밖에 국가적 행사가 있는 날. 다만, 외국의 국가적 행사일에는 그 나라의 항구에 정박하는 때로 한정한다.
 2. 제1호의 경우 외에 축의(祝意) 또는 조의(弔意)를 표할 경우
 3. 법 제1조의2 제1항 제3호에 따른 부선의 경우
 4. 그 밖에 정당한 사유가 있는 경우

어 두지 않고는 대한민국 국기를 게양하지 못하고, 항행도 할 수 없다(제10조).57) 한국선박은 원칙적으로 대한민국 국기를 게양할 수 있는 권리가 있지만(제5조), 선박국적증서 또는 임시선박국적증서를 선박 안에 갖추고 대한민국 국기를 게양하여야 한다. 즉 국기게양을 위해서는 선박국적에 대한 증명을 갖추어야 한다는 의미이기도 하다.

셋째, 한국선박의 대한민국 국기게양은 권리이자 의무이기도 하다. 즉 한국선박은 국기를 게양하고, 선박에 그 명칭, 선적항, 흘수(吃水)의 치수와 그밖에 정하는 사항58)을 표시하여야 한다(제11조).59) 이에 위반하여 대한민국 국기를 게양하지 않은 선장(소형선박 선장 제외)에게는 200만 원 이하의 과태료가 부과된다(제35조 제1항).

넷째, 한국선박의 소유자는 선적항(船籍港)을 정한 다음, 선박의 총톤수의 측정을 신청하여야 한다(제7조).60)

---

②선박이 법 제10조 단서에 따라 선박국적증서 또는 임시선박국적증서를 선박 안에 갖추어 두지 아니하고 항행할 수 있는 경우는 다음 각 호의 어느 하나에 해당하는 경우로 한다.
  1. 시험운전을 하려는 경우
  2. 총톤수의 측정을 받으려는 경우
  3. 법 제1조의2 제1항 제3호에 따른 부선의 경우
  4. 그밖에 정당한 사유가 있는 경우

57) 시험운전 등의 경우를 제외하고 한국선박이 선박국적증서 또는 임시선박국적증서를 선박 안에 갖추어 두지 않고 대한민국 국기를 게양하거나 항행하는 경우 그 선박의 선장(소형선박 제외)은 5년 이하의 징역 또는 5천만 원 이하의 벌금에 처한다(선박법 제33조). 한편, 소형선박이 선박국적증서 또는 임시선박국적증서를 갖추어 두지 않고 항해한 경우 선박소유자에게 200만 원 이하의 과태료가 부과된다(동법 시행령 제35조 제2항 제2호).

58) 선박의 명칭은 선수양현(船首兩舷)의 외부 및 선미(船尾) 외부의 잘 보이는 곳에 각각 10센티미터 이상의 한글(아라비아숫자를 포함한다)로 표시하고, 선적항은 선미 외부의 잘 보이는 곳에 10센티미터 이상의 한글로 표시하며, 흘수의 치수는 선수와 선미의 외부 양 측면에 선저(船底)로부터 최대흘수선(最大吃水線) 이상에 이르기까지 20센티미터마다 10센티미터의 아라비아숫자로 표시하는데(소형선박은 제외), 이때 숫자의 하단은 그 숫자가 표시하는 흘수선과 일치해야 한다(시행규칙 제17조 제1항).

59) 선박소유자가 선박에 그 명칭, 선적항, 흘수(吃水)의 치수와 그밖에 규정된 사항을 표시하지 않은 경우에는 200만 원 이하의 과태료가 부과된다(시행령 제35조 제2항 제3호).

선 박 원 부

1/2

			2) 조 선 자	(주)구지철공소	3) 진 수 일 :	1975년 8월 26일
1) 조 선 지		일본				
4)	선 박 번 호	BSR 755918				
	IMO 번 호	7513721				
5) 호 출 부 호		D8WU				
6) 선박의 종류		기선				
7) 선박의 명칭		한바다		인반노	한바나호	
8) 선 적 항		부산				
9) 선 질		강				
10) 범선의 빙장						
11) 길 이		93.01 m	m	m	m	m
12) 너 비		14.50 m	m	m	m	m
13) 깊 이		9.50 m	m	m	m	m
14) 총 톤 수		3491.77 톤	톤	톤	톤	톤
15) 폐위장소의합계용적		9891.704 m³	m³	m³	m³	m³
16) 상갑판아래의용적		8218.942 m³	m³	m³	m³	m³
17) 상갑판위의용적		1672.762 m³	m³	m³	m³	m³
18) 선수루의용적		21.980 m³	m³	m³	m³	m³
19) 선교루의용적		0.000 m³	m³	m³	m³	m³
20) 선미루의용적		0.000 m³	m³	m³	m³	m³
21) 갑판실의용적		1496.584 m³	m³	m³	m³	m³
22) 그 밖의 장소의 용적		0.000 m³	m³	m³	m³	m³
23) 제외장소의합계용적		5609.049 m³	m³	m³	m³	m³
24) 선수루의용적		0.000 m³	m³	m³	m³	m³
25) 선교루의용적		0.000 m³	m³	m³	m³	m³
26) 선미루의용적		0.000 m³	m³	m³	m³	m³
27) 갑판실의용적		0.000 m³	m³	m³	m³	m³
28) 그 밖의 장소의 용적		0.000 m³	m³	m³	m³	m³
29) 기관의종류와수		디젤엔진 1기	기	기	기	기
30) 추진기의종류와수		나선 1개	개	개	개	개
31) 등 록 일 자		1979년 7월 4일	1984년 9월 15일	2005년 11월 3일	2018년 1월 29일	2018년 2월 6일
32) 기 사		선박번호 변경	선박번호 교체 95.3.23 국적증서 역서 교부(훼손)	선명 변경	선명 변경	소유자 변경 (명칭변경)

(수입증지가 인영(첨부)되지 아니함
출력된 그 효력을 보증할 수 없습니다.)

부산광역시 연제구 거제제3동장

---

60) 선박의 톤수 및 톤수측정에 관한 상세는 위의 "제3장 선박톤수" 부분을 참조.

소 유 자

성명 (법인명)	주민등록번호 (법인등록번호)	주소	전화번호	비고
대한민국(문교부)	000000 - *******			1979년 7월 4일
대한민국(문교부)	000000 - *******			1984년 9월 15일
한국해양대학교	000000 - *******	부산시 영도구 동삼동 1 한국해양대학교		2005년 11월 3일
국(문교부)	000000 - *******	부산시 영도구 동삼동 1 한국해양대학교	017-581-0724	선명 변경 2018년 1월 29일
국(교육부)	000000 - *******	부산시 영도구 동삼동 1 한국해양대학교	017-581-0724	소유자 변경(명칭변경) 2018년 2월 6일

공 유 자

성명 (법인명)	주민등록번호 (법인등록번호)	주소	지분	비고

저당권 설정 등록 등

순위	구분	사항란	등록일

〈그림 2-5〉 선박원부 예시

선박국적증서

제 2018 - 91 호

소유자	성 명 (법인명)	국(교육부)			
	주 소	부산시 영도구 동삼동 1 한국해양대학교			
선 박 번 호		BSR-755918	총 톤 수		3,491.77 톤
IMO 번 호		7513721	폐위장소의 합계용적		9,891.704 ㎥
호 출 부 호		D8WU	상갑판아래의 용적		8,218.942 ㎥
선 박 의 종 류		기선	상갑판위의 용적		1,672.762 ㎥
선 박 의 명 칭		한바다호	용	선수루의 용적	21.960 ㎥
선 적 항		부산		선교루의 용적	0.000 ㎥
선 질		강		선미루의 용적	0.000 ㎥
범 선 의 범 장				갑판실의 용적	1,496.584 ㎥
기관의 종류와 수		디젤엔진 1 기		그 밖의 장소의 용적	0.000 ㎥
추진기의 종류와 수		나선 1 개			
조 선 지		일본		제외장소의 합계용적	5,609.049 ㎥
조 선 자		(주)구저철공소		선수루의 용적	0.000 ㎥
진 수 일		1975년 08월 26일	적	선교루의 용적	0.000 ㎥
주요치수	길 이	93.01 m		선미루의 용적	0.000 ㎥
	너 비	14.50 m		갑판실의 용적	0.000 ㎥
	깊 이	9.50 m		그 밖의 장소의 용적	0.000 ㎥
비 고		소유자 변경(명칭변경)			

위의 사항은 정확하며 이 선박은 대한민국의 국적을 가지고 있음을 증명합니다.   2018년 02월 06일

부산지방해양수산청장

〈그림 2-6〉 선박국적증서 예시

제 4 절   편의치적제도와 제2 선적제도

1. 편의치적제도

1) 의의

편의치적(flag of convenience)[61]은 법률용어가 아니고, 또한 각 국가별 관행이나 정치·사회·경제적 상황, 당사자의 이해관계 등이 다르기 때문에 오랜 연혁에도 불구하고 일의적(一義的)인 개념정의는 이루어지지 못하고 있다.[62]

국제기구들도 그 설립취지에 따라 편의치적제도에 접근하는 관점이 제각각이다. 예를 들면, 경제협력개발기구(OECD, Organization for Economic Cooperation and Development)는 대체로 선진국의 입장에서 선원고용의 자율성 내지 유연성 측면에서 편의치적제도에 접근하려 하고, 국제해사기구(IMO, International Maritime Organization)는 선박의 안전이라는 측면에서 접근하고 있으며, 국제노동기구(ILO, International Labour Organization)는 선원의 복지차원에서 접근하고 있다. 그리고 유엔무역개발회의(UNCTAD, United Nations Conference on Trade And Development)는 선대(船隊)의 확장을 통한 개

---

[61] 영국 상무성 해운조사위원회(Committee of Inquiry into Shipping)는 1967년 7월 로치데일(Rochdale)을 위원장으로 하는 해운조사위원회를 설치하여 약 3년간 영국의 해운산업의 구조·조직 및 능률·경쟁력 등에 관하여 조사·연구하게 하였다. 그 결과 1970년 5월 처음으로 편의치적의 특징 등에 관해 정리한 로치데일 보고서(Rochdale Report)를 발간하였다(김진권, "해상법상의 준거법 결정에 관한 연구", 박사학위논문, 한국해양대학교 대학원, 2003, 104쪽).

[62] 헌법재판소는 "편의치적은 내국인이 외국에서 선박을 매수하고도 우리나라에 등록하지 않고 등록절차, 조세, 금융 면에서 유리하고 선원 노임이 저렴한 제3의 국가에 서류상의 회사(Paper Company)를 만들어 그 회사 소유의 선박으로 등록하는 것을 말한다."고 판시한 바 있다(1998.2.5.96헌바96 전원재판부 결정).

발도상국의 해운산업발전이라는 관점에서 접근을 하고 있기 때문에 하나의 개념으로 정의되기는 어려워 보인다.[63]

그러나 편의치적을 개념정의 하는 데 있어 공통적인 핵심요소는 선박과 국가간에 "진정한 관련성(genuine link)"이 결여된 선박국적을 보유한다는 데 있다.[64] 즉 선박소유자가 편의상 자신이 소유한 선박을 자신의 국적이나 아무런 관련이 없는 국가에 선박을 등록하고 그 국가(편의치적국)의 국기를 게양하는 것을 의미한다.[65]

2) 연혁

선박국적은 근대국가가 형성되고 중상주의가 지배하던 시대에 각국들이 자국의 관할권에 속하는 선박에 대하여 강력한 보호정책을 시행하고 이들 선박의 국제법적 지위를 명확히 하기 위해 만들어진 제도였다. 그러나 선박국적의 기원이라 할 수 있는 영국 항해조례가 1849년에 폐지되면서 각국의 해운보호정책이 사라지고 국적선에 대한 국가적 보호도 사라지게 된다. 이른바 해운자유의 원칙이 국제해운의 새로운 지배원리로 정착해 감에 따라 선박에 대한 기국차별 근거가 되었던 선박의

---

[63] 강종희, 『제2선적제도 설립당위성 검토와 우리나라 선박제도 발전방안 연구』, 해운산업연구원, 1992, 10쪽.
[64] 한편, 국가와 선박 간의 진정한 관련성 여부는 불분명한 관념이고, 또 어느 국가도 진정한 관련성이 없는 선박에 국적을 부여한다고 공언(公言)하지 않기 때문에 어떤 국가가 편의치적국에 해당하는지 누구도 단정할 수 없기 때문에 편의치적국 여부는 선적국이 국가의 재정적 수입을 목적으로 선박국적제도를 이용하는지 여부로 판단하는 것이 가장 적절하다는 견해도 있다(채이식, 전게논문, 42쪽).
[65] 유럽경제협력기구(OEEC, Organization for Europe Economic Cooperation)는 1954년 발간 보고서에서 파나마, 라이베리아, 온두라스 등이 외국선박에 대해서도 등록할 수 있도록 하는 개방등록(open registry)방식에 대해 편의치적이라는 용어를 처음으로 사용하였다(김부찬, "편의치적과 국제선박등록특구 제도", 『국제법학회논총』 제47권 제3호(통권 제94호), 대한국제법학회, 2002.12, 30쪽).

국적은 더 이상 큰 의미가 없게 되었다.[66] 이로써 선박국적제도는 퇴색하기 시작하였다.[67]

이와 같이 각국의 해운보호정책이 사라지면서 선적국으로부터 누리던 각종 권리는 축소·폐지된 반면, 규제와 관리감독 등 의무는 유지됨으로써 선박국적에 따른 권리와 의무의 불균형이 초래되었다. 따라서 선박과 국가 간의 "진정한 관련성"의 존부와 상관없이 선박소유자는 권리에 비하여 규제가 많은 국가보다는 상대적으로 규제가 느슨한 국가에 선박을 등록하고자 하는 현상들이 나타나게 되었다. 그 결과 기업의 경영측면에서 가능한 규제를 회피하려는 선박소유자의 심리와 등록국의 이익이 적절히 맞물려 만들어진 제도가 편의치적제도이다.[68]

편의치적제도는 2차 대전 이후 미국을 중심으로 급속하게 확산하게 되었다. 즉 2차 세계대전이 끝난 후 미국은 전쟁에 사용된 선박을 처분하기 위해 「상선매각법」(1946년)을 제정하여 상당수의 선박을 자국 선주들에게 매각하면서 파나마에 서류상 회사(paper company)를 설립하여 파나마[69]에 그 선박들을 등록할 수 있도록 하였다. 그 이후에 석유회사들

---

[66] 黑田 英雄, 『世界海運史』, 成山堂書店, 1972, 54頁; 최재수, 전게논문, 24쪽.

[67] 최재수, "편의치적선의 역사적 배경과 현황", 『이론과 실천』 2001봄, 한국해운학회, 2001.4, 88쪽.

[68] 편의치적의 기원은 역사적으로 거슬러 올라가면, 16세기 영국의 선주가 당시 독점권을 갖고 있던 스페인의 서인도 무역에 참가하기 위해 스페인에 선박을 등록한 사례와 17세기에는 영국 어선의 선주들이 자국의 규제를 회피하기 위해 프랑스나 노르웨이 어선으로 등록한 사례 등에서 찾을 수 있지만, 현대적 의미의 편의치적제도는 1922년 미국 여객선 2척이 파나마에 등록되면서부터이다(최재수, "선박국적제도의 변질과정에서 본 세계해운의 구조적 변화", 『한국해운학회지』 제9권, 한국해운학회, 1989.11, 30쪽; H.David Bess, 『U.S. Maritime Policy』, praeger publishers(New York), 1981, pp.150-152).

[69] 미국이 선박등록 대상국가로 파나마를 선택하게 된 것은 파나마는 미국이 동서해안을 연결하기 위하여 파나마 운하를 건설하는 과정에서 생겨난 국가로서 역대 정권이 매우 친미적이고, 미국의 영향력을 매우 강하게 받는 사실상 미국의 식민지 비슷한 국가였다는

이 그 소유한 선박들을 미국에 등록하지 않고, 라이베리아에 등록하면서 편의치적이 세계 해운업계의 주요 관심사로 부상하게 되었다.[70] 이를 계기로 다른 해운국들로 급속하게 확산하게 되면서 편의치적제도는 대규모의 조직화된 국가적 차원의 제도로 자리 잡게 되었다.[71]

3) 효용

선박의 편의치적은 선주가 선박이나 선원에 대한 조세정책, 노동정책, 해운정책 등에 따른 각종 규제를 회피할 목적으로 상대적으로 규제가 느슨한 국가에 형식상 선주가 될 서류상 회사를 설립하여 그 회사의 명의로 선박소유권을 취득하게 하고 선박에 그 국가의 국적을 취득하게 하는 것이다.[72] 이를 통해 얻을 수 있는 효용은 매우 다양하다.

편의치적국 입장에서는 첫째, 대규모 선대를 확보할 능력은 없지만, 편의치적이라는 국적제도를 이용하여 선진해운국의 글로벌 해운기업이 보유한 선박을 등록시켜 명목상으로나마 대규모 선대(船隊)를 형성함으로써 국가경제활동에 기여할 수 있다. 둘째, 선박등록에 따른 등록세 등을 통해 국가의 재정수입을 확보할 수 있게 된다. 이는 편의치적국이 편의치적을 허용하는 가장 큰 이유이다.

점이 작용한 것이라고 한다(최재수, "편의치적선제도의 출현과 국제해운의 구조적인 변화", 『해양한국』 통권 제381호, 2005.6, 129쪽).

70) Ibid, p.80.
71) 편의치적선(Flag of Convenience Ship)이라는 용어는 업계에서 편의상 붙여서 부르는 용어로서 공식으로 채택된 용어는 아니고, 국제기구 차원에서 공식으로 사용된 용어는 유엔무역개발회의(UNCTAD)에서 편의치적의 문제를 공식으로 다루게 되면서 사용한 개방등록선(Open Registry Ship)이다(최재수, 상게논문, 129쪽).
72) 편의치적선의 법적 구조를 보면, 실질적 선주와 형식적 선주인 서류상 회사(paper company)가 존재하는데, 형식적 선주는 선박의 운항 등에는 전혀 관여하지 않고 실질적 선주가 선박에 관한 모든 것을 결정·행사한다(권혁준, "편의치적과 관련된 국제사법상 쟁점에 관한 연구", 『국제사법연구』 제21권 제1호, 한국국제사법학회, 2015.3, 310쪽).

〈표 2-14〉 세계 주요 해운국 편의치적 현황(2018)

(단위: 천DWT, %)

구분	국가	재화중량톤수			
		국적선	외국적선	합계	국적선 비율
1	그리스	64,977	265,199	330,176	19.7
2	일본	38,053	185,562	223,615	17.0
3	중국	83,639	99,455	183,094	45.7
4	독일	11,730	95,389	107,119	11.0
5	싱가포르	2,255	101,327	103,583	2.2
6	홍콩	2,411	95,396	97,806	2.5
7	대한민국[73]	14,019	63,258	77,277	18.1
8	미국	13,319	55,611	68,930	19.3
9	노르웨이	4,944	54,437	59,380	8.3
10	버뮤다	1,215	53,036	54,252	2.2
11	대만	6,732	43,690	50,422	13.4
12	영국	9,496	40,494	49,989	19.0
13	모나코	3,856	35,467	39,323	9.8
14	덴마크	1,521	37,691	39,212	3.9
15	터키	8,034	19,207	27,241	29.5
16	인도	17,974	6,878	24,852	72.3
17	스위스	1,565	23,240	24,805	6.3
18	벨기에	12,405	11,225	23,630	52.5
19	러시아	7,589	14,630	22,219	34.2
20	인도네시아	19,414	885	20,299	95.6
	합계	325,148	1,302,077	1,627,224	19.98

주1) UNCTAD secretariat calculations, based on data from Clarksons Research.
주2) 총톤수 1,000톤 이상인 선박.
자료: UNCTAD, Review of Maritime Transport 2018, 2018

---

[73] 2018년 유엔무역개발회의(UNCTAD)자료에 의하면, 우리나라가 보유한 총톤수 1,000톤 이상인 지배선대규모는 총 1,626척이고, 이 중에서 국내에 등록한 선박과 외국에 등록한 선박(편의치적선)은 각각 801척(49.2%)과 826척(50.8%)으로 큰 차이가 없다. 그러나 재화중량톤수(DWT)를 기준으로 할 때, 국내에 등록한 선박은 14,019천DWT(18.1%)이고, 외국에 등록한 선박은 77,277천DWT(81.9%)로 국내에 등록한 선박과 외국에 등록한 선박 사이에 현저한 차이를 보이고 있다(UNCTAD, Review of Maritime Transport 2018, 2018, p.30). 이는 선박의 크기가 클수록 선박소유자가 국내에 선박을 등록하는 것보다

그러나 무엇보다 편의치적제도의 가장 큰 수혜자는 선박소유자이다. 선박소유자가 편의치적을 통해 얻을 수 있는 경제적 효용은 첫째, 톤세, 등록세, 법인세 등 각종의 조세부담을 완화해 준다. 그러나 처음에는 선주들이 선박의 편의치적을 이용하게 하는 가장 큰 요인이었으나, 해운국들이 제2 선적제도 등을 통해 조세감면이나 보조금지급 등으로 선박소유자의 부담을 완화시켜 줌으로써 조세부담을 벗어나기 위해 편의치적을 이용할 실익은 상대적으로 줄어들었다.

둘째, 선원고용에 관한 제약으로부터 자유롭다. 즉 대부분의 국가들은 선원의 일정비율 이상을 자국 선원으로 고용하도록 하고 있지만, 편의치적국은 외국인선원 고용에 대한 제약에서 자유롭다. 따라서 상대적으로 인건비가 낮거나, 노동조건 등이 완화된 국가들로부터 선원을 공급받을 수 있다. 편의치적을 이용하는 가장 큰 효용의 하나이다.

셋째, 항만국통제 등을 엄격하게 실시할 수 있는 행정체계가 부재하거나 미흡하기 때문에 정부의 규제나 간섭으로부터 최소한의 제약을 받으면서 선박을 운항할 수 있다.

넷째, 선박금융의 활용이 용이하다는 점이다. 즉 편의치적국은 금융기관으로부터 선박에 대한 담보권설정 및 그 실행을 용이하게 해주는 법제도를 마련하고 있다. 선박에 대한 담보권설정이나 유치권행사 등을 용이하게 하여 금융기관들의 신박에 대한 투자 기피문제를 해소함으로써 선박건조 등에 필요한 재원조달을 보다 용이하게 할 수 있게 해준다.

편의치적을 선호한다는 것을 알 수 있다.

4) 문제점

위와 같이 편의치적제도의 효용도 있는 반면, 편의치적은 첫째, 개발도상국 등의 해운산업 발전 및 경쟁력을 저해한다. 전통적으로 해운강국이었던 국가들은 선원비 증가 등으로 저임금에 고급 해기인력을 가진 개발도상국들과의 해운 경쟁에서 밀릴 수밖에 없었다. 그러나 편의치적을 통해 저임금의 제3국에 선박을 등록하여 그 국가의 값싼 노동력을 공급받을 수 있게 됨으로써 해운산업의 경쟁우위를 계속 유지할 수 있게 된다. 이는 결과적으로 개발도상국 등의 해운산업을 위축시키는 결과가 된다.

둘째, 편의치적은 국가적으로 해운산업을 위축시킬 수 있으며, 편의치적이 많을수록 국적선대를 확보하는 데 어려움이 따를 수 있다.[74] 즉 상대적으로 임금이 싼 저임금의 제3국 선원을 고용함으로써 자국 선원의 고용기회를 감소시키며, 국적선대의 감소로 자국의 선복량 감소를 초래한다.

셋째, 무엇보다 편의치적국은 해상안전에 대한 국가적 통제나 규제가 상대적으로 소홀하기 때문에 기준미달선(sub standard vessels)[75]의 등록이 집중될 우려가 있다. 선박의 안전운항이나 해양오염에 대한 통제가 느슨해짐으로써 해양사고로 인한 해양오염은 물론, 선원의 근로조건 악화, 선박의 안전이 위협받을 수 있다.[76]

---

[74] 2차 세계대전이 끝난 후 전쟁에 사용된 선박을 처분하기 위해 「상선매각법」(1946년)을 제정하여 상당수의 선박을 자국 선주들에게 매각하면서 파나마에 편의치적을 허용하되, 전시 등 비상사태가 발생할 경우에는 미국정부의 동원령을 준수한다는 각서를 선주들에게 받았다고 한다(최재수, 상게논문, 129쪽).

[75] 선박의 선체, 기계, 구명, 소화설비, 안전운항 및 해양환경보호 등에 필요한 사항이 관련 국제협약에서 요구하는 국제기준을 충족하지 못한 상태로 운항하는 선박을 말한다. 각국은 기준미달선의 운항을 억제하기 위해 항만국통제(PSC)를 강화하고 있다.

넷째, 편의치적선은 선박과 선박등록국(기국)과의 진정한 관련성이 결여되어 있어 실질 선주의 파악이 어렵고, 외화반출 또는 조세회피 등의 수단으로 이용됨으로써 국가경제질서의 왜곡을 초래할 수 있으며, 선박의 관할권 행사주체 등에 따른 문제를 발생시킬 수 있다.[77]

5) 국제적인 대응

(1) 국제운수노조연맹

국제운수노조연맹(ITF, International Trade Federation)은 선원노동조건을 저해하는 편의치적제도를 국제해상운송시장으로부터 배제시키기 위해 청색증명서(B/C, Blue Certificate)제도를 도입하였다. 즉 국제운수노조연맹은 편의치적선에 승선하는 선원의 이익을 보호하기 위해 편의치적선의 선주에게 국제운수노조연맹이 제시하는 조건을 충족하는 임금과 근로조건을 충족시키는 단체협약을 국제운수노조연맹(또는 세계운수노조연맹)이 위임한 국별 선원노조와 체결하게 하고 그 증명서인 청색증명서(B/C)를 소지하도록 하였다.

만약, 선박이 청색증명서를 소지하지 않고 있거나, 국제운수노조연맹에서 요구하는 조건들을 실행하지 않고 있다는 사실이 확인되면 당해 선박에 대하여는 항만노무를 비롯한 제반서비스 제공을 거부한다.

---

76) 모든 편의치적국이 선박에 대한 행정적·기술적·사회적 통제 및 규제에 소홀히 대처한다고 단정할 수도 없다는 의견도 있다(채이식, 전게논문, 42쪽).

77) Churchill R., "European Community Law and the Nationality of Ships and Crews", *26 European Transport Law*, 1991, pp.258-259; 편의치적제도의 문제점에 관한 상세는 N.P.Ready, op.cit, p.27 이하 참조.

(2) 경제협력개발기구

경제협력개발기구(OECD)에서는 1971년과 1975년에 편의치적에 관한 보고서[78]를 발간하였는데, 이들 보고서에 의하면, 통해 대부분의 편의치적선이 기준미달선으로 건전한 해운산업 발전을 저해하고 해상사고 위험성을 증대시킬 수 있음을 경고하면서 국제기구의 철저한 감독과 국내적 조치가 필요하다고 지적하고 있다.[79] 그러나 편의치적제도를 활용하여 지배선대의 경쟁력을 유지하고 있는 선진 해운국의 현실과 기존 국적선 보호와 자국 상선대 육성이라는 이상(理想) 사이에서 선진 해운국의 일관성 있고 강력한 대응에는 한계가 있었다. 따라서 편의치적제도에 대한 정책방향은 점차 편의치적선 배제에서 기준미달선 배제로 선회하였다.[80]

이러한 정책의 일환으로 OECD 해운위원회는 1998년에는 OECD 해운위원회에서 기준미달선 퇴치를 위한 결의서가 채택되기도 하였고, 기준미달선과 관련된 정보를 공개하기 위해 필요한 지침을 마련하고 선박별 항만국통제 지적사항, 주요 사고내역, 선급검사이력, 기준미달여부를 판단할 수 있는 각종의 자료를 인터넷[81]을 통해 공시해오고 있다.

(3) 국제해사기구

국제해사기구(IMO)는 선박의 안전과 해양환경의 보호라는 관점에서 선박과 선적국이 준수해야 할 국제기준을 검토·수립하고 있다.

국제해사기구는 선박의 안전기준 준수 등과 관련하여 직접 관여하기

---

78) OECD Report, 「Flags of Convenience」, 1971.
79) 한국선원대리점협회, 『편의치적선 문제의 발자취』, 1983, 79쪽; 김부찬, 전게논문, 33쪽.
80) 강종희·한철환·황진희, 『편의치적제도 활용방안 연구』, 한국해양수산개발원, 2001.12, 24쪽.
81) 유럽선박정보시스템(http://www.equasis.org) 참조.

보다는 선적국에 일임하고 있다. 따라서 편의치적선이 국제해사기구에서 정하는 안전기준 등을 준수하고 있는지 조사하고 점검하는 것은 편의치적국의 권한이다.

한편, 선박이 기항하는 국가의 항만국(港灣局)에서는 자국 선박이 아니라도 기준미달선에 대해 통제를 할 수 있는 권한(항만국통제, port state control)을 부여하는 등 국제적으로 편의치적으로 인한 기준미달선에 대한 통제를 한층 강화하고 있다.[82]

(4) 국제노동기구

국제노동기구(ILO)는 1958년의 권고 제107호[83] 및 108호[84]를 채택하여 외국적 선박에 승선하는 선원의 고용조건이 선진 해운국 선원이 향유하는 고용조건과 대체적으로 동등하지 않는 한, 외국적 선박에 자국 선원의 승선을 저지하는 조치를 취하도록 회원국 정부에 권고하고 있다.

또한 1976년에는 「상선의 최저기준에 관한 협약」 ILO 147호[85]를 채택하여 편의치적선 문제를 기준미달선의 범주 내에서 간접적으로 규제할 수 있도록 모든 선박이 준수해야 하는 물리적 최저기준과 아울러 선원의 사회보장문제, 선내보건과 의료 및 선원송환문제 등을 다루고 있

---

[82] 각국의 항만당국에서 기준미달선 규제를 구체화하게 된 계기는 1978년 프랑스 연안에서 발생한 아모코 카디즈(Amoco Cadiz)호의 대형 해양오염사고 이후이다(김인유, "편의치적의 법적지위", 『해사법연구』 제20권 제3호, 한국해사법학회, 2008.11, 127쪽).

[83] 외국에서 등록된 선박에 근무할 선원의 고용에 관한 권고(Recommendation concerning the Engagement of Seafarers for Service in Vessels Registered in a Foreign Country).

[84] 선박의 등록에 관계되는 선원의 사회적 조건 및 안전에 관한 권고(Recommendation concerning Social Condition and Safety of Seafarers in Relation to Registration of Ships).

[85] 「상선의 최저기준에 관한 협약(Convention concerning Minimum Standards in Merchant Ships)」은 자국적선에 대하여 준수해야 할 상선의 최저기준과 정부가 취하여야 할 각종 사항을 게기한 협약으로 ILO권고 제107호 및 제108호에 입각하여 편의치적선의 최저기준을 바로 잡으려는 목적으로 제정된 협약이다.

으며, 이밖에 항만국의 외국선박에 대한 항만국통제(PSC, port state control)를 강화하도록 요구하고 있다.[86]

그리고 편의치적국(선박등록국)에 대하여 등록에 따른 모든 의무를 준수하고 선원의 안전과 복지를 위하여 국제적으로 승인된 안전기준 및 고용조건을 이행하며 적절한 선박검사를 실시할 수 있는 입법조치를 하도록 권고함으로써 경제개발협력기구(OECD)와 같이 편의치적선 배제가 아니라, 기준미달선을 배제하는 방향으로 정책을 추진하고 있다.

2. 제2 선적제도

1) 의의

제2 선적제도는 낮은 선원비에 기반한 편의치적선과의 경쟁에서 한계를 느낀 전통적인 해운강국 선주들이 선적을 편의치적국으로 옮겨 가는 현상이 심화되자, 해운산업의 위기를 느낀 전통 해운강국들이 자국의 선원법령과 노조 등의 간섭을 받지 않은 자치령(自治領) 등에 선박을 등록할 수 있도록 하고, 여기에 등록된 선박에 대하여는 외국인선원의 고용을 자율화하고, 선원 및 선박 관련 법률의 적용을 배제 또는 완화함으로써 자국의 해운경쟁력 강화를 위해 만들어진 제도이다. 이들 제도들은 각 국가마다 내용적인 차이가 있기는 하지만, 편의치적에 대응하여 자국의 해운경쟁력을 강화하기 위해 고안된 선적제도라는 점에서 이를 제2 선적제도라고 통칭하고 있다.

---

[86] 1996년 제84차 ILO해사총회에서 ILO 147호의 부속협약으로 6개의 협약을 추가적으로 부속시켜 12개의 부속협약으로 확대 개정하였으며, EU에서는 이를 기준으로 항만국통제(PSC)를 실시하고 있다.

선박소유자가 선박을 운항하는 과정에서 발생하는 여러 가지의 고정비용들 중에서 보험료, 연료비, 수선비 등은 국제비용으로 그 선박이 어느 국가에 등록되었는가와 상관없이 대체로 동일하게 발생하는 정액(定額) 비용이다.

그렇지만, 선원의 임금과 각종의 세금 등은 국내비용으로 선박의 국적이 어디인지에 따라 크게 차이가 날 수 있는 비용이다. 그렇기 때문에 전자와 달리 후자의 비용은 해운업의 국제경쟁력을 결정하는 데 절대적인 영향을 미치는 중요한 요소이다.[87]

일찍부터 해운산업이 발달한 선진 해운국의 선박소유자는 1980년대 이후 급속한 산업화를 거치면서 임금상승 등으로 자국민을 선원으로 고용하는 것은 큰 부담으로 작용할 수밖에 없었다. 따라서 선진 해운국의 선박소유자들은 선박의 운항원가를 최소화하기 위하여 외국인선원의 승선 등에 대한 규제가 거의 없고 등록료(登錄料) 및 세금의 부담이 적은 제3국에 선박을 등록시키는 것을 선호할 수밖에 없었다. 그 결과 선박과 기국(旗國) 간에 진정한 관련이 없는 편의치적이 해운산업의 발전과 함께 급속도로 성장하였다.

선박의 국적이탈(flagging out)에 따른 편의치적의 급증으로 자국 선원의 고용기회 감소는 물론, 전통 해운국들로 하여금 최소한의 국적 선대조차 유지하기 어려운 상황을 만들었다. 전통 해운국들 중에서 당시 편의치적으로 국적선대에 가장 큰 타격을 입은 국가는 영국과 노르웨이였다.[88] 따라서 이들 국가를 중심으로 선박의 제3국 등록을 방지하고 해

---

[87] 박용섭·이태우·임종길, "편의치적선제도와 국제선박등록제도와의 비교연구", 『한국항해학회지』 제15권 제1호, 한국항해항만학회, 1991, 99쪽.
[88] 영국은 1980년 이후 편의치적으로 국적선대의 50%이상을 상실했으며, 노르웨이도 40%

운산업 경쟁력을 강화하기 위하여 선원고용의 자율성과 조세상의 혜택을 허용하는 새로운 선박등록제도를 고안하게 되는 데 이른바 제2 선적제도(second ship register)이다.[89]

〈표 2-15〉 제2 선적제도의 유형

유형	내용	비고
국제선박등록제도 (International Ship Registry)	외국인 실질 선주라 하더라도 일정조건이 구비된 선박에 대하여 등록을 허용하는 제도로써 외국인 선주는 선원의고용, 제세금, 투자에 대하여 편의치적국과 동등 이상의 혜택을 받을 수 있음	노르웨이
역외등록제도 (Off shore Registry)	제2 선적제도의 효시로 자국 영역에 속하면서도 노사관계의 설정에 있어서 자국의 선원노조가 기득권을 가지고 있는 노동협약으로부터 합법적으로 인정되어 있는 일정 지역을 치적지로 지정하는 제도임	영국 맨섬
국제선박부가등록제도 (International Seeschiffahrts Registry)	자국선대를 중심으로 해운/조선에 대한 국가보조정책을 효율적으로 수행할 수 있도록 기존 제도를 그대로 둔 채 특정선박에 대하여 부가적으로 등록을 인정하는 제도임	독일

자료: 박창홍, "제2 선적제도에 관한 선주의 견해", 해양한국 제1993-11호, 한국해사문제연구소, 1993.11, 24쪽.

제2 선적제도를 통해 선박등록요건을 대폭 개선하고, 기존의 편의치적국이 제공하는 각종 혜택을 국적선에 부여하기 위해 외국인선원 승선

이상이 편의치적국으로 선적이탈이 있었다(박용섭·이태우·임종길, 상계논문, 100쪽).

[89] 제2 선적제도는 국가별 그 내용과 특성을 달리하기 때문에 어느 하나로 특정하기 어렵다. 다만, 국가별 제2 선적제도를 유형화 하면 3가지로 분류할 수 있는데, 영국의 역외등록제도, 노르웨이의 국제선박등록제도, 독일의 국제선박부가등록제도가 그것이다(최낙정, 전게논문, 144쪽; 박찬재, "국제선박등록제도 비교연구 -한국 해운산업의 국제 경쟁력을 중심으로.", 박사학위논문, 한국해양대학교 대학원, 2001.8, 27쪽; 박찬재·이태우, "한국국제선박등록제도의 문제점과 그 개선방향에 관한 연구", 한국해양대 산업기술연구소 연구논문집 제18권, 2001, 286쪽; 김부찬, 전게논문, 36-37쪽).

요건을 크게 완화하는 등 종래 선박국적제도에 커다란 변화를 초래하였다. 국제기구에서도 편의치적과 달리, 제2 선적제도에 대해서는 이를 제한하거나 규제를 하지는 않고 있다.[90]

그러나 제2 선적제도는 도입 의도와는 달리, 시행초기에 노르웨이 등 일부 국가가 단기간에 등록선박을 증가시키는 것에 도움을 주었으나, 유럽의 전통적인 해운강국에 등록되는 선박의 전반적인 감소현상을 되돌리는 데는 실패한 것으로 평가되고 있다.[91]

2) 편의치적제도와 차이점

제2 선적제도는 해운산업·선원관리·선박관리 및 비용·조세 등의 관한 정책면에서 편의치적제도와 구별된다.

먼저, 국가의 해운산업 관점에서 편의치적은 선박소유자가 정치적인 원인이나 경제적인 원인 등을 이유로 자국 선박을 다른 국가에 등록함으로써 자국의 선복량 감소, 자국민 선원고용기회 감소로 인한 선원수급의 문제 등 전반적으로 해운경쟁력을 저하시키는 결과를 초래하였다. 편의치적국의 입장에서도 선진 해운국 선박들의 편의치적선 중심으로 해운업이 형성됨으로써 자국의 해운업 기반조성과 해운경쟁력을 저해하는 요인으로 작용하였다. 반면, 제2 선적제도는 편의치적과 마찬가지로 선박등록요건을 완화하여 외국 선주들에게 선박등록을 개방하면서

---

[90] 국제운수노조연맹(ITF)은 제2 선적제도가 제3국 선원의 고용상 자율성을 허용하는 제도이기 때문에 편의치적제도와 다르지 않다고 보아 원칙적으로 반대하는 입장에 있지만, 각국의 국제운수노조연맹지부에 따라 제2 선적제도에 대한 기본입장을 달리하기도 한다(김부찬, 전게논문, 38쪽).

[91] 홍은영, "해운선사의 편의치적제도 도입 결정 요인에 관한 연구", 석사학위논문, 중앙대학교 대학원, 2014.8, 29쪽; 김미득, "제주선박등록특구제도개선에 관한 연구", 석사학위논문, 중앙대학교 글로벌인적자원 대학원, 2012.8 참조.

이들이 선박을 등록하면 조세혜택 등의 각종 비용부담을 덜어 주는 등 편의치적제도를 통해 누릴 수 있었던 혜택을 부여함으로써 자국 선대를 확보하려는 해운정책이다. 특히 편의치적선은 국제적으로 기준미달선으로 취급되어 규제의 대상이었지만, 제2 선적제도 하에서의 선박은 자국 등록 선박과 동일한 안전관리와 국제협약 등의 적용을 받도록 하였다.

둘째, 선원관리라는 정책적 관점에서 편의치적제도는 외국인선원 고용에 있어 아무런 제약이 없기 때문에 승무원 전원을 저임금 국가의 선원으로 고용할 수 있다. 그렇기 때문에 자국 선원의 고용기회가 감소하고 선원공급이 줄어들어 선원수급에 애로를 겪게 된다. 반면, 제2 선적제도는 외국인선원 고용에 제한적으로 자율성을 허용하고 있다. 즉 외국인선원을 자유롭게 고용할 수 있지만, 선장, 기관장, 항해사, 기관사 등의 해기사는 일정 인원 이상을 자국민으로 승선시킬 것을 강제함으로써 자국민의 선원 고용기회를 증가시켰다.

셋째, 편의치적과 달리, 제2 선적제도는 선적국에 준하는 선박에 대한 관할권을 갖는다. 유엔해양법협약상 선박에 대한 관할권은 선적국에서 갖기 때문에 편의치적제도 하에서의 선박관리는 그 선박이 등록되어 있는 편의치적국의 소관사항에 속한다. 따라서 선박의 실질 소유국(선주의 국적)은 선박의 안전이나 해양오염방지 등에 대한 권한이 없는 것은 물론, 전시(戰時)에 물자수송 등을 위해 선박을 강제 동원할 수 있는 권한도 없다. 제2 선적제도는 편의치적된 선박을 다시 국제선박으로 등록시켜 국내법 및 국제협약에 따라 선박관리를 함으로써 선박안전 및 해양오염방지 등을 위한 관리가 가능해지기 때문에 기준미달선 문제는 발생하지 않게 된다. 또한, 국적선에 비하여 정도의 차이는 있지만, 제2 선적의 선박에 대하여 자국 선박에 준하는 관할권을 가지기 때문에 전시물자 수송 등에 동원하는 것이 가능해진다.

넷째, 경제적인 관점에서 편의치적제도 하에서는 상대적으로 낮은 비율의 등록세를 부담하는 것 법인세 등 조세혜택에 따른 비용절감 효과를 누릴 수 있다. 또한 외국인 선원을 고용하는 데 아무런 제약이 없기 때문에 저임금 국가의 선원을 고용함으로써 선박운항에 따른 선원비용을 절감할 수 있다. 선박운항에 따른 비용절감 편의치적을 하는 가장 주요한 요인이었다. 제2 선적제도의 경우에도 편의치적을 통해 누릴 수 있는 경제상의 혜택을 허용함으로써 선박소유자가 선박운항비용 절감으로 통해 편의치적선과 경쟁할 수 있는 여건을 조성하였다.

〈표 2-16〉 제2 선적제도와 편의치적제도의 비교

구분	제2 선적제도	편의치적제도
목적	·편의치적 방지 및 편의치적선 환류 ·각종 세제혜택 부여, 선박등록조건 완화 ·선박안전 등에 관한 국제협약 적용 ·해운관련 산업 전체의 진흥 도모	·외국 선주에 선박등록 개방 ·등록 수수료, 톤세 등 해운수입 목적 ·선원비 및 조세부담 경감 ·명목상의 선복량 유치
선원관리	·선원 고용관련 일정 제한 ·자국 선원 고용기회 증진 ·자국 선복량 확보와 자국선원 관리 도모	·선원 국적 제한 없음 ·개발도상국 선원의 고용 기회 증대 ·선진국 선원의 고용기회 상실
선박관리	·등록 상선대를 준(準)자국 상선대로 활용 ·전쟁시 자국의 전시물자 수송 조치 가능 ·IMO, ILO 등의 국제협약 준수로 국제적 규제조건 충족 ·선박등록지에 본사를 두어야 함	·선박의 실질 소유국은 선박의 안전 및 오염방지와 관련한 선박관리 불가 ·전쟁시 전시물자 수송을 위한 동원 불가 ·기준미달선으로 분류 우려 ·선박등록지에 본사를 두지 않아도 됨

자료: 박찬재, "국제선박등록제도 비교연구 -한국 해운산업의 국제 경쟁력을 중심으로-", 박사학위 논문, 한국해양대학교 대학원, 2001.8, 28쪽(재정리).

3) 주요국의 제2 선적제도

(1) 노르웨이

전통적으로 해운강국의 지위에 있는 노르웨이는 1980년대 전 세계적으로 불어 닥친 글로벌 해운경기 불황과 더불어 자국 선원의 임금상승으로 다른 해운국과의 가격경쟁에서 더 이상 살아남기 어려운 상황에 직면하였다. 선박소유자들은 편의치적을 적극적으로 활용할 필요가 생겼고 제3국으로의 편의치적이 급증하였다. 1986년 당시 노르웨이 국적선 중에서 탱커 및 벌크선은 각각 33%와 43%까지 감소하는 등 선박의 국적이탈현상이 크게 증가하여 자국의 선박등록은 급격하게 감소하였다.[92]

이에 노르웨이는 해운산업이 국민경제는 물론, 북대서양조약기구(NATO, North Atlantic Treaty Organization)[93]와 관련하여 국방(國防) 또는 국가의 안전보장(安全保障)상 중요 산업임을 인식하고 선박의 국적이탈을 방지함으로써 국적선대 확보와 해운관련 산업의 육성·발전을 위해 1987년 「노르웨이 국제선박등록법(Norwegian International Ship Register Act)」을 제정하여 국제선박등록제도(NIS, Norwegian International Shipping Registration)를 도입하였다.[94] 이를 계기로 노르웨이는 오늘날까지 세계 주요 해운강

---

92) 박태원, "아시아 주요국의 선박등록제도 현황과 시사점", 『월간 해양수산』 통권 제224호, 2003.5, 22쪽; Helen A Thanopoulou, "What price the flag? The terms of competitiveness in shipping", 『Marine Policy』 Vol.22, 2006, at.368.

93) 북대서양조약기구(NATO, North Atlantic Treaty Organization)는 제2차 세계대전 후 구소련의 위협에 공동으로 대항하기 위해 북대서양조약(1949.4.4.)을 체결하고, 이에 기초하여 미국, 캐나다와 유럽 10개국 등 12개국이 참가하여 발족시킨 집단방위기구이다. 현재 29개국이 회원국으로 구성되어 있으며, 벨기에 브뤼셀에 본부를 두고 있다(다음백과, 네이버 지식백과).

94) 노르웨이 NIS제도에 관한 연혁 및 주요내용은 박용섭·이태우·임종길, "편의치적선제도와 국제선박등록제도와의 비교연구", 『한국항해학회지』 제15권 제1호, 한국항해항만학회, 1991, 100-102쪽; 최낙정, 전게논문, 148-153쪽; 박찬재, 전게학위논문, 33-37쪽 참조.

국으로써 자리매김하게 되었다.

노르웨이는 주요 항구도시인 베르겐(Bergen)에 선박을 등록할 수 있는 특별선박등록제도를 마련하여 편의치적 대신 이곳에 선박을 등록하면 그 등록선박에 대해서는 외국인선원을 고용하는 데 자율성을 부여하는 것은 물론, 선원근로계약에 있어서도 단체협약을 통해 노르웨이 선원법의 적용을 배제할 수 있도록 하였다.

이 제도에 따라 등록할 수 있는 선박은 노르웨이 국민 또는 노르웨이 법률에 따라 설립된 회사가 소유한 선박이어야 한다. 그러나 회사의 자본을 구성하는 출자자 국적에 관한 규정은 없기 때문에 출자자의 국적은 국제선박등록과 무관하다. 그리고 선박을 등록하려면 그 선박은 노르웨이가 인정하는 선급협회로부터 「국제선박등록법」에서 요구하는 선박의 자격요건에 적합한 요건을 충족하여야 한다.

노르웨이는 이 제도를 통해 선박소유자가 편의치적을 통해 누릴 수 있었던 선원 고용상의 자율성과 조세혜택[95]을 부여하는 대신, 선박의 안전과 관련하여서는 국제해사기구(IMO), 국제노동기구(ILO) 등에서 정하는 국제기준을 준수토록 하였다.[96] 국제선박등록제도가 큰 성과를 거둠으로써 국적 선대의 재건을 통해 노르웨이 해운을 부흥시키는 계기를 마련한 것으로 평가된다.

---

95) 노르웨이는 1996년부터 선주에 대하여 기존의 법인소득세 등 일체의 조세를 폐지하는 대신, 해운산업에 대하여 기존의 조세제도를 대체한 톤세(tonnage tax)제도를 도입하여 선박톤당 일정 세율을 부과함으로써 선주에게 실질적인 면세혜택을 부여하였다(박찬재, 전게학위논문, 35쪽).

96) NIS등록선박은 노르웨이가 비준한 국제해사기구(IMO) 및 국제노동기구(ILO) 등의 제반 국제협약을 노르웨이 국적선과 동일하게 적용 받는다(Tom Erik Vagen, *Norwegian International Ship Register(NIS): Now and the future*, 1994, p.34).

(2) 영국

영국의 상선대는 1970년대 후반부터 편의치적이 급증함에 따라 급속하게 감소하기 시작하였다. 영국은 상선대의 감소에 따른 국제무역통상 문제와 북대서양에서의 전시수송력 문제 등을 고려하여 선적이탈을 방지하기 위한 선박등록제도를 검토하고 속령(屬領)인 맨섬(Isle of Man) 정부[97]에 새로운 선박등록제도를 마련할 것을 요청하였다. 이에 따라 맨섬 정부가 1984년 「상선법(Merchant Shipping Act 1984)」을 제정함으로써 역외선박등록제도(Offshore Register)가 도입되었다.[98] 맨섬에 등록한 선박은 영국 본토, 버뮤다(Bermuda), 케이만제도(Cayman Islands), 지브롤터(Gibraltar)에 등록한 선박과 동일하게 영국 국적선으로 간주되어 영국의 국기를 게양할 수 있는 권리를 갖는다.

맨섬에 등록할 수 있는 선박은 상선 및 유람선, 어선, 선박길이 24m이하의 소형선, 선체용선 선박 등 4가지 유형의 선박으로 분류하고 있다. 이 중에서 상선과 선체용선 선박의 등록자격은 선박소유자가 영국 국민, 영국 보호령의 국민, 해외거주 영국 국민, 유럽경제지역(EEA, European Economic Area) 국가에 설립된 법인, 영국 또는 영국 보호령에 사업장을 둔 영국의 해외법인이나 유럽연합(EU) 역내(域內) 법인 등일 경우로 제한하고 있다.[99]

---

[97] 영국과 아일랜드 사이에 위치한 섬. 영국 본토와 멀리 떨어져 있지 않은 왕실 직할령(British Crown Dependency)으로 영국이 본토 밖에 가지고 있는 영토로 취급된다. 국방과 외교를 제외하고 광범위한 자치권을 부여받은 지역이다.

[98] 영국의 역외선박등록제도에 관하여는 박용섭·이태우·임종길, 전게논문, 100-102쪽 ; 최낙정, 전게논문, 144-147쪽; 박찬재, 전게학위논문, 29-32쪽 참조.

[99] 이현균, "편의치적의 준거법 적용에 관한 고찰", 석사학위논문, 경희대학교 법무대학원, 2016.2, 35쪽.

등록선박에 대한 선령 제한은 없지만, 선박등록관청(Department of Trade and Industry)에서 선박검사를 실시하여 기준에 미달하는 경우에는 선박의 등록을 거부할 수 있다.

국제해사기구(IMO)의 선박안전에 관한 협약과 해양오염방지에 관한 협약 및 국제노동기구(ILO)의 선원노동에 관한 제반 협약들이 영국 국적선과 동일하게 적용되며, 선원 중 부원을 제외한 선장, 기관장 등 주요 선박직원은 외국인선원을 고용하는 데 인원 제한을 두고 있다.

(3) 독일

1980년 중반 이후 국적선의 급속한 선적이탈로 선복량이 급감함으로써 독일 선원의 실업 증가와 생활안정 보장에 중대한 위기를 초래하고 결국은 독일 경제에 위협요인이 될 것이라는 인식에 이르게 되었다.

이에 자국의 상선대(商船隊)를 유지하고, 자국의 해운세력을 보호하기 위하여 1989년 2월 「국제해운업에 종사하는 독일 국적 항해선의 부가등록 실시에 관한 법률(ISR, Internationales Seeschiffahrts Register)」을 제정(같은 해 4월 시행)하여 기존의 선박등록제도를 개선하고자 하였다.

독일의 국제선박등록제도(ISR)는 종전의 선박등록제도를 변경하거나 새로운 선박등록제도를 도입하는 것은 아니며, 기존의 선박등록제도 하에 등록된 선박 중에서 특정선박에 대하여 부가적(附加的)인 국제선박등록을 허용하고, 부가등록(附加登錄)된 선박에 대하여 외국인선원 고용상의 융통성을 허용하는 제도로 노르웨이, 영국 등의 제2 선적제도와는 그 성격이 다르다.[100]

---

100) 독일의 국제선박등록제도(ISR)에 관하여는 최낙정, 전게논문, 153-155쪽; 박찬재, 전게학위논문, 45-48쪽 참조; 부가등록선은 다른 나라의 제2 선적선박과 달리 어떤 특정한 등록지의 법률에 의하여 법적인 지위를 갖는 것이 아니라 단순한 국내법적인 행정조치에 불과하다고 할 수 있다(송유정, "우리나라 제2선적제도의 과제와 발전에 관한 연구", 석

국제선박등록제도를 통해 국제선박으로 등록할 수 있는 선박은 독일 국적선인 상선으로 183일 이상 국제항해에 종사한 선박이며, 등록된 선박은 독일의 국적선과 동일한 안전관리를 적용받게 된다.

한편, 독일 선원법은 외국인선원 고용에 있어서 ISR등록선박에 승선하는 선원의 국적을 제한하지는 않지만, 선장 및 선박직원은 독일의 해기면허를 보유할 것을 요건으로 한다. 외국인선원이 독일의 해기면허를 취득하는 것은 언어관계상 및 독일 선박에서의 훈련규정 등으로 현실적으로 불가능하기 때문에 외국인선원의 고용은 부원인 선원에 국한될 수밖에 없다.

3. 글로벌 해운국의 지배선대

지배선대(controlled fleet)라 함은 국적선사가 소유한 국적선(national flag)과 정기용선(Time Charter) 등을 통해 국적선사가 실질적으로 운영하는 선박의 규모를 말한다.101)

지배선대에는 국제적인 금융관례와 조세의 경감 등을 위해 다른 국가에 등록한 선박(외국적선, foreign flag), 이른바 편의치적선(flag of convenience vessel)을 포함한다. 즉 어느 한 국가의 지배선대에는 국내에 등록된 선

사학위논문, 중앙대학교 글로벌인적자원대학원, 2009.6, 35쪽).

101) 지배선대와 구별해야 하는 개념으로 선복량(bottoms, 船腹量)이 있는데, 이는 한 국가 또는 항로 등 특정 범위를 정하여 산출한 선복(船腹, ship's space)의 총량, 즉 적재능력을 말한다. 해상운송 시장에서 해운용역의 공급량을 나타내는 지표의 하나로 사용되며, 일반화물선의 경우 선박이 적재할 수 있는 화물의 최대중량을 말하는 재화중량톤수(Dead Weight Tonnage; DWT)가 주로 사용되며, 컨테이너선의 경우 최대 컨테이너 적재량을 20피트 컨테이너단위(Twenty foot Equivalent Unit, TEU)로 표시한다(공길영, 선박항해용어사전). 어느 한 국가의 신복량은 그 국가가 지배하는 선박의 수(數)가 아니라, 그 국가의 지배선대가 실제 운송할 수 있는 화물운송능력을 나타내는 지표라 할 수 있다.

박(국적선)은 물론, 외국에 등록한 선박(외국적선)이 포함되어 있다. 다만, 편의치적선의 경우 해당 국가의 관리대상에서 벗어난 선박이기 때문에 정확한 통계를 산출하는 것은 어렵다. 따라서 대부분의 국가들은 국제적인 해운관련 조사·분석기관[102])에서 작성·발표하는 통계에 의존하는 실정이다.

지배선대는 선박의 국적을 기준으로 국적선사가 직접 운영하는 등 실질적으로 지배하는 모든 선박의 규모를 나타내는 지표이기 때문에 국가의 해운력을 측정하는 데 유용하다. 따라서 주요 국가의 해운산업의 규모 및 경쟁력을 비교할 수 있는 대표적인 지표로서 큰 의미가 있다.

아래 〈표 2-17〉에서 알 수 있듯이, 2018년 기준으로 세계 모든 해운국의 지배선대 규모는 1,910,012천톤(DWT)인데, 그 중에서 35개 주요 해운국의 지배선대 규모가 1,818,098천톤(DWT)으로 전체의 약95.2%를 차지한다. 세계 주요 해운국들의 선대 보유량 순위를 보면, 그리스, 일본, 중국, 독일, 싱가포르, 홍콩, 한국 등의 순으로 나타난다.

---

102) 대표적으로 영국의 조선·해운 분석기관인 클락슨(Clarkson, https://www.clarksons.com)을 들 수 있는데, 독일의 해운전문 연구기관 ISL(Institute of Shipping Economics and Logistics)이나 유엔무역개발회의(UNCTAD) 등에서도 기초통계자료로 활용·인용하고 있다.

<표 2-17> 세계 주요 해운국의 지배선대 현황(2018)

(단위: 척, 천DWT, %)

	국가	보유 선박 수			재화중량톤수			국적선 비율
		국적선	외국적선	합계	국적선	외국적선	합계	
1	그리스	774	3,597	4,371	64,977	265,199	330,176	19.7
2	일본	988	2,853	3,841	38,053	185,562	223,615	17.0
3	중국	3,556	1,956	5,512	83,639	99,455	183,094	45.7
4	독일	319	2,550	2,869	11,730	95,389	107,119	11.0
5	싱가포르	240	2,389	2,629	2,255	101,327	103,583	2.2
6	홍콩	95	1,497	1,592	2,411	95,396	97,806	2.5
7	대한민국	801	825	1,626	14,019	63,258	77,277	18.1
8	미국	943	1,128	2,071	13,319	55,611	68,930	19.3
9	노르웨이	549	1,433	1,982	4,944	54,437	59,380	8.3
10	버뮤다	21	473	494	1,215	53,036	54,252	2.2
11	대만	164	823	987	6,732	43,690	50,422	13.4
12	영국	398	956	1,354	9,496	40,494	49,989	19.0
13	모나코	16	405	421	3,856	35,467	39,323	9.8
14	덴마크	139	805	944	1,521	37,691	39,212	3.9
15	터키	633	889	1,522	8,034	19,207	27,241	29.5
16	인도	885	126	1,011	17,974	6,878	24,852	72.3
17	스위스	43	368	411	1,565	23,240	24,805	6.3
18	벨기에	120	152	272	12,405	11,225	23,630	52.5
19	러시아	1,384	323	1,707	7,589	14,630	22,219	34.2
20	인도네시아	1,886	62	1,948	19,414	885	20,299	95.6
21	이탈리아	583	163	746	14,221	5,530	19,750	72.0
22	말레이시아	500	162	662	9,731	9,793	19,524	49.8
23	네덜란드	800	428	1,228	6,911	11,205	18,116	38.2
24	이란	164	62	226	3,914	13,927	17,841	21.9
25	UAE	200	695	895	1,115	16,317	17,432	6.4
26	사우디아라비아	219	67	286	13,378	3,760	17,138	78.1
27	프랑스	159	279	438	5,635	6,506	12,141	46.4
28	브라질	290	100	390	4,341	7,636	11,976	36.2
29	사이프러스	14	281	295	92	10,137	10,229	0.9
30	베트남	875	116	991	7,464	1,756	9,221	81.0
31	캐나다	220	149	369	2,695	6,387	9,082	29.7
32	오만	6	42	48	6	7,782	7,788	0.1
33	태국	337	65	402	5,576	1,983	7,559	73.8
34	카타르	63	56	119	1,841	4,977	6,818	27.0
35	스웨덴	167	122	289	2,332	3,927	6,259	37.3
	소계 (상위 35개국)	18,551	26,397	44,948	404,399	1,413,699	1,818,098	22.2
	기타(35개국 외)	3,224	2,560	5,784	36,114	55,800	91,913	39.3
	세계 합계	21,775	28,957	50,732	440,513	1,469,499	1,910,012	23.1

주1) UNCTAD secretariat calculations, based on data from Clarksons Research.
자료: UNCTAD, Review of Maritime Transport 2018, 2018

우리나라는 그동안 해외등록선박의 국적복귀(Flagging-back)를 위하여 국제선박등록제도(1998년) 및 제주선박등록 특구제도를 시행(2002년)한 결과, 국내 해운기업이 보유한 지배선대 규모는 총 1,626척(총톤수 1,000톤 이상 상선)인데, 이 중에서 국내에 등록한 선박과 외국에 등록한 선박(편의치적선)은 각각 801척(49.2%)과 826척(50.8%)으로 나타난다.103) 이는 주요 해운국 35개국의 지배선대 중 편의치적 비율은 평균 약 58.7%(척수 기준)인 것에 비하여 다소 낮은 수준이다.

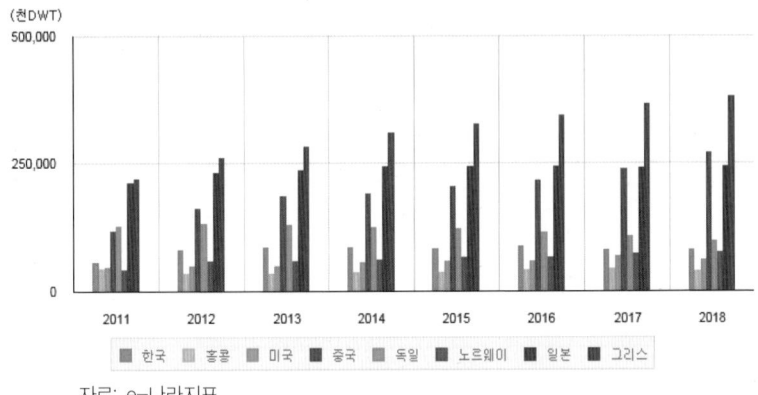

자료: e-나라지표

〈그림 2-7〉 국가별 지배선대 구조비교

한편, 재화중량톤수(DWT) 기준으로 보면, 주요 해운국 35개국이 보유한 지배선대 규모는 총 1,818,098천 톤인데, 이 중 국적선 비율이 22.2%(1,413,699천톤)이다. 이에 비하여 우리나라의 지배선대 규모는 77,277천 톤으로 세계 7위 수준이며, 편의치적 비율도 35개국 평균보다 높은 것으로 나타난다. 즉 국내에 등록한 선박 비율은 18.1%(14,019천DWT)에 불과한 반면, 외국에 등록한 선박(편의치적선) 비율은 81.9%(77,277천DWT)로 압도적으로 높다.

---

103) UNCTAD, *Review of Maritime Transport 2018*, 2018, p.30.

재화중량톤수가 큰 선박일수록 선박소유자들은 선원비 등의 측면에서 편의치적을 선호하고 있음을 알 수 있다.

한편, 컨테이너선박의 경우 아래 〈표 2-18〉를 통해 알 수 있듯이, 상위 20개 국가가 차지하는 컨테이너선 지배선대는 20,231,559TEU로 세계 컨테이너 운송시장의 97.25%를 차지하고 있다. 우리나라의 경우 보유한 컨테이너선은 총186척에 532,670TEU로, 이는 세계 12위권에 해당하는 선복량에 해당하지만, 세계 시장점유율은 아주 미미한 수준(2.56%)에 그치고 있다.

〈표 2-18〉 글로벌 상위 20개국 컨테이너선 현황(2018)

	국가	선복량 (TEU)	시장점유율 (%)	선박 수 (척)	평균선령 (년)	가장 큰 배 (TEU)	선박평균 크기 (TEU)
1	독일	4,207,388	20.22	1,131	10.6	18,800	3,720
2	덴마크	2,220,911	10.68	317	10.5	20,568	7,006
3	중국	2,150,700	10.34	485	10.8	19,224	4,434
4	그리스	1,891,234	9.09	418	11.7	14,424	4,524
5	홍콩	1,583,036	7.61	258	8.8	21,413	6,136
6	일본	1,455,580	7.00	278	8.7	20,150	5,236
7	스위스	1,260,807	6.06	207	15.5	14,000	6,091
8	프랑스	1,038,824	4.99	135	9.4	17,722	7,695
9	대만	985,495	4.74	255	13.1	8,626	3,865
10	영국	870,632	4.18	199	10.8	15,908	4,375
11	싱가포르	658,654	3.17	230	11.9	15,908	2,864
12	**대한민국**	**532,670**	**2.56**	**186**	**12.5**	**13,100**	**2,864**
13	사이프러스	253,392	1.22	70	10.2	19,200	3,620
14	노르웨이	208,262	1.00	48	9.9	13,102	4,339
15	미국	207,894	1.00	70	19.4	9,443	2,970
16	인도네시아	172,711	0.83	205	17.4	3,534	842
17	이스라엘	170,434	0.82	31	8.7	10,062	5,498
18	터키	159,855	0.77	90	14.0	9,010	1,776
19	UAE	110,265	0.53	61	17.0	4,498	1,808
20	네덜란드	92,815	0.45	87	10.8	3,508	1,067
	소계 (상위 20개국)	20,231,559	97.25	4,761	11.1	21,413	4,249
	기타 국가	572,912	2.75	383	12.6	6,572	1,496
	세계 합계	20,804,471	100.00	5,144	11.9	21,413	2,004

자료: UNCTAD, *Review of Maritime Transport 2018*, 2018

제 5 절   우리나라의 국제선박등록제도

1. 도입배경

무역의존도가 높은 우리의 경제구조 특성상 해상운송은 국가의 기간산업으로서 국민경제에 대단히 중요한 역할을 하고 있다. 그럼에도 불구하고, 1980년대 이후 편의치적이 크게 증가함에 따라 국적선 증가가 정체되고 국적선 적취율(積聚率)은 크게 떨어졌다.[104] 해외치적이 상당 수준에 이르러 이를 방치할 경우 해운산업의 해체를 피할 수 없게 되었다. 이에 1997년「국제선박등록법」을 제정(1998.4.9시행)하고 국제선박등록제도를 도입하였다. 주요 선진 해운국가들에서 시행되고 있는 제2 선적제도(국제선박등록제도)를 도입함으로써 국적선 중 국제선박으로 등록한 선박에 대하여는 외국인선원의 고용에 융통성을 허용하고 조세혜택을 부여하는 등 국내 해운기업들이 해외에 등록한 선박의 국적복귀(flagging back)를 유도하기 위함이다.[105]

---

[104] 편의치적선은 정부의 관리대상에서 벗어난 선박이기 때문에 정확한 통계를 산출할 수는 없고 주로 외국 해운관련 조사기관의 통계에 전적으로 의존하여 이를 인용하고 있다. 최근 유엔무역개발회의(UNCTAD)에서 발표한 상위 35개국의 선박등록현황 자료에 의하면, 우리나라의 선대보유 현황은 총 1,626척이고, 이 중에서 국적선과 외국적선은 각각 801척(49.2%)과 826척(50.8%)으로 나타나고 있다(UNCTAD, Review of Maritime Transport 2018, 2018, p.30).

[105] 대표적인 세제혜택으로는 선박 톤세제를 들 수 있다. 톤세제도는 해운기업의 소득에 대한 과세를 영업이익이 아닌 선박의 운항 실적을 기준으로 법인세를 부과하는 조세제도로 영국, 네덜란드, 노르웨이 등에서 해외치적으로 감소된 자국선대 회복을 위해 1990년대 말부터 도입·시행하고 있다. 우리나라의 경우 2006년 톤세제를 시행하였는데, 해운기업들은 톤세제 적용 대상기업 요건(자사선 보유 등)을 갖추기 위하여 보유선대 확대를 추진하였다. 그 결과 지배상선대 규모가 2003년에는 420척에 불과했지만, 2019년

1950년대 전쟁으로 인한 피해 복구에 주력해 온 우리나라는 1960년 대부터 경제개발계획을 수립·추진하게 되는데, 그 과정에서 전략적으로 해운산업을 육성하기 위해 법인세, 지방세 등 각종 조세를 면제하고, 선원에게는 소득세를 면제하는 등 전폭적인 정책적 지원이 있었다. 그 결과 1980년대 중반까지만 하더라도 글로벌 해운시장의 불황 속에서도 국내 해운업은 국제경쟁력에 있어 우위에 있을 수 있었다.

　1980년대 이후 유럽의 주요 해운국 선사들은 해운시장의 장기 불황이 길어지면서 자국의 각종 세금, 높은 선원비 등으로 인해 국제 해운경쟁력이 크게 약화되자 그 해결책으로 소속 선대의 편의치적을 가속화하기 시작하였다.

　반면, 국내적으로는 그동안 해운업에 부여해오던 각종 혜택들을 오히려 축소하거나 폐지하였다 그 결과 유럽의 선진 해운국 선박소유자들에 비하여 국적선 소유자의 선박 취득 및 유지와 관련된 비용이 증가하여 상대적으로 큰 부담으로 작용하게 되었다. 게다가 국가 경제가 압축성장하는 과정에서 외항상선의 경우 임금상승으로 선원비가 크게 증가하였지만, 임금수준이 낮은 외국인선원을 고용하는 것에 제한을 받기 때문에 국내 해운업은 여러 가지 측면에서 어려움에 직면하게 되었다. 이와 같이 해운업이 직면한 어려움을 개선하기 위하여 선진 해운국을 중심으로 보편화되고 있는 국제선박등록제도를 도입하였다.[106]

(1월 기준)에는 1,625척으로 증가하였다(e-나라지표, http://www.index.go.kr.nciashield. org 참조).

[106] 외국인선원이 승선하기 시작한 1991년에는 선박당 3명으로 제한되었으나, 「국제선박등록법(1997.8.22)」이 시행(1998.2.23) 되면서 6명으로 확대되었으며, 현재는 선장과 기관장을 제외하고 외국인선원 승선은 제한받지 않고 있다. 일반선박을 기준으로 2010년 이후에는 선장과 기관장을 제외하고 외국인 선원은 모든 직종에 승선할 수 있게 되었다 (최성두·최진이, 『한국해상근로복지공단 설립 연구』, 부산발전연구원, 2018.12, 27쪽).

우리나라의 국제선박등록제도는 독일식 국제선박등록제도(ISR)에 "국가필수국제선박"[107] 개념을 추가한 매우 독특한 제도이다. 「국제선박등록법」에 의하여 등록된 국제선박에 대하여는 외국인선원의 승선범위를 확대하고[108] 조세를 감면하여 주는 등의 정책적인 지원을 함으로써 국적선대(외항상선대)가 다른 해운국의 상선대와 경쟁할 수 있는 여건을 마련하고, 동시에 국적선(외항상선)의 해외이적(flagging out)을 방지함으로써 글로벌 해운중심국으로 도약하기 위한 기반을 조성하려는 데 그 목적이 있다.[109]

우리나라 국제선박등록제도의 특징은 선박의 국적을 새로이 창설하는 것이 아니라, 선박의 국적을 그대로 유지하되 이에 추가하여 국제선박으로 등록하도록 함으로써 일정한 편익을 부여하는 제도라는 점이다. 국제선박으로 등록하면 선원노조와의 협의를 거쳐 일정규모의 외국인선원을 승선시킬 수 있으며, 법인세, 취득세, 재산세 등의 감면을 받을 수 있게 된다.

---

107) "국가필수선박"이란 비상사태 등이 발생하는 경우 국민경제에 긴요한 물자와 군수물자를 수송하기 위하여 제5조제1항에 따라 지정된 선박을 말하는데, 「국제선박등록법」은 2019년 1월 15일 개정에서 "국가필수선박제도"를 폐지하고, 이를 「비상사태등에 대비하기 위한 해운 및 항만 기능 유지에 관한 법률(해운항만기능유지법)」을 제정(2019.1.15)하여 동법에서 이를 도입하고 있다(2020.1.16시행).
108) 외국인선원의 선원근로계약은 외항상선의 경우 최근까지 전국해상산업노동조합연맹과 한국선주협회 간의 단체협약에 따라 체결되고 있고, 내항상선의 경우에는 전국해상산업노동조합연맹과 한국해운조합 간의 단체협약에 따라 체결되고 있다. 한편, 원양어선의 경우는 전국원양산업노동조합과 한국원양산업협회 간의 단체협약에 따라 체결되고 있고, 연근해어선의 경우는 수산업협동조합중앙회가 작성한 표준근로계약서에 따라 체결되고 있다(최성두·최진이, 상게보고서, 25-26쪽).
109) 법제처, 「국제선박등록법」 제·개정이유 참조.

2. 국제선박등록법의 주요내용

1) 목적

「국제선박등록법」은 국제선박의 등록과 국제선박에 대한 지원 등에 관한 사항을 규정함으로써 해운산업(海運産業)의 국제경쟁력을 높이고 국민경제의 발전에 이바지함을 목적으로 한다.

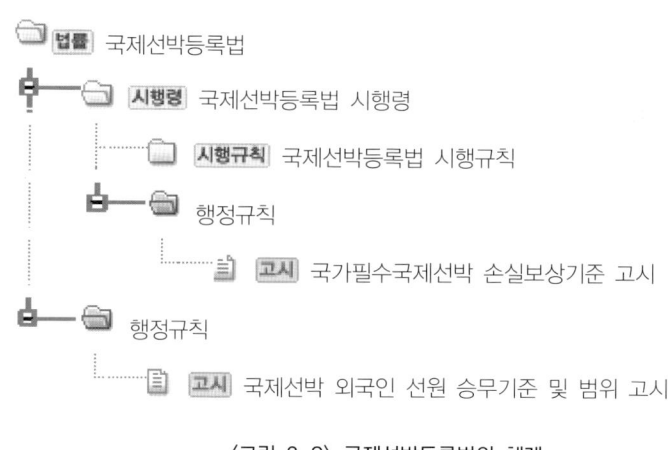

〈그림 2-8〉 국제선박등록법의 체계

2) 국제선박 등록

(1) 의의

"국제선박"이란 국제항행(國際航行)을 하는 상선(商船)으로서 국제선박등록부에 등록된 선박을 말한다(제2조 제1호). 국제선박은 "국가필수국제선박"110)과 한국인 선원의 고용 안정과 적정규모 유지를 위하여 지정·

---

110) 2020년 1월 16일 이후부터는 「비상사태등에 대비하기 위한 해운 및 항만 기능 유지에 관한 법률(2019.1.15.제정)」에 근거하여 국가필수선박을 지정한다. 동법은 비상사태 등에 대비하여 선박과 선원의 효율적 활용을 위하여 필요하다고 인정하면 「국제선박등록법」에 따른 국제선박 또는 공공기관이 소유한 선박 중 선박의 규모, 선령(船齡) 및 수송

운영하는 "지정국제선박", 그 외 "일반국제선박"으로 구분한다(국제선박 외국인 선원 승무기준 및 범위 고시 제2조).

국제선박으로 등록한 선박은 예외적으로 국내항 간 운항이 인정된 경우(「해운법」 제25조 제1항)[111] 외에는 국내항과 외국항 간 또는 외국항 간에만 운항하여야 한다(제4조의2). 이에 위반하여 국내항 간에 운항을 한 국제선박의 선박소유자 등에 대하여는 과태료(300만 원)를 부과한다(제13조 제1항).

(2) 등록대상 선박

먼저, 국제선박으로 등록하기 위해서는 아래의 어느 하나에 해당하는 선박이어야 한다(제3조 제1항).

1. 대한민국 국민이 소유한 선박
2. 대한민국 법률에 따라 설립된 상사(商事) 법인이 소유한 선박
3. 대한민국에 주된 사무소를 둔 제2호 외의 법인으로서 그 대표자(공동대표인 경우에는 그 전원을 말한다)가 대한민국 국민인 경우에 그 법인이 소유한 선박
4. 외항운송사업자 또는 「해운법」 제33조에 따라 선박대여업을 등록한 자가 대한민국의 국적 취득을 조건으로 임차(賃借)한 외국선박[112] 중 외항운송사업자가 운항하는 선박

화물의 종류 등의 기준에 해당하는 선박을 관계 중앙행정기관의 장과 협의하여 국가필수선박으로 지정할 수 있도록 하고 있다(해운항만기능유지법제5조).

111) 외항 정기 화물운송사업의 등록을 한 자(외항정기화물운송사업자)가 내항 화물운송사업의 등록을 하지 않고도 국내항 간의 화물을 운송할 수 있는 경우는, (1)국내항과 국내항 사이에서 운송하는 빈 컨테이너나 수출입 컨테이너화물(내국인 사이에 거래되는 컨테이너화물은 제외), (2)외국항 간에 운송되는 과정에서 「항만법」상 항만구역 중 수상구역으로 동일 수상구역 내의 국내항과 국내항 사이에서 환적의 목적으로 운송되는 컨테이너 화물(다른 국내항을 경유하는 경우는 제외)이다(해운법 제25조 제1항 각호). 즉 위에 해당하는 경우에는 국제선박으로 등록한 선박이라도 국내항 간 운항이 허용된다.

둘째, 국유·공유 선박과 「어선법」상의 어선[113]은 국제선박으로 등록할 수 없다. 즉 국제선박으로 등록하기 위해서는 국유·공유 선박과 어선이 아니어야 한다(제3조 제1항 단서).

셋째, 국제선박으로 등록하기 위해서는 국제총톤수 500톤 이상이면서 선령(船齡)이 20년 이하인 선박이어야 한다(시행령 제2조).[114]

(3) 등록 및 변경등록 신청

국제선박등록제도는 새로이 선박의 국적을 창설하는 제도가 아니며 「선박법」에 따라 취득한 선박국적을 전제로 성립하는 제도이다. 그렇기 때문에 국제선박 등록요건을 별도로 정하고 국제선박으로 등록하면 국적이 부여되는 등 기존의 선박등록제도와 완전히 별개의 제도로 운영되는 노르웨이의 제2 선적제도(NIS)와는 본질적으로 차이가 있다.

국제선박으로 등록하려면, 선박소유자 등(선박소유자, 외항운송사업자 또는 선박대여업자)은 「선박법」에 따라 선박원부(船舶原簿)에 그 선박을 등록

---

112) 국적취득조건부선체용선(BBC/HP, Bare Boat Charter Hire Purchase) 선박이 국제선박으로 등록되더라도 선박의 국적은 변경되지 않고 여전히 외국선적을 유지한다.
113) "어선"이란 다음 어느 하나에 해당하는 선박을 말한다(어선법 제2조 제1호).
　가. 어업, 어획물운반업 또는 수산물가공업에 종사하는 선박
　나. 수산업에 관한 시험·조사·지도·단속 또는 교습에 종사하는 선박
　다. 제8조 제1항에 따른 건조허가를 받아 건조 중이거나 건조한 선박
　라. 제13조 제1항에 따라 어선의 등록을 한 선박
114) 국제선급연합회의 정회원인 선급(船級)에 등록한 선박으로 아래와 같은 국제협약증서를 갖춘 선박은 선령(船齡)기준을 적용하지 않는다(시행령 제2조 및 시행규칙 제2조).
　1. 국제만재흘수선증서
　2. 국제기름오염방지증서
　3. 여객선안전증서(여객선인 경우만 해당)
　4. 화물선안전무선증서·화물선안전구조증서·화물선안전설비증서(화물선인 경우만 해당)
　5. 액화가스산적운송적합증서(액화가스산적운송 선박인 경우만 해당)
　6. 위험화학품산적운송적합증서(위험화학품산적운송 선박인 경우만 해당)

하여 선박국적증서를 발급받은 다음 국제선박등록을 신청하여야 한다(제4조 제1항).

국제선박 등록신청을 받으면 그 선박이 국제선박의 등록대상이 되는 선박인지를 확인한 후, 등록대상인 경우 지체 없이 국제선박등록부에 등록하고 신청인에게 국제선박등록증을 발급하여야 한다(동조 제2항).

국제선박으로 등록된 선박소유자는 선박의 등록사항이 변경된 경우에는 그 사실이 발생한 날부터 1개월 이내에 변경등록을 신청하여야 한다(동조 제3항). 이에 위반하여 변경등록을 신청하지 않은 국제선박의 선박소유자 등에게는 과태료(300만 원)를 부과한다(제13조 제1항).

3) 외국인선원 승무

「선원법」은 외국인을 선원으로 고용하는 경우 선원수첩을 발급받을 수 있도록 하고 있고[115], 「국제선박등록법」에서도 부원인 선원에 대하여는 외국인의 승선을 제한하지 않고 있다. 다만, 선박직원인 외국인선원에 대하여는 그 인원을 제한하고 있다.[116]

그러나 부원인 선원과 달리 선박직원은 항해, 기관, 통신, 운항 등 해기직무를 수행하는 선원이기 때문에 지정교육기관에서 해기교육을 받

---

[115] 외국인이 대한민국선박에 고용되어 선원수첩을 발급받고자 하는 경우에는 미리 그의 본국정부(우리나라에 주재하는 그의 본국 영사를 포함한다)로부터 그가 승선에 적합하다는 사실의 확인을 받아야 한다(선원법 시행령 제8조 제2항).

[116] 외국인선원은 우리나라 외항상선의 선원 인력난 해소를 위하여 1991년 선박소유자 단체(한국선주협회)와 선원단체(전국해상산업노동조합연맹)이 합의하고, 이를 정부가 승인함으로써 제한적으로 외국인선원 고용제도가 시행되었다. 1991년 7월 "외국인 선원 혼승에 관한 노사합의"에 따라 1991년 11월부터 척당 부원 3명 이내에서 외국인 선원의 고용이 가능하게 되어, 외국인 선원 혼승(混乘)이 처음으로 시행되었다(김윤진, "외국인 선원 관리제도의 문제점 및 개선방안에 관한 연구", 석사학위논문, 한국해양대학교 해양금융·물류대학원, 2018.6, 10쪽).

고 자격시험을 거쳐 해기사면허를 취득하여야 한다(선박직원법 제4조). 외국인이 우리나라 해기사면허를 취득하는 것은 현실적으로 기대하기 어렵기 때문에 선박직원인 외국인선원의 승선은 사실상 불가능하다.

〈표 2-19〉 외국인선원 최대 승선인원

구분	정원	비고
1991.7	・일반선박: 척당 3명	외국인 선원 혼승에 대한 노사합의
2001.6	・국제선박: 척당 6명	국제선박제도 정착을 위한 노사합의
2004.8	・국제선박: 척당 해기사 1명	주 40시간 근로 도입에 따른 외항해운산업의 발전적 대응을 위한 노사합의
2007.12	・국가필수선박: 척당 부원 6명 및 선박직원 1명 ・지정국제선박: 척당 부원 8명 및 선박직원 1명 ・일반국제선박: 척당 부원 8명 및 선박직원 2명	내국인 선원의 고용안정과 적정규모 유지를 위한 노사합의
2009.1	・국가필수선박: 척당 부원 6명 ・지정국제선박: 척당 부원 8명(선박직원 1명) ・일반국제선박: 척당 부원 9명과 선박직원 4명	고용확대에 관한 노사합의
2010.1	・국가필수선박: 척당 부원 6명 ・지정국제선박: 척당 부원 8명(선박직원 1명) ・일반국제선박: 제한 없음	고용 완전자율화에 대한 노사합의
2019. 현재	・국가필수선박: 척당 부원 6명 ・지정국제선박: 척당 부원 8명 또는 선박직원 1명(선장・기관장 제외)과 부원 7명 ・일반국제선박: 제한 없음(선장・기관장 제외)	기 체결된 노사합의 유지

자료: 한국해양수산개발원・한국법제연구원, 「선원분야 법률 체계 개편방안 연구」, 해양수산부, 2018.3(일부수정); 「국제선박 외국인 선원 승무기준 및 범위 고시」 참조.

따라서 「국제선박등록법」은 선박소유자 등은 국제선박에 「선원의 훈련・자격증명 및 당직근무의 기준에 관한 국제협약(STCW협약, International Convention on Standards of Training, Certification and Watch-keeping for Seafarers)」

에 따라 해양수산부장관이 인정하는 자격증명서를 가진 외국인선원을 승무(乘務)하게 할 수 있도록 하고 있다(제5조 제1항).117)

「국제선박등록법」에 따라 외국인 선원을 승무하게 하는 경우 그 승무의 기준 및 범위는 선원을 구성원으로 하는 노동조합의 연합단체(선원노동조합연합단체), 선박소유자 등이 설립한 외항운송사업 관련 협회(외항운송사업자협회) 등 이해당사자와 관계 중앙행정기관의 장의 의견을 수렴하여 해양수산부장관이 정하도록 하고 있다.118)

4) 국제선박에 대한 조세 감면 등

법은 국제선박에 대하여 조세감면이나 필요한 지원을 할 수 있도록 규정하고 있지만, 「제주특별자치도 설치 및 국제자유도시 조성을 위한 특별법」(제주특별법), 「조세특례제한법」, 「지방세특례제한법」 등 관계 법령에서 정하는 바에 따르도록 하고 있다(제9조 제1항).

(1) 지방세특례제한법

「지방세특례제한법」에 의하면, 국제선박으로 등록하기 위하여 취득하는 선박에 대해서는 2021년 12월 31일까지 「지방세법」 제12조 제1항 제1호의 세율119)에서 1천분의 20을 경감하여 취득세를 과세하고120), 과세기

---

117) 「선박직원법」은 외국의 해기사면허증 소지자에 대한 특례 규정을 두어 국제해사기구가 국제협약의 규정을 준수하고 있다고 인정한 국가에서 국제협약에서 정하고 있는 기준에 따라 발급된 외국의 해기사자격증을 소지한 자(외국인해기사)에게 동일한 직종·등급으로 인정하는 국내의 승무자격증을 발급받을 수 있도록 하고 있다(제17조).
118) 외국인선원을 승무하게 하는 경우 그 승무의 기준 및 범위에 관한 상세는 「국제선박 외국인 선원 승무기준 및 범위 고시」에서 정하고 있다.
119) 제12조(부동산 외 취득의 세율) ① 다음 각 호에 해당하는 부동산등에 대한 취득세는 제10조의 과세표준에 다음 각 호의 표준세율을 적용하여 계산한 금액을 그 세액으로 한다.
   1. 선박
      가. 등기·등록 대상인 선박(나목에 따른 소형선박은 제외한다)

준일 현재 국제선박으로 등록되어 있는 선박에 대해서는 재산세의 100분의 50을 2021년 12월 31일까지 경감한다(지방세특례제한법 제64조 제1항).

(2) 제주특별법

「제주특별법」은 제주자치도 내 무역항(제주항, 서귀포항)을 제주선박등록특구로 지정하고, 제주선박등록특구를 선적항으로 하여 국제선박으로 등록되어 있는 선박에 대하여는 「조세특례제한법」, 「지방세특례제한법」 및 「농어촌특별세법」에서 정하는 바에 따라 취득세, 재산세, 「지방세법」에 따른 지역자원시설세(제146조 제2항), 지방교육세 및 농어촌특별세를 면제할 수 있도록 하고 있다(제주특별법 제443조 제1항 및 제2항).[121]

---

  1) 상속으로 인한 취득: 1천분의 25
  2) 상속으로 인한 취득 외의 무상취득: 1천분의 30
  3) 원시취득: 1천분의 20.2
  4) 수입에 의한 취득 및 주문 건조에 의한 취득: 1천분의 20.2
  5) 삭제 〈2014.1.1〉
  6) 그 밖의 원인으로 인한 취득: 1천분의 30
 나. 소형선박
  1) 「선박법」 제1조의2 제2항에 따른 소형선박: 1천분의 20.2
  2) 「수상레저안전법」 제30조에 따른 동력수상레저기구: 1천분의 20.2
 다. 가목 및 나목 외의 선박: 1천분의 20

120) 선박의 취득일부터 6개월 이내에 국제선박으로 등록하지 아니하는 경우에는 감면된 취득세를 추징한다(지방세특례제한법 제64조 제1항 단서).

121) 「제주특별자치도세 감면 조례」 제17조의2(선박등록특구의 국제선박 등 지원을 위한 감면) ① 「국제선박등록법」에 따라 국제선박으로 등록하기 위하여 취득하는 선박으로서 다음 각 호의 어느 하나에 해당하는 선박을 2020년 12월 31일까지 취득하는 경우에는 「지방세법」 제12조 제1항 및 같은 법 제15조 제2항에 따른 취득세율에서 1천분의 20을 경감한다.
  1. 「제주특별자치도 설치 및 국제자유도시 조성을 위한 특별법」(제주특별법) 제443조 제1항에 따른 선박등록특구(제주선박등록특구)를 선적항으로 하는 선박
  2. 「국제선박등록법」 제3조 제1항 제4호에 해당하는 제주선박등록특구의 선적항 등록 조건부 선박
 ② 과세기준일 현재 제1항 제1호의 제주선박등록특구를 선적항으로 하여 국제선박으로 등록되어 있는 선박에 대해서는 재산세 및 지역자원시설세를 각각 2021년 12월 31일까지 면제한다.

(3) 기타 지원

조세 감면 외에도 국제선박에 승무하는 한국인 선원을 안정적으로 고용하기 위하여 선원능력개발 지원사업 등 노사가 합의한 사업에 대하여 예산의 범위에서 필요한 지원을 할 수 있다(제9조 제2항).

5) 등록의 말소

(1) 등록말소의 신청

국제선박으로 등록한 선박이 아래의 어느 하나에 해당하는 경우 선박소유자 등은 그 사실을 안 날부터 2주일 이내에 국제선박의 등록말소를 신청하여야 한다(제10조 제1항).

첫째, 국제선박의 등록대상(제3조)에 해당하지 않게 된 경우

둘째, 해당 선박이 멸실(滅失), 침몰 또는 해체된 경우

셋째, 선박의 존재 여부가 3개월 이상 분명하지 아니한 경우

(2) 등록말소

국제선박이 아래의 어느 하나에 해당하면 국제선박의 등록을 말소하여야 한다(동조 제2항).

첫째, 선박소유자 등이 등록의 말소를 신청한 경우

둘째, 거짓이나 그 밖의 부정한 방법으로 국제선박의 등록을 한 경우

셋째, 등록말소 신청사유의 어느 하나에 해당하는 경우

다만, 등록말소 신청사유에 해당하는 경우에는 선박소유자 등에게 1개월 이내의 기간을 정하여 말소등록 신청을 독촉하고, 그 기간 내에 말

---

③ 제1항에 따른 세율을 적용받은 선박을 그 취득일부터 6개월 이내에 국제선박으로 등록하지 않은 경우에는 경감된 취득세를 추징한다. 다만, 그 취득일 이전에 국제선박으로 등록하고 계속하여 국제선박으로 사용하는 경우에는 제외한다.

소등록 신청을 하지 않으면 직권으로 등록을 말소한다(동조 동항 단서).

등록말소 사유가 선박소유자 등의 등록말소 신청 또는 거짓이나 그 밖의 부정한 방법에 의한 등록인 경우에는 등록을 말소하기에 앞서 청문을 실시하여야 한다(제11조).

제 6 절 소형선박에 관한 특칙

1. 소형선박의 개념

소형선박(小型船舶)이라는 것은 크기가 작은 선박을 말하는데, "작다"라는 관념은 상대적인 개념으로 사람에 따라 그 기준이 다를 수 있기 때문에 매우 주관적이고 추상적인 개념이다.

선박 관련 법률들에서는 당해 법률의 입법취지와 목적에 따라 소형선박의 법적 개념을 정의하고 있다.

먼저, 선박공시제도의 근거법률인 「선박법」에서는 선박을 기선, 범선, 부선으로 구분하고, 총톤수 20톤 미만인 기선 및 범선과 총톤수 100톤 미만인 부선을 소형선박으로 정의하고 있다(제1조의2 제2항).

둘째, 선박의 감항성(堪航性) 유지 및 안전운항에 필요한 사항을 정하는 「선박안전법」은 선박길이를 기준으로 소형선박을 정의하고 있다. 즉 "소형선박"이라 함은 선박길이가 12미터 미만인 선박을 말한다(선박안전법 제2조 제11호). 이 법에서 소형선박 기준인 12미터는 만재흘수선 표시 및 선박의 복원성 유지의무 기준으로 삼고 있다(제27조 제1항 및 제28조 제1항).[122]

셋째, 선박직원으로서 선박에 승무(乘務)할 사람의 자격에 관한 사항을 정하는 「선박직원법」은 총톤수를 기준으로 소형선박의 범위를 정하고 있다. 즉 "소형선박"이라 함은 총톤수 25톤 미만의 선박을 말한다(선박직원법 시행령 제2조 제5호). 이 법에서는 소형선박 개념을 해기사면허의 직종과 등급을 구별하기 위한 기준의 하나로 삼고 있다.123)

이들 법률에서는 소형선박에 대하여는 입법정책적으로 일반 선박과는 달리 취급하여 법률의 일부를 적용제외하거나, 별도의 특별한 규정을 두고 있다.

2. 소형선박의 공시방법

상술한 바와 같이, 공시제도(公示制度)는 국가기관이 법률이 정하는 절차에 따라 권리·재산·신분 등에 관한 사실관계나 법률관계를 공적(公的)인 문서에 기재하고, 그 기재사항을 외부에 명확히 알림으로써 이해당사자의 권리를 보호하고 거래의 안전을 도모하기 위한 제도로 공시방법으로는 등기와 등록이 있다.124)

선박공시제도는 선박에 관한 재산적 관계(물권) 및 그 변동 등과 같은 권리관계와 선박의 명칭·국적·크기 등과 같은 선박에 관한 사항을 확정하고, 그 사항을 외부에서 알 수 있도록 하는 제도이며, 선박등기(船舶登記)와 선박등록(船舶登錄)이 있다.

---

122) 「선박안전법」 제26조의 규정에 의하여 소형선박의 선체, 기관, 그 밖의 시설의 설비기준을 정하는 「소형선박의 구조 및 설비 기준」(해양수산부 고시)에서도 12미터 미만의 선박을 소형선박으로 정의하고 있다(소형선박의 구조 및 설비 기준 제2조 제1호).

123) 소형선박조종사(선박법 제4조 제2항 제6호). 소형선박 조종사는 6급 항해사 또는 6급 기관사의 하위등급의 해기사로 본다(동조 제4항 제2문).

124) 선박공시제도에 관한 상세는 위의 "제4장 선박공시제도" 참조.

선박등기는 사법(私法)상의 필요에 따른 제도로 선박의 소유권, 저당권 등 선박에 관한 사적(私的)인 권리관계를 공시하는 기능을 수행한다. 이에 대해 선박등록은 공법(公法)상의 필요에 따른 제도로 선박항행의 전제요건이면서 국내적으로는 선박의 관리·감독 등 해사행정 목적, 국제적으로는 선박의 국적취득과 국기게양, 관할권 행사 등을 위한 제도이다.

「선박법」은 선박공시에 관하여 등기·등록 모두를 요구하는 이원주의를 취하고 있다. 따라서 선박소유자는 선적항을 관할하는 지방법원, 그 지원(支院) 또는 등기소(登記所)에 등기를 한 다음, 선적항을 관할하는 해무관청에 선박을 등록하여야 한다.

다만, 「선박등기법」 제2조에서는 등기대상 선박을 총톤수 20톤 이상의 기선(機船)과 범선(帆船) 및 총톤수 100톤 이상의 부선(艀船)[125]으로 하고 있다. 따라서 「선박법」상 소형선박은 등기대상인 선박에서 제외된다(선박등기법 제2조). 그렇기 때문에 「선박법」상 소형선박은 선박등기에 의한 권리공시가 불가능하며, 소형선박의 공적·사적 권리관계 등에 관한 공시는 선박등록을 통해 이루어진다.

3. 소형선박의 권리변동 효력요건

1) 소유권 변동요건

선박은 「민법」상 물건 중에서 동산(動産)에 해당하기 때문에 원칙적으로 선박의 공시방법은 점유(占有)이고, 선박의 소유권 이전의 효력은 선

---

[125] 다만, 총톤수 20톤 이상인 부선 중 선박계류용·저장용 등으로 사용하기 위하여 수상에 고정하여 설치하는 부선은 등기대상이 아니다(선박등기법 제2조 단서).

박의 인도가 있어야 발생한다.126) 그러나 「선박법」은 부동산에 준하여 선박등기제도를 채택하고 있다.

선박등기의 효력과 관련하여 「상법」은 "등기 및 등록할 수 있는 선박의 경우 그 소유권의 이전은 당사자 사이의 합의만으로 그 효력이 생긴다. 다만, 이를 등기하고 선박국적증서에 기재하지 아니하면 제3자에게 대항하지 못한다."고 규정하고 있다(제743조). 즉 대외적으로 선박의 소유권이전 효력이 발생하려면 선박등기와 선박국적증서에 기재되어야 한다는 의미이다. 다만, 「민법」이 부동산의 소유권 이전등기에 대하여 효력요건(제186조)127)으로 하고 있는 것과 달리, 「상법」은 선박의 소유권이전에 관하여 선박등기를 대항요건으로 하고 있는 것이 특징이다.

한편, 「선박법」상의 소형선박은 「선박등기법」상 등기선박이 아니기 때문에 선박등기는 소유권이전 등 권리변동요건이 될 수 없다. 그렇다면 「민법」의 동산물권변동에 관한 일반원칙에 따라 소유권이전 합의와 점유이전, 즉 인도(引渡)가 효력요건이어야 한다. 그러나 「선박법」은 이에 관한 특칙(特則)을 두어 소형선박 소유권의 득실변경(得失變更)은 선박원부(船舶原簿)에 등록(변경등록)을 하여야 그 효력이 생기도록 하고 있다(제8조의2). 즉 소형선박의 경우, 소유권의 득실변경을 위한 선박원부에 등록(변경등록)은 효력발생요건이다.

다만, 「선박법」상 선박등록을 필요로 하지 않는 선박은 소형선박이라 하더라도, 선박원부가 존재하지 않기 때문에 제8조의2가 적용될 여지가

---

126) 동산(動産)에 관한 물권(物權)의 양도는 그 동산을 인도(引渡)하여야 효력이 생긴다(민법 제188조 제1항).
127) 부동산(不動産)에 관한 법률행위로 인한 물권의 득실변경(得失變更)은 등기하여야 그 효력이 생긴다(민법 제186조).

없다. 즉 이들 선박은 선박등록이 소유권 득실변경의 효력요건이 될 수가 없으며, 소유권 득실변경은 동산의 경우와 같다.

「선박법」상 선박등록을 필요로 하지 않는 선박은 다음과 같다(제26조).

1. 군함, 경찰용 선박
2. 총톤수 5톤 미만인 범선 중 기관을 설치하지 않은 범선
3. 총톤수 20톤 미만인 부선
4. 총톤수 20톤 이상인 부선 중 선박계류용·저장용 등으로 고정해서 사용하는 부선(다만, 공유수면 또는 하천 점사용허가를 받은 수상호텔, 공연장 등은 적용대상임).[128]
5. 노와 상앗대만으로 운전하는 선박
6. 「어선법」에 따른 어선[129]
7. 「건설기계관리법」에 따라 건설기계로 등록된 준설선(浚渫船)
8. 「수상레저안전법」에 따라 등록된 수상레저기구(수상오토바이·모터보트·고무보트 및 요트)[130]

---

[128] 「공유수면 관리 및 매립에 관한 법률」 제8조에 따른 점용 또는 사용 허가나 「하천법」 제33조에 따른 점용허가를 받은 수상호텔, 수상식당 또는 수상공연장 등 부유식 수상구조물형 부선은 제외한다(제26조 제4호 단서).

[129] 「어선법」은 어선소유자에게 그 어선이나 선박이 주로 입출항하는 항구 및 포구(선적항)를 관할하는 시장·군수·구청장에게 어선원부에 어선을 등록하도록 하고 있다. 등록할 어선이 「선박등기법」상 등기대상인 경우에는 선박등기를 한 후에 등록하여야 한다(어선법 제13조). 다만, 「어선법」은 「선박법」과 같이 20톤 미만의 소형어선에 대하여만 소유권변동에 관하여 등록을 효력요건으로 하고 있다(어선법 제13조의2). 따라서 총톤수 20톤 이상의 기선과 범선에 해당하는 어선, 총톤수 100톤 이상의 부선에 해당하는 어선은 당사자 간의 합의만으로 소유권변동의 효력이 발생하고, 선박등기는 대항요건에 불과하다(상법 제743조).

[130] 「수상레저안전법」에 의하면, 동력수상레저기구(「자동차 등 특정동산 저당법」 제3조 제2호 다목에 따라 저당권의 목적이 되는 동력수상레저기구) 소유권 변동은 등록원부에 등록을 하여야 그 효력이 생기는 것으로 하고 있다(제33조의2).

위의 「선박법」 제26조(일부 적용 제외 선박)에 해당하면서 다른 법률에 규정이 없는 선박(총톤수 5톤 미만인 범선 중 기관을 설치하지 아니한 범선, 총톤수 20톤 미만인 부선, 노와 삿대만으로 운전하는 선박 등의 초소형선박)은 동산물권 변동에 관한 일반원칙에 따라 소유권 득실변경이 발생한다.

2) 저당권 설정

선박저당권은 채무자 또는 제3자가 선박의 점유를 이전하지 않으면서 채무의 담보로 제공한 선박에 대하여 채권자(저당권자)가 다른 채권자보다 자기채권을 우선변제 받을 수 있는 권리이다(민법 제356조 참조).

「상법」은 등기한 선박에 대하여는 입질(入質)을 불허(不許)하여 질권의 목적으로 하지 못하도록 하는 대신(상법 제789조), 저당권의 목적으로 할 수 있도록 하고 있다(상법 제787조 제1항).[131] 선박저당권에는 「민법」의 저당권에 관한 규정을 준용하고 있다(상법 제787조 제3항). 따라서 선박의 소유권에 관한 선박등기는 제3자에 대한 대항요건이지만(상법 제743조), 선박의 저당권에 관한 선박등기는 효력요건이다.

소형선박의 담보물권설정에 관하여는 「자동차 등 특정동산 저당법(특정동산저당법)」이 제정(2009.3.25) · 시행(2009.9.26)되고 있다.[132] 이 법에서

---

[131] 선박은 동산이기 때문에 원칙적으로는 담보물권으로 저당권의 목적이 될 수는 없고, 질권의 목적이 될 수 있을 뿐이다. 그러나 질권의 경우 설정자에 의한 대리점유를 금지하고 있기 때문에(민법 제332조) 해상운송수단으로 항해를 전제로 하는 선박은 질권을 설정하는 것은 사실상 불가능하다는 점을 고려한 것이다.

[132] 이 법은 「건설기계저당법」, 「소형선박저당법」, 「자동차저당법」, 「항공기저당법」 등 4개 법률은 저당 목적물만 다를 뿐 등록할 수 있는 동산의 저당이라는 같은 내용을 규정하고 있고, 규정체계와 내용도 매우 유사하며, 소관 부처가 동일한 점을 고려하여 1개 법률로 통합함으로써 정부의 집행편의 위주로 되어 있는 법률체계를 국민 중심의 법률체계로 환원하고, 법률 제·개정에 따른 행정낭비를 줄이며, 국민들이 쉽게 법률을 이해하고 준수하도록 하려는 데 있다(법제처 참조).

는 건설기계, 「선박등기법」이 적용되지 않는 선박, 자동차, 항공기 등 등록의 대상이 되는 동산(動産)의 저당권에 관한 사항을 정하고 있는데, 저당권의 목적물로 할 수 있는 특정동산에는 다음과 같은 것들이 있다(동법 제3조 각호).133)

1. 「건설기계관리법」에 따라 등록된 건설기계
2. 「선박등기법」이 적용되지 아니하는 다음 각 목의 선박(소형선박)
   가. 「선박법」 제1조의2 제2항의 소형선박 중 같은 법 제26조 각 호의 선박을 제외한 선박134)
   나. 「어선법」 제2조 제1호 각 목의 어선 중 총톤수 20톤 미만의 어선
   다. 「수상레저안전법」 제30조에 따라 등록된 동력수상레저기구
3. 「자동차관리법」에 따라 등록된 자동차
4. 「항공안전법」에 따라 등록된 항공기 및 경량항공기

위 특정동산의 저당권자는 채무자나 제3자가 점유를 이전하지 않고 채무의 담보로 제공한 특정동산에 대하여 다른 채권자보다 자기채권에 대하여 우선변제를 받을 권리를 인정하고 있다(동법 제4조).135)

저당권에 관한 득실변경은 담보목적물별로 선박원부(「선박법」), 어선원부(「어선법」) 등 각각의 등록원부(登錄原簿)에 등록(설정등록·변경등록·이전등록·말소등록)하여야 그 효력이 생긴다(동법 제5조 제1항). 즉 "등록(登錄)"은 저당권의 효력발생요건이다.

---

133) 「특정동산저당법」은 저당권의 목적물로 할 수 있는 특정동산에 대하여는 질권의 목적으로 하지 못하도록 하고 있다(제9조).
134) 「선박법」상 소형선박에 해당하는 선박 중에서 제26조 각호에 해당하는 선박은 「특정동산저당법」에 의한 저당권의 목적물이 될 수 없다. 따라서 이에 해당하는 선박의 담보물권은 「민법」상 질권, 「동산·채권 등의 담보에 관한 법률(동산채권담보법)」상 동산담보권(제3조 내지 제33조) 또는 양도담보를 설정하여야 한다(고형석, 전게논문, 1215쪽).
135) 같은 취지; 위의 각주 227번.

「특정동산저당법」은 담보목적물별로 저당권에 관한 득실변경의 효력요건으로 각각의 원부에 등록하도록 하고 있다(제5조 제1항).

1. 「건설기계관리법」에 따른 건설기계등록원부
2. 「선박법」에 따른 선박원부
3. 「어선법」에 따른 어선원부
4. 「수상레저안전법」에 따른 수상레저기구 등록원부
5. 「자동차관리법」에 따른 자동차등록원부
6. 「항공안전법」 제11조 제1항(같은 법 제121조 제1항에서 준용하는 경우를 포함)에 따른 항공기 등록원부

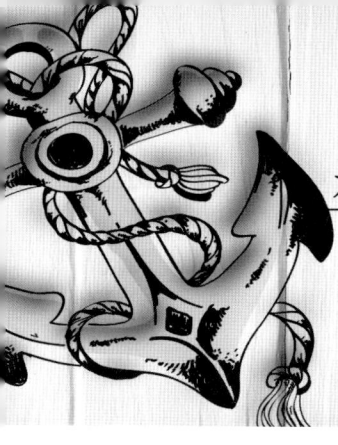

제5장 선박법 위반에 따른 제재

제1절 위반행위 유형 및 벌칙

1. 선박국적의 사칭

1) 외국적선의 한국국적 사칭

한국선박이 아님에도 국적을 사칭(詐稱)할 목적으로 대한민국 국기를 게양하거나, 한국선박이 아님에도 한국선박의 선박국적증서 또는 임시선박국적증서로 항행한 선박의 선장은 5년 이하의 징역 또는 5천만 원 이하의 벌금에 처하도록 하였다.

그러나 선박의 포획을 피하기 위하여 대한민국 국기를 게양한 경우에는 이를 처벌하지 않는다(제35조 제1항).

2) 국적선의 국적 사칭

한국선박임에도 불구하고 다른 나라의 국적을 사칭할 목적으로 선박에 대한민국 국기 외의 기장(旗章)을 게양한 경우 그 선박의 선장은 5년 이하의 징역 또는 5천만 원 이하의 벌금에 처하도록 하였다(제2항).

외국선박이 한국국적을 사칭하거나, 한국선박이 외국국적을 사칭하는 데 있어 그 죄질이 중(重)한 경우에는 선장에 대한 처벌과는 별도로 해당 선박을 몰수(沒收)할 수도 있다(제3항).

2. 불개항장 기항 등 위반

1) 불개항장 기항 및 연안운송 위반

법률 또는 조약에 다른 규정이 있거나, 해양사고 또는 포획(捕獲)을 피하려는 경우 또는 해양수산부장관의 허가를 받은 경우가 아니면, 오직 한국선박만 불개항장(不開港場)에 기항(寄港)하거나, 국내 각 항간(港間)에서 여객 또는 화물의 운송을 할 수 있다(제6조).

이를 위반한 선박(소형선박 제외)의 선장은 5년 이하의 징역 또는 5천만원 이하의 벌금에 처한다(제33조).

2) 선박국적증서 비치의무 위반

선박을 시험운전하는 경우 등을 제외하고, 한국선박은 선박국적증서 또는 임시선박국적증서를 선박 안에 갖추어 두지 않고는 대한민국 국기를 게양하거나 항행할 수 없다(제10조).[1)2)]

이를 위반한 선박(소형선박 제외)의 선장은 5년 이하의 징역 또는 5천만원 이하의 벌금에 처한다(제33조).

---

1) 선박국적증서 또는 임시선박국적증서를 선박 안에 갖추어 두지 않고도 대한민국 국기를 게양할 수 있는 경우는 (1)국경일, 그 밖에 국가적 행사가 있는 날(다만, 외국의 국가적 행사일에는 그 나라의 항구에 정박하는 때로 한정), (2)축의(祝意) 또는 조의(弔意)를 표할 경우, (3)부선의 경우, (4)그 밖에 정당한 사유가 있는 경우 등이다(선박법 시행령 제3조 제1항).

2) 선박국적증서 또는 임시선박국적증서를 선박 안에 갖추어 두지 않고도 항행할 수 있는 경우는 (1)시험운전을 하려는 경우, (2)총톤수의 측정을 받으려는 경우, (3)부선의 경우, (4)그 밖에 정당한 사유가 있는 경우 등이다(선박법 시행령 제3조 제2항).

3) 부실(不實) 등록

선박등록 등과 관련하여 공무원을 속여 선박원부에 부실(不實) 등록을 하게 한 사람은 5년 이하의 징역 또는 5천만 원 이하의 벌금에 처하며, 미수범도 처벌한다(제34조).

제2절 위반행위 유형 및 과태료

1. 개요

과태료(過怠料)는 벌금(罰金)[3]이나 과료(過料)[4]와 달리 형벌의 성질을 가지지 않는 행정법상의 의무위반자에 대하여 행정기관이 부과하는 금전적 징계(金錢罰)로 행정벌(行政罰)에 해당한다. 형벌이 아니기 때문에 그 과태료를 부과하는 절차도 형사소송법(刑事訴訟法)에 의하지 않으며, 각 법률에 특별한 규정이 없는 한, 비송사건절차법(非訟事件節次法)의 규정에 따른다.

과태료는 그 성질에 따라 질서벌, 집행벌 및 징계벌로 구분할 수 있다.

먼저, 질서벌(秩序罰)로서의 과태료는 법률에 의하여 부과되어진 형식적인 의무가 준수되어지도록 강제하기 위해(법률상의 질서를 유지하기 위해)

---

[3] 형법(刑法)에서 정하는 형벌(刑罰)의 하나로 과료(科料) · 몰수(沒收)와 더불어 범죄자에 대하여 일정한 금액의 지불의무를 강제적으로 부담케 하는 재산형(財産刑)의 일종이다. 형법상 벌금은 원칙적으로 5만 원 이상으로 한다(형법 제45조).

[4] 벌금과 같이 재산형의 일종으로 범죄자에게 일정한 금액의 지불의무를 강제적으로 부담시킨다는 점에서 벌금형과 동일하다. 다만, 그 금액이 적고 비교적 경미한 범죄에 대해서 과해진다는 점에서 벌금과 다르다. 형법상 과료는 2천 원 이상 5만 원 미만으로 한다(형법 제47조).

의무를 위반한 사람에 대해 과해지는 행정적 제재(制裁)이다.

다음으로, 징계벌(懲戒罰)로서의 과태료는 변호사, 법무사, 세무사, 공증인 등 일정한 직업을 가진 사람이 그 직무에 따른 의무를 위반한 경우에 과해지는 행정적 제재(制裁)이다.

마지막으로, 집행벌(執行罰)로서의 과태료는 행정상의 의무이행을 게을리 하는 사람에게 그 의무의 이행을 강제하기 위하여 과해지는 행정적 제재(制裁)인데, 현행법상 그 집행벌로서의 과태료 처분을 둔 사례는 없다.

2. 과태료 처분대상인 행위

「선박법」 제35조에서는 과태료 부과대상인 법 위반행위와 과태료 한도에 관하여 규정하고 있으며, 해양수산부장관 또는 지방해양수산청장이 부과·징수한다.

1) 국기게양의무 및 표시의무 위반

선장이 국기게양의무와 표시의무를 규정한 제11조를 위반한 경우이다. 즉 한국선박의 선장이 대한민국 국기를 게양하지 않은 경우 선장에게 200만 원 이하의 과태료를 부과한다. 다만, 소형선박의 선장에 대하여는 이를 적용하지 않는다(제35조 제1항).

2) 기타 의무위반

선박소유자가 아래의 어느 하나에 해당하는 「선박법」 위반행위를 한 경우 선박소유자에게 200만 원 이하의 과태료를 부과한다(제2항).

첫째, 선박의 등록신청을 하지 않은 경우(제8조 제1항 위반). 다만, 임시선박국적증서의 발급받은 경우에는 그러하지 아니하다.

둘째, 선박국적증서 또는 임시선박국적증서를 비치하지 않은 경우(제10조 위반). 다만, 이는 소형선박만 적용한다.

셋째, 선박 표시의무를 위반한 경우(제11조 위반). 즉 선박의 명칭, 선적항, 흘수(吃水)의 치수 등을 표시하지 않은 경우이다.

넷째, 국제톤수증서 등 비치의무(제13조 제1항 위반). 즉 국제톤수증서를 갖추어 두지 않고 선박을 국제항해에 종사하게 한 경우이다.

다섯째, 선박의 멸실 등에 관한 신고를 하지 않은 경우(제13조 제4항 및 제6항에 따라 준용되는 경우를 포함)이다.

여섯째, 변경등록 신고의무 위반(제18조 위반). 즉 선박원부에 등록한 사항이 변경되었음에도 30일 내에 이를 변경등록의 신청을 하지 않은 경우이다.

일곱째, 말소등록신청 최고(催告)의 불이행(제22조 제2항 위반). 즉 선박소유자가 선박의 말소등록신청에 관한 최고를 받고도 그 최고기간 내에 이를 말소등록 신청을 않은 경우이다. 선박의 등록말소 사유가 발생하면 선박소유자는 등록말소신청을 하여야 하는데, 선박소유자가 이를 해태하면 선적항을 관할하는 지방해양수산청장이 30일 이내의 기간을 정하여 선박소유자에게 선박의 말소등록신청을 최고한다(제22조).

3. 과태료 부과기준

1) 일반기준

첫째, 위반행위의 횟수에 따른 과태료 부과기준은 최근 1년간 같은 위반행위로 과태료를 부과받은 경우에 적용한다. 이 경우 기간의 계산은 위반행위에 대하여 과태료 부과처분을 받은 날과 그 처분 후 다시 같은 위반행위를 하여 적발된 날을 기준으로 한다(선박법 시행령 〈별표〉 과태료 부과기준 가목).

둘째, 가목에 따라 가중된 부과처분을 하는 경우 가중처분의 적용 차수는 그 위반행위 전 부과처분 차수(가목에 따른 기간 내에 과태료 부과처분이 둘 이상 있었던 경우에는 높은 차수를 말한다)의 다음 차수로 한다(나목).

셋째, 하나의 위반행위가 둘 이상의 과태료 부과기준에 해당하는 경우에는 그 중 금액이 큰 과태료 부과기준을 적용한다(다목).

넷째, 부과권자는 다음의 어느 하나에 해당하는 경우에는 제2호에 따른 과태료 금액의 2분의 1의 범위에서 그 금액을 감경할 수 있다. 다만, 과태료를 체납하고 있는 위반행위자의 경우에는 그러하지 아니하다(라목).

1) 위반행위자가 「질서위반행위규제법 시행령」 제2조의2 제1항 각 호의 어느 하나에 해당하는 경우
2) 위반행위가 사소한 부주의나 오류로 인한 것으로 인정되는 경우
3) 위반행위자의 법 위반상태를 시정하거나 해소하기 위한 노력이 인정되는 경우
4) 그 밖에 위반행위의 정도, 위반행위의 동기와 결과 등을 고려하여 감경할 필요가 있다고 인정되는 경우

다섯째, 부과권자는 다음의 어느 하나에 해당하는 경우에는 제2호에 따른 과태료 금액의 2분의 1의 범위에서 그 금액을 가중할 수 있다. 다만, 법 제35조 제1항 및 제2항에 따른 과태료 금액의 상한을 넘을 수 없다(마목).

1) 위반의 내용·정도가 중대하여 소비자 등에게 미치는 피해가 크다고 인정되는 경우
2) 법 위반상태의 기간이 6개월 이상인 경우
3) 그 밖에 위반행위의 정도, 위반행위의 동기와 결과 등을 고려하여 가중할 필요가 있다고 인정되는 경우

2) 개별기준

개별적인 법 위반행위와 그에 따른 과태료 부과기준은 아래와 같다 (선박법 시행령 〈별표〉 과태료 부과기준).

<표 2-20> 과태료 부과기준(제13조 관련)

(단위: 만원)

위반행위	근거 법조문	과태료 금액		
		1회 위반	2회 위반	3회 이상
가. 선박소유자가 법 제8조 제1항을 위반하여 등록신청을 하지 않은 경우. 다만, 법 제9조에 따라 임시선박국적증서를 발급받은 경우는 제외한다.	법 제35조 제2항 제1호			
1) 등록신청 지연기간이 10일 이내		50 (소형선박은 10)		
2) 등록신청 지연기간이 10일을 초과		50만 원(소형선박은 10만 원)에 11일째부터 기산하여 매 1일당 1만 원을 더한 금액. 다만, 150만 원(소형선박은 30만 원)을 초과하는 경우에는 150만 원(소형선박 30만 원)으로 한다.		
나. 선박소유자(소형선박 소유자로 한정)가 법 제10조에 따른 선박국적증서 또는 임시선박국적증서를 비치하지 않은 경우	법 제35조 제2항 제2호	10	20	30
다. 선장(소형선박의 선장은 제외)이 법 제11조를 위반하여 대한민국 국기를 게양하지 않은 경우	법 제35조 제1항	50	100	200
라. 선박소유자가 법 제11조에 따른 사항을 선박에 표시하지 않은 경우	법 제35조 제2항 제3호	25 (소형선박은 5)	50 (소형선박은 10)	100 (소형선박은 20)
마. 선박소유자가 법 제13조 제1항을 위반하여 국제톤수증서를 갖추어 두지 않고 선박을 국제항해에 종사하게 한 경우	법 제35조 제2항 제4호	25 (소형선박은 5)	50 (소형선박은 10)	100 (소형선박은 20)
바. 선박소유자가 법 제13조 제4항(제13조 제6항에 따라 준용되는 경우 포함)을 위반하여 선박의 멸실 등에 관한 신고를 하지 않은 경우	법 제35조 제2항 제5호	15 (소형선박은 3)	30 (소형선박은 6)	50 (소형선박은 10)
사. 선박소유자가 법 제18조를 위반하여 변경등록의 신청을 하지 않은 경우	법 제35조 제2항 제6호	15 (소형선박은 3)	30 (소형선박은 6)	50 (소형선박은 10)
아. 선박소유자가 법 제22조 제2항에 따른 선박의 말소등록신청의 최고를 받고 그 기간에 이를 이행하지 않은 경우	법 제35조 제2항 제7호	25 (소형선박은 2.5)	50 (소형선박은 5)	100 (소형선박은 10)

부 록

부록 1. 선박법
부록 2. 선박등기법
부록 3. 선박등기규칙
부록 4. 국제선박등록법
부록 5. 해운항만기능유지법

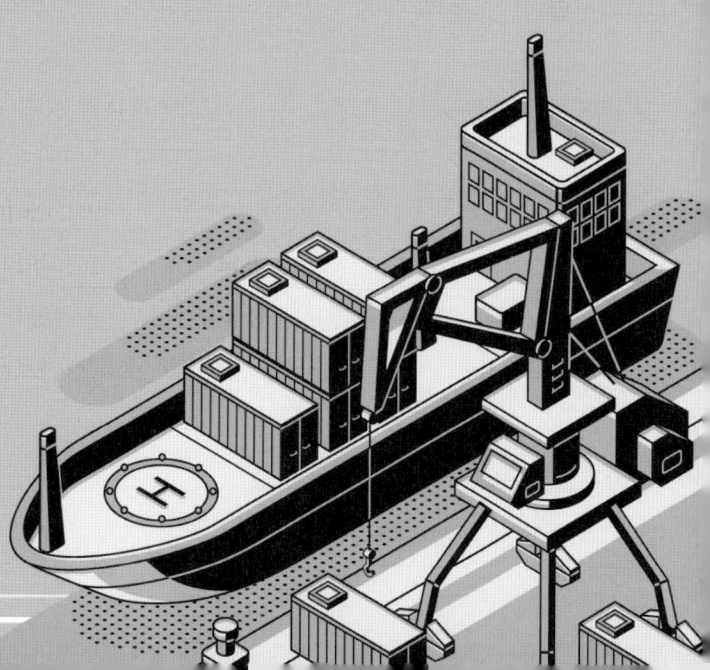

【부록 1】

선박법

[시행 2019. 7. 1] [법률 제16160호, 2018. 12. 31, 타법개정]

해양수산부(해사안전정책과) 044-200-5815, 5814

제1조(목적) 이 법은 선박의 국적에 관한 사항과 선박톤수의 측정 및 등록에 관한 사항을 규정함으로써 해사(海事)에 관한 제도를 적정하게 운영하고 해상(海上) 질서를 유지하여, 국가의 권익을 보호하고 국민경제의 향상에 이바지함을 목적으로 한다.
[전문개정 2009. 12. 29.]

제1조의2(정의) ① 이 법에서 "선박"이란 수상 또는 수중에서 항행용으로 사용하거나 사용할 수 있는 배 종류를 말하며 그 구분은 다음 각 호와 같다.
1. 기선: 기관(機關)을 사용하여 추진하는 선박(선체(船體) 밖에 기관을 붙인 선박으로서 그 기관을 선체로부터 분리할 수 있는 선박 및 기관과 돛을 모두 사용하는 경우로서 주로 기관을 사용하는 선박을 포함한다)과 수면비행선박(표면효과 작용을 이용하여 수면에 근접하여 비행하는 선박을 말한다)
2. 범선: 돛을 사용하여 추진하는 선박(기관과 돛을 모두 사용하는 경우로서 주로 돛을 사용하는 것을 포함한다)
3. 부선: 자력항행능력(自力航行能力)이 없어 다른 선박에 의하여 끌리거나 밀려서 항행되는 선박
② 이 법에서 "소형선박"이란 다음 각 호의 어느 하나에 해당하는 선박을 말한다.
1. 총톤수 20톤 미만인 기선 및 범선
2. 총톤수 100톤 미만인 부선
[전문개정 2009. 12. 29.]

제2조(한국선박) 다음 각 호의 선박을 대한민국 선박(이하 "한국선박"이라 한다)으로 한다.
1. 국유 또는 공유의 선박
2. 대한민국 국민이 소유하는 선박
3. 대한민국의 법률에 따라 설립된 상사법인(商事法人)이 소유하는 선박
4. 대한민국에 주된 사무소를 둔 제3호 외의 법인으로서 그 대표자(공동대표인 경우에는 그 전원)가 대한민국 국민인 경우에 그 법인이 소유하는 선박
[전문개정 2009. 12. 29.]

제3조(선박톤수) ① 이 법에서 사용하는 선박톤수의 종류는 다음 각 호와 같다.
1. 국제총톤수:「1969년 선박톤수측정에 관한 국제협약」(이하 "협약"이라 한다) 및 협약의 부속서(附屬書)에 따라 주로 국제항해에 종사하는 선박에 대하여 그 크기를 나타내기 위하여 사용되는 지표를 말한다.
2. 총톤수: 우리나라의 해사에 관한 법령을 적용할 때 선박의 크기를 나타내기 위하여 사용되는 지표를 말한다.
3. 순톤수: 협약 및 협약의 부속서에 따라 여객 또는 화물의 운송용으로 제공되는 선박 안에 있는 장소의 크기를 나타내기 위하여 사용되는 지표를 말한다.
4. 재화중량톤수: 항행의 안전을 확보할 수 있는 한도에서 선박의 여객 및 화물 등의 최대적재량을 나타내기 위하여 사용되는 지표를 말한다.
② 제1항 각 호의 선박톤수의 측정기준은 해양수산부령으로 정한다. 〈개정 2013. 3. 23.〉
[전문개정 2009. 12. 29.]

제4조(다른 법률과의 관계) 선박톤수의 측정기준에 관하여는 다른 법률에 특별한 규정이 있는 경우를 제외하고는 이 법에서 정하는 바에 따른다.
[전문개정 2009. 12. 29.]

제5조(국기의 게양) ①한국선박이 아니면 대한민국 국기를 게양할 수 없다. 〈개정 2014. 3. 24.〉
② 제1항에도 불구하고 대한민국의 항만에 출입하거나 머무는 한국선박 외의 선박은 선박의 마스트나 그 밖에 외부에서 눈에 잘 띄는 곳에 대한민국 국기를 게양할 수 있다. 〈신설 2014. 3. 24.〉
[전문개정 2009. 12. 29.]

제6조(불개항장에의 기항과 국내 각 항간에서의 운송금지) 한국선박이 아니면

불개항장(不開港場)에 기항(寄港)하거나, 국내 각 항간(港間)에서 여객 또는 화물의 운송을 할 수 없다. 다만, 법률 또는 조약에 다른 규정이 있거나, 해양사고 또는 포획(捕獲)을 피하려는 경우 또는 해양수산부장관의 허가를 받은 경우에는 그러하지 아니하다. 〈개정 2013. 3. 23.〉

[전문개정 2009. 12. 29.]

제7조(선박톤수 측정의 신청) ① 한국선박의 소유자는 대한민국에 선적항(船籍港)을 정하고 그 선적항 또는 선박의 소재지를 관할하는 지방해양수산청장(지방해양수산청 해양수산사무소장을 포함한다. 이하 "지방해양수산청장"이라 한다)에게 선박의 총톤수의 측정을 신청하여야 한다. 〈개정 2018. 12. 31.〉
② 선적항을 관할하는 지방해양수산청장은 선박의 소재지를 관할하는 지방해양수산청장에게 선박톤수를 측정하게 할 수 있다. 〈개정 2018. 12. 31.〉
③ 외국에서 취득한 선박을 외국 각 항간에서 항행시키는 경우 선박소유자는 대한민국 영사에게 그 선박톤수의 측정을 신청할 수 있다.
④ 선박톤수의 측정을 위한 신청에 필요한 사항은 해양수산부령으로 정한다. 〈개정 2013. 3. 23.〉

[전문개정 2009. 12. 29.]

제8조(등기와 등록) ① 한국선박의 소유자는 선적항을 관할하는 지방해양수산청장에게 해양수산부령으로 정하는 바에 따라 선박을 취득한 날부터 60일 이내에 그 선박의 등록을 신청하여야 한다. 이 경우 「선박등기법」 제2조에 해당하는 선박은 선박의 등기를 한 후에 선박의 등록을 신청하여야 한다. 〈개정 2013. 3. 23., 2018. 12. 31.〉
② 지방해양수산청장은 제1항의 등록신청을 받으면 이를 선박원부(船舶原簿)에 등록하고 신청인에게 선박국적증서를 발급하여야 한다. 〈개정 2018. 12. 31.〉
③ 선박국적증서의 발급에 필요한 사항은 해양수산부령으로 정한다. 〈개정 2013. 3. 23.〉
④ 선박의 등기에 관하여는 따로 법률로 정한다.

[전문개정 2009. 12. 29.]

제8조의2(소형선박 소유권 변동의 효력) 소형선박 소유권의 득실변경(得失變更)은 등록을 하여야 그 효력이 생긴다. [전문개정 2009. 12. 29.]

제8조의3(압류등록) 소형선박 등록관청은 「민사집행법」에 따라 법원에서 압류등록을 위촉하거나 「국세징수법」 또는 「지방세징수법」에 따라 행정관청에서 압

류등록을 위촉하는 경우에는 해당 소형선박의 등록원부에 대통령령으로 정하는 바에 따라 압류등록을 하고 선박소유자에게 통지하여야 한다. 〈개정 2010. 3. 31., 2016. 12. 27.〉

[전문개정 2009. 12. 29.]

제9조(임시선박국적증서의 발급신청) ① 국내에서 선박을 취득한 자가 그 취득지를 관할하는 지방해양수산청장의 관할구역에 선적항을 정하지 아니할 경우에는 그 취득지를 관할하는 지방해양수산청장에게 임시선박국적증서(臨時船舶國籍證書)의 발급을 신청할 수 있다. 〈개정 2018. 12. 31.〉

② 외국에서 선박을 취득한 자는 지방해양수산청장 또는 그 취득지를 관할하는 대한민국 영사에게 임시선박국적증서의 발급을 신청할 수 있다. 〈개정 2014. 3. 24., 2018. 12. 31.〉

③ 제2항에도 불구하고 외국에서 선박을 취득한 자가 지방해양수산청장 또는 해당 선박의 취득지를 관할하는 대한민국 영사에게 임시선박국적증서의 발급을 신청할 수 없는 경우에는 선박의 취득지에서 출항한 후 최초로 기항하는 곳을 관할하는 대한민국 영사에게 임시선박국적증서의 발급을 신청할 수 있다. 〈개정 2014. 3. 24., 2018. 12. 31.〉

④ 임시선박국적증서의 발급에 필요한 사항은 해양수산부령으로 정한다. 〈개정 2013. 3. 23.〉

[전문개정 2009. 12. 29.]

제10조(국기 게양과 항행) 한국선박은 선박국적증서 또는 임시선박국적증서를 선박 안에 갖추어 두지 아니하고는 대한민국 국기를 게양하거나 항행할 수 없다. 다만, 선박을 시험운전하는 경우 등 대통령령으로 정하는 경우에는 그러하지 아니하다. 〈개정 2014. 3. 24.〉

[전문개정 2009. 12. 29.]

제11조(국기 게양과 표시) 한국선박은 해양수산부령으로 정하는 바에 따라 대한민국 국기를 게양하고 그 명칭, 선적항, 흘수(吃水)의 치수와 그 밖에 해양수산부령으로 정하는 사항을 표시하여야 한다. 〈개정 2013. 3. 23.〉

[전문개정 2009. 12. 29.]

제12조 삭제 〈1999. 4. 15.〉

제13조(국제톤수증서 등) ① 길이 24미터 이상인 한국선박의 소유자(그 선박이 공유(共有)로 되어 있는 경우에는 선박관리인, 그 선박이 대여된 경우에는 선박

임차인을 말한다. 이하 이 조에서 같다)는 해양수산부장관으로부터 국제톤수증서(국제총톤수 및 순톤수를 적은 증서를 말한다. 이하 같다)를 발급받아 이를 선박 안에 갖추어 두지 아니하고는 그 선박을 국제항해에 종사하게 하여서는 아니 된다. 〈개정 2009. 12. 29., 2013. 3. 23.〉
② 해양수산부장관은 제1항에 따라 국제톤수증서의 발급신청을 받으면 해당 선박에 대하여 국제총톤수 및 순톤수를 측정한 후 그 신청인에게 국제톤수증서를 발급하여야 한다. 〈개정 2009. 12. 29., 2013. 3. 23.〉
③ 삭제 〈1999. 4. 15.〉
④ 한국선박이 다음 각 호의 어느 하나에 해당하게 된 때에는 선박소유자는 그 사실을 안 날부터 30일 이내에 선적항을 관할하는 지방해양수산청장에게 신고하여야 한다. 〈개정 2009. 12. 29., 2018. 12. 31.〉
1. 제22조제1항 각 호에 해당하게 된 때
2. 국제항해에 종사하지 아니하게 된 때
3. 선박의 길이가 24미터 미만으로 된 때
⑤ 길이 24미터 미만인 한국선박의 소유자가 그 선박을 국제항해에 종사하게 하려는 경우에는 해양수산부장관으로부터 국제톤수확인서(국제총톤수 및 순톤수를 적은 서면(書面)을 말한다. 이하 같다)를 발급받을 수 있다. 〈개정 2009. 12. 29., 2013. 3. 23.〉
⑥ 국제톤수확인서에 관하여는 제2항 및 제4항을 준용한다. 이 경우 "국제톤수증서"는 "국제톤수확인서"로, "길이가 24미터 미만"은 "길이가 24미터 이상"으로 본다. 〈개정 2009. 12. 29.〉
⑦ 국제톤수증서와 국제톤수확인서의 발급에 필요한 사항은 해양수산부령으로 정한다. 〈개정 2009. 12. 29., 2013. 3. 23.〉
[제목개정 2009. 12. 29.]

제14조 삭제 〈1999. 4. 15.〉

제15조 삭제 〈1999. 4. 15.〉

제16조 삭제 〈1999. 4. 15.〉

제17조 삭제 〈1999. 4. 15.〉

제18조(등록사항의 변경) 선박원부에 등록한 사항이 변경된 경우 선박소유자는 그 사실을 안 날부터 30일 이내에 변경등록의 신청을 하여야 한다.
[전문개정 2009. 12. 29.]

제19조 삭제 〈1999. 4. 15.〉

제20조 삭제 〈1999. 4. 15.〉

제21조 삭제 〈1999. 4. 15.〉

제22조(말소등록) ① 한국선박이 다음 각 호의 어느 하나에 해당하게 된 때에는 선박소유자는 그 사실을 안 날부터 30일 이내에 선적항을 관할하는 지방해양수산청장에게 말소등록의 신청을 하여야 한다. 〈개정 2018. 12. 31.〉
1. 선박이 멸실·침몰 또는 해체된 때
2. 선박이 대한민국 국적을 상실한 때
3. 선박이 제26조 각 호에 규정된 선박으로 된 때
4. 선박의 존재 여부가 90일간 분명하지 아니한 때
② 제1항의 경우 선박소유자가 말소등록의 신청을 하지 아니하면 선적항을 관할하는 지방해양수산청장은 30일 이내의 기간을 정하여 선박소유자에게 선박의 말소등록신청을 최고(催告)하고, 그 기간에 말소등록신청을 하지 아니하면 직권으로 그 선박의 말소등록을 하여야 한다. 〈개정 2018. 12. 31.〉

[전문개정 2009. 12. 29.]

제23조 삭제 〈1999. 4. 15.〉

제24조 삭제 〈1999. 4. 15.〉

제25조 삭제 〈1999. 4. 15.〉

제26조(일부 적용 제외 선박) 다음 각 호의 어느 하나에 해당하는 선박에 대하여는 제7조, 제8조, 제8조의2, 제8조의3, 제9조부터 제11조까지, 제13조, 제18조 및 제22조를 적용하지 아니한다. 다만, 제6호에 해당하는 선박에 대하여는 제8조, 제18조 및 제22조를 적용하지 아니한다. 〈개정 2011. 6. 15., 2014. 3. 24.〉
1. 군함, 경찰용 선박
2. 총톤수 5톤 미만인 범선 중 기관을 설치하지 아니한 범선
3. 총톤수 20톤 미만인 부선
4. 총톤수 20톤 이상인 부선 중 선박계류용·저장용 등으로 사용하기 위하여 수상에 고정하여 설치하는 부선. 다만, 「공유수면 관리 및 매립에 관한 법률」 제8조에 따른 점용 또는 사용 허가나 「하천법」 제33조에 따른 점용허가를 받은 수상호텔, 수상식당 또는 수상공연장 등 부유식 수상구조물형 부선은 제외한다.
5. 노와 상앗대만으로 운전하는 선박

6. 「어선법」 제2조제1호 각 목의 어선
7. 「건설기계관리법」 제3조에 따라 건설기계로 등록된 준설선(浚渫船)
8. 「수상레저안전법」 제2조제4호에 따른 동력수상레저기구 중 같은 법 제30조에 따라 수상레저기구로 등록된 수상오토바이ㆍ모터보트ㆍ고무보트 및 요트
[전문개정 2009. 12. 29.]

제26조의2 삭제 〈2007. 8. 3.〉

제27조 삭제 〈1999. 4. 15.〉

제28조(외국에서의 사무처리) 외국에서 해양수산부장관 또는 지방해양수산청장의 사무를 처리하는 경우에는 대한민국 영사가 한다. 〈개정 2013. 3. 23., 2018. 12. 31.〉
[전문개정 2009. 12. 29.]

제29조(「상법」의 준용) 상행위를 목적으로 하지 아니하더라도 항행용으로 사용되는 선박에 관하여는 「상법」 제5편 해상(海商)에 관한 규정을 준용한다. 다만, 국유 또는 공유의 선박에 관하여는 그러하지 아니하다.
[전문개정 2009. 12. 29.]

제29조의2(선박톤수 측정 등의 대행) ① 해양수산부장관 또는 지방해양수산청장은 「한국해양교통안전공단법」에 따라 설립된 한국해양교통안전공단(이하 "공단"이라 한다) 및 「선박안전법」 제60조제2항에 따른 선급법인(船級法人)(이하 "선급법인"이라 한다)으로 하여금 다음 각 호의 업무를 대행하게 할 수 있다. 〈개정 2013. 3. 23., 2018. 12. 31.〉
1. 제7조에 따른 선박톤수의 측정
2. 제13조에 따른 국제총톤수ㆍ순톤수의 측정, 국제톤수증서 또는 국제톤수확인서의 발급
② 해양수산부장관이 제1항에 따라 공단 및 선급법인(이하 "대행기관"이라 한다)으로 하여금 그 업무를 대행하게 하는 선박은 다음 각 호의 구분에 따른다. 〈개정 2013. 3. 23.〉
1. 공단: 선급법인에 대행하게 하는 선박 외의 선박
2. 선급법인: 선급법인에 선급의 등록을 하였거나 등록을 하려는 선박
③ 대행기관은 제1항에 따른 대행 업무에 관하여 해양수산부령으로 정하는 바에 따라 해양수산부장관에게 보고하여야 한다. 〈개정 2013. 3. 23.〉
④ 해양수산부장관은 제3항에 따라 대행기관이 보고한 대행 업무에 관하여 그

처리 내용을 확인하고 이 법 또는 이 법에 따른 명령을 위반한 사실이 발견된 때에는 필요한 조치를 하여야 한다. 〈개정 2013. 3. 23.〉
⑤ 제1항에 따른 업무대행에 필요한 사항은 대통령령으로 정한다.
[전문개정 2009. 12. 29.]

제30조(수수료) ① 이 법에 따라 허가, 인가, 등록, 톤수의 측정 또는 증서의 발급 등을 받으려는 자는 해양수산부령으로 정하는 바에 따라 수수료를 내야 한다. 다만, 제29조의2에 따라 대행기관이 업무를 대행하는 경우에는 대행기관이 정하는 수수료를 해당 대행기관에 내야 한다. 〈개정 2013. 3. 23.〉
② 대행기관은 제1항 단서에 따른 수수료를 정하려는 때에는 해양수산부령으로 정하는 절차에 따라 그 요율 등을 정하여 미리 해양수산부장관의 승인을 받아야 한다. 승인을 받은 사항을 변경할 때에도 또한 같다. 〈개정 2013. 3. 23., 2014. 3. 24.〉
③ 제1항 단서에 따라 대행기관이 수수료를 징수한 경우 그 수입은 해당 대행기관의 수입으로 한다.
[전문개정 2009. 12. 29.]

제31조(권한의 위임) 해양수산부장관은 이 법에 따른 권한의 일부를 대통령령으로 정하는 바에 따라 지방해양수산청장에게 위임할 수 있다. 〈개정 2013. 3. 23, 2018. 12. 31〉
[전문개정 2009. 12. 29.]

제31조의2(벌칙 적용 시의 공무원 의제) 제29조의2에 따라 해양수산부장관의 업무를 대행하는 대행기관의 임직원은 「형법」 제129조부터 제132조까지의 규정을 적용할 때에는 공무원으로 본다. 〈개정 2013. 3. 23.〉
[전문개정 2009. 12. 29.]

제32조(벌칙) ① 한국선박이 아니면서 국적을 사칭할 목적으로 대한민국 국기를 게양하거나 한국선박의 선박국적증서 또는 임시선박국적증서로 항행한 선박의 선장은 5년 이하의 징역 또는 5천만원 이하의 벌금에 처한다. 다만, 선박의 포획을 피하기 위하여 대한민국 국기를 게양한 경우에는 그러하지 아니하다. 〈개정 2015. 3. 27.〉
② 한국선박이 국적을 사칭할 목적으로 대한민국 국기 외의 기장(旗章)을 게양한 경우에도 제1항과 같다.
③ 제1항과 제2항의 경우에 죄질이 중(重)한 것은 해당 선박을 몰수할 수 있다.

[전문개정 2009. 12. 29.]

제33조(벌칙) 제6조 또는 제10조를 위반한 선박의 선장은 5년 이하의 징역 또는 5천만원 이하의 벌금에 처한다. 다만, 소형선박에 대하여는 그러하지 아니하다. 〈개정 2015. 3. 27.〉

[전문개정 2009. 12. 29.]

제34조(벌칙) ① 공무원을 속여 선박원부에 부실(不實) 등록을 하게 한 사람은 5년 이하의 징역 또는 5천만 원 이하의 벌금에 처한다. 〈개정 2015. 3. 27.〉
② 제1항의 미수범은 처벌한다.

[전문개정 2009. 12. 29.]

제35조(과태료) ① 제11조를 위반하여 대한민국 국기를 게양하지 아니한 선장에게는 200만 원 이하의 과태료를 부과한다. 다만, 소형선박의 선장의 경우에는 그러하지 아니하다.
② 다음 각 호의 어느 하나에 해당하는 선박소유자에게는 200만 원 이하의 과태료를 부과한다. 〈개정 2018. 12. 31.〉
1. 제8조제1항을 위반하여 등록신청을 하지 아니한 경우. 다만, 제9조에 따라 임시선박국적증서를 발급받은 경우에는 그러하지 아니하다.
2. 제10조에 따른 선박국적증서 또는 임시선박국적증서를 갖추어 두지 아니한 경우(소형선박만 해당한다)
3. 제11조에 규정된 사항을 선박에 표시하지 아니한 경우
4. 제13조제1항을 위반하여 국제톤수증서를 갖추어 두지 아니하고 선박을 국제항해에 종사하게 한 경우
5. 제13조제4항(제13조제6항에 따라 준용되는 경우를 포함한다)을 위반하여 선박의 멸실 등에 관한 신고를 하지 아니한 경우
6. 제18조를 위반하여 변경등록의 신청을 하지 아니한 경우
7. 제22조제2항에 따른 선박의 말소등록신청의 최고를 받고 그 기간에 이를 이행하지 아니한 경우
③ 제1항과 제2항에 따른 과태료는 대통령령으로 정하는 바에 따라 해양수산부장관 또는 지방해양수산청장이 부과·징수한다. 〈개정 2013. 3. 23., 2018. 12. 31.〉

[전문개정 2009. 12. 29.]

제36조 삭제 〈1999. 4. 15.〉

제37조 삭제 〈1999. 4. 15.〉

제38조(적용규정) ① 선장의 직무를 대행하는 자에게는 제32조·제33조 및 제35조제1항을 적용한다. 〈개정 2009. 12. 29.〉
② 삭제 〈1999. 4. 15.〉
③ 선박관리인 또는 상사회사나 그 밖의 법인의 대표자 또는 청산인(淸算人)에게는 제35조제2항을 적용한다. 〈개정 2009. 12. 29.〉
[제목개정 2009. 12. 29.]

제39조(「형법」 공범례의 적용 배제) 제32조 및 제33조에서 정한 죄에 대하여는 「형법」 제30조부터 제32조까지의 규정을 적용하지 아니한다.
[전문개정 2009. 12. 29.]

 부칙 〈제16160호, 2018. 12. 31.〉 (한국해양교통안전공단법)

제1조(시행일) 이 법은 공포 후 6개월이 경과한 날부터 시행한다.

제2조부터 제7조까지 생략

제8조(다른 법률의 개정) ① 및 ② 생략
③ 선박법 일부를 다음과 같이 개정한다.
제29조의2제1항 각 호 외의 부분 중 "「선박안전법」 제45조에 따른 선박안전기술공단(이하 "공단"이라 한다) 및 같은 법"을 "「한국해양교통안전공단법」에 따라 설립된 한국해양교통안전공단(이하 "공단"이라 한다) 및 「선박안전법」"으로 한다.
④부터 ⑩까지 생략

제9조 생략

【부록 2】

선박등기법

[시행 2011. 10. 13.] [법률 제10580호, 2011. 4. 12., 타법개정]

해양수산부(해사안전정책과) 044-200-5815, 5814
법무부(제5조 - 법무심의관실) 02-2110-3731, 3515

제1조(목적) 이 법은 「선박법」 제8조제4항에 따라 선박의 등기에 관한 사항을 정함을 목적으로 한다.
[전문개정 2011. 6. 15.]

제2조(적용 범위) 이 법은 총톤수 20톤 이상의 기선(機船)과 범선(帆船) 및 총톤수 100톤 이상의 부선(艀船)에 대하여 적용한다. 다만, 「선박법」 『제26조제4호 본문에 따른 부선에 대하여는 적용하지 아니한다.
[전문개정 2011. 6. 15.]

제3조(등기할 사항) 선박의 등기는 다음 각 호에 열거하는 권리의 설정·보존·이전·변경·처분의 제한 또는 소멸에 대하여 한다.
1. 소유권
2. 저당권
3. 임차권
[전문개정 2011. 6. 15.]

제4조(관할 등기소) 선박의 등기는 등기할 선박의 선적항을 관할하는 지방법원, 그 지원(支院) 또는 등기소를 관할 등기소로 한다.
[전문개정 2011. 6. 15.]

제5조(준용규정) 제5조(준용규정) 「부동산등기법」 제4조부터 제6조까지, 제8조부터 제13조까지, 제14조제2항부터 제4항까지, 제16조부터 제20조까지, 제22조, 제

23조, 제24조제1항제1호 및 제2항, 제25조부터 제33조까지, 제48조, 제50조부터 제59조까지, 제63조, 제64조, 제66조제1항, 제67조, 제74조부터 제98조까지, 제100조부터 제109조까지, 제109조의2제1항·제3항(제1항에 관련된 부분만 해당한다), 제110조 및 제111조의 규정은 선박의 등기에 준용한다. 〈개정 1991. 12. 14., 2011. 4. 12., 2011. 6. 15., 2020. 2. 4.〉

[제목개정 2011. 6. 15.]

[시행일 : 2020. 8. 5.] 제5조

제6조(위임규정) 이 법의 시행에 필요한 사항은 대법원규칙으로 정한다.

[전문개정 2011. 6. 15.]

부칙 〈제10797호, 2011. 6. 15.〉

이 법은 공포한 날부터 시행한다.

【부록 3】

선박등기규칙

[시행 2012.5.29.] [대법원규칙 제2413호, 2012.5.29., 전부개정]

법원행정처(사법등기심의관실) 02-3480-1878

제1장 총칙

제1조(목적) 이 규칙은 「선박등기법」에 따른 선박등기에 필요한 사항을 규정함을 목적으로 한다.

제2조(정의) 이 규칙에서 사용하는 용어의 뜻은 다음과 같다.
1. "선박등기부"란 전산정보처리조직에 의하여 입력·처리된 등기정보자료를 이 규칙이 정하는 바에 따라 편성한 것을 말한다.
2. "선박등기기록"이란 1척의 선박에 관한 등기정보자료를 말한다.

제3조(준용규정) 선박등기에 관하여 이 규칙에 특별한 규정이 있는 경우와 「부동산등기규칙」 제27조, 제28조, 제64조 및 제67조부터 제71조까지의 규정을 제외하고는 성질에 반하지 아니하는 한 「부동산등기규칙」을 준용한다.

제2장 선박등기부 등

제4조(물적 편성주의) 선박등기부를 편성할 때에는 1척의 선박에 대하여 1개의 등기기록을 둔다.

제5조(등기기록의 양식) ① 선박등기기록에는 선박의 표시에 관한 사항을 기록하는 표제부와 소유권에 관한 사항을 기록하는 갑구, 저당권과 임차권에 관한 사항을 기록하는 을구 및 선박관리인에 관한 사항을 기록하는 병구를 둔다.
② 선박등기기록의 표제부에는 표시번호란, 접수란, 선박의 표시란, 등기원인 및 기타사항란을 둔다.

③ 갑구 및 을구에는 순위번호란, 등기목적란, 접수란, 등기원인란, 권리자 및 기타사항란을 둔다.
④ 병구에는 순위번호란, 등기목적란, 접수란, 등기원인란, 선박관리인 및 기타사항란을 둔다.
⑤ 선박등기기록은 별지 제1호 양식에 따른다.

제6조(장부의 비치) ① 등기소에는 다음 각 호의 장부를 갖추어 두어야 한다.
1. 선박등기신청서 접수장
2. 기타 문서 접수장
3. 결정원본 편철장
4. 이의신청서류 편철장
5. 신청서 기타 부속서류 편철장
6. 신청서 기타 부속서류 송부부
7. 각종 통지부
8. 열람신청서류 편철장
9. 제증명신청서류 편철장
10. 그 밖에 대법원예규로 정하는 장부
② 제1항의 장부는 매년 별책으로 하여야 한다. 다만, 필요에 따라 분책할 수 있다.
③ 제1항의 장부는 전자적으로 작성할 수 있다.

제7조(접수장) ① 선박등기신청서 접수장에는 다음 각 호의 사항을 적어야 한다.
1. 접수연월일과 접수번호
2. 등기의 목적
3. 신청인의 성명 또는 명칭
4. 선박의 개수
5. 등기신청수수료
6. 취득세 또는 등록면허세
② 제1항제1호의 접수번호는 1년마다 새로 부여하여야 한다.
③ 등기권리자 또는 등기의무자가 여러 명인 경우 선박등기신청서 접수장에 신청인의 성명 또는 명칭을 적을 때에는 신청인 중 1명의 성명 또는 명칭과 나머지 인원을 적는 방법으로 할 수 있다.
④ 등기신청 외의 등기사무에 관한 문서를 접수할 때에는 기타 문서 접수장에 등재한다.

제8조(장부의 보존기간) ① 등기소에 비치하여야 할 장부의 보존기간은 다음과 같다.

1. 선박등기신청서 접수장 : 5년
2. 기타 문서 접수장 : 10년
3. 결정원본 편철장 : 10년
4. 이의신청서류 편철장 : 10년
5. 신청서 기타 부속서류 편철장 : 5년
6. 신청서 기타 부속서류 송부부 : 신청서 기타 부속서류가 반환된 날부터 5년
7. 각종 통지부 : 1년
8. 열람신청서류 편철장 : 1년
9. 제증명신청서류 편철장 : 1년

② 장부의 보존기간은 해당 연도의 다음해부터 기산한다.
③ 보존기간이 종료된 장부 또는 서류는 지방법원장의 인가를 받아 보존기간이 종료되는 해의 다음해 3월말까지 폐기한다.

제9조(등기사항증명 등의 신청) ① 등기소를 방문하여 등기사항증명서를 발급받거나 등기기록 또는 신청서나 그 밖의 부속서류를 열람하고자 하는 사람은 신청서를 제출하여야 한다.
② 대리인이 신청서나 그 밖의 부속서류의 열람을 신청할 때에는 신청서에 그 권한을 증명하는 서면을 첨부하여야 한다.

제3장 등기절차

제1절 통칙

제10조(신청서 기재사항) ① 등기의 신청서에는 다음 각 호의 사항을 적고 신청인 또는 그 대리인이 기명날인 또는 서명을 하여야 한다.

1. 선박의 종류와 명칭
2. 선적항
3. 선질
4. 총톤수
5. 취득세나 등록면허세 등 등기신청과 관련하여 납부하여야 할 세액 및 과세표준액
6. 「부동산등기규칙」 제43조제1항제2호부터 제9호까지에서 정하고 있는 사항

② 미등기선박의 소유권보존등기를 신청하는 경우에는 신청서에 제1항에서 규정한 사항 이외에 다음 각 호의 사항을 적어야 한다.
1. 기관의 종류와 그 수. 다만, 기관이 없는 선박의 경우에는 이를 적지 아니한다.
2. 추진기의 종류와 그 수. 다만, 추진기가 없는 선박의 경우에는 이를 적지 아니한다.
3. 범선의 범장
4. 진수연월일
5. 국적취득의 연월일. 다만, 국내에서 건조한 선박의 경우에는 이를 적지 아니한다.

제2절 소유권에 관한 등기절차

제11조(소유권보존등기) ① 미등기선박의 소유권보존등기는 서면에 의하여 자기의 소유권을 증명하는 자가 신청할 수 있다. 이 경우 제10조제1항제6호에도 불구하고 신청서에는 등기원인과 그 연월일을 적을 필요가 없다.
② 미등기선박의 소유권보존등기를 신청하는 경우에는 신청서에 선박 총톤수 측정증명서 또는 어선 총톤수 측정증명서를 첨부하여야 한다.
③ 미등기선박의 소유권보존등기를 할 때에는 표제부에 제10조제1항제1호부터 제4호까지와 같은 조 제2항 각 호에서 정하고 있는 사항을 기록하여야 한다.

제12조(소유권에 관한 등기신청) ① 소유권에 관한 등기를 신청하는 경우에는 신청서에 등기권리자가 대한민국 국민임을 증명하는 서면을 첨부하여야 한다.
② 제1항의 경우에 등기권리자가 상사회사 기타 법인인 때에는 신청서에 그 본점 또는 주사무소의 소재지 및 대표자(공동대표인 경우에는 그 전원)의 성명과 주소를 적어야 하며, 그 법인이 소유하는 선박이 「선박법」 제2조제3호 또는 제4호의 요건을 갖추었음을 증명하는 서면을 첨부하여야 한다.

제13조(공유자의 지분등기) ① 소유권에 관한 등기를 신청하는 경우에 선박이 여러 명의 공유에 속하는 때에는 신청서에 각 공유자와 그 지분을 적고 선박관리인을 선임하여 그 성명과 주소를 적어야 한다.
② 선박소유자가 소유권의 일부에 대한 이전등기를 신청하는 경우에는 제1항을 준용한다.

제14조(선적항 등의 변경등기 신청) ① 제10조제1항제1호부터 제4호까지와 같은 조 제2항제1호부터 제3호까지의 사항에 변경이 있는 때에는 소유권의 등기명

의인은 지체 없이 그 등기를 신청하여야 한다.
② 제1항의 경우에는 신청서에 선박원부의 등본 또는 초본을 첨부하여야 한다.

제15조(선적항 등의 변경등기) 제14조제1항의 신청에 따라 변경등기를 할 때에는 변경 전의 등기사항을 말소하는 표시를 하여야 한다.

제16조(선적항 관할변경등기의 신청) ① 선박의 선적항이 다른 등기소의 관할로 바뀌었을 때에는 종전의 관할등기소에 선적항변경등기를 신청하여야 한다.
② 종전의 관할등기소가 제1항의 등기를 한 때에는 전산정보처리조직을 이용하여 그 선박에 관한 등기기록과 신탁원부, 공동담보목록 및 도면의 처리권한을 다른 등기소로 넘겨주는 조치를 하여야 한다.

제17조(선박관리인 경질의 등기) ① 선박관리인 경질의 등기는 소유권의 등기명의인이 신청하여야 한다.
② 제1항의 경우에 「부동산등기법」 제52조 및 「부동산등기규칙」 제112조제2항을 준용한다.

제18조(선박관리인 표시변경의 등기) ① 선박관리인의 표시를 변경하는 등기는 선박관리인이 신청하여야 한다.
② 제1항의 경우에 「부동산등기법」 제52조 및 「부동산등기규칙」 제46조제1항1호, 제112조제2항 및 제122조를 준용한다.

제19조(공유의 소멸의 경우) 소유권이전등기의 결과로 공유가 소멸한 때에는 선박관리인의 등기를 말소하여야 한다.

제20조(미등기 선박의 처분제한의 등기) 미등기 선박에 대하여 소유권의 처분제한의 등기촉탁에 의하여 등기를 할 때에는 등기기록의 표제부에 선박의 명칭 및 선박의 표시를 적고, 갑구 사항란에 소유자의 성명, 주소 및 처분제한의 등기를 명하는 재판에 의하여 소유권의 등기를 한다는 뜻을 기록하여야 한다.

제21조(말소등기의 신청) ① 다음 각 호의 어느 하나에 해당하는 경우에는 소유권의 등기명의인은 신청서에 그 사유를 적고 등기의 말소를 신청하여야 한다.
1. 선박이 멸실, 침몰 또는 해체된 때
2. 선박이 대한민국 국적을 상실한 때
3. 선박의 존재 여부가 90일간(어선의 경우에는 6개월 이상) 분명하지 아니한 때
4. 선박이 「선박등기법」 제2조가 적용되지 않는 선박이 되었을 때
② 제1항에 따라 등기의 말소를 신청하는 경우에는 그 사유를 증명하는 선박원

부의 등본 또는 초본을 첨부하여야 한다.

제22조(직권에 의한 말소등기) ① 등기소가 관할관청으로부터 「선박법」제22조제2항에 따른 같은 법 시행규칙 제31조의 통지 또는 「어선법」제19조제1항제2호, 제3호, 제4호에 따른 같은 법 시행규칙 제32조의 통지를 받은 경우에는 등기관은 직권으로 통지서의 기재내용에 따른 말소의 등기를 하여야 한다.
② 제1항의 등기를 할 때에는 등기기록 중 표제부에 선박원부 또는 어선원부의 등록말소로 인하여 말소한다는 뜻을 기록하고 표제부의 등기를 말소하는 표시를 한 후 그 등기기록을 폐쇄하여야 한다.
③ 제1항의 등기를 한 때에는 등기관은 지체 없이 그 뜻을 소유권의 등기명의인과 등기상 이해관계인에게 통지하여야 한다.

제3절 저당권에 관한 등기절차

제23조(건조 중인 선박에 관한 저당권의 등기) ① 건조 중인 선박에 대한 저당권의 등기는 조선지를 관할하는 등기소에 신청하여야 한다.
② 제1항의 등기신청을 하는 경우에는 신청서에 다음 각 호의 사항을 적고 신청인이 기명날인 또는 서명을 하여야 한다.
1. 선박의 종류와 선질
2. 용골의 길이. 다만, 선박에 용골을 설치하지 않은 경우에는 선박의 길이를 적는다.
3. 계획의 폭과 깊이
4. 계획의 총톤수
5. 건조지
6. 조선자의 성명, 주소(조선자가 법인인 때는 그 상호 또는 명칭 및 본점 또는 주된 사무소를 말한다)
7. 「부동산등기규칙」제43조제1항제2호부터 제6호까지, 제8호 및 제9호에서 정하고 있는 사항
8. 등록면허세액
③ 제1항의 등기신청을 하는 경우에는 제2항제1호부터 제6호까지에서 정하고 있는 사항을 증명하는 조선자의 서면을 첨부하여야 한다.
④ 건조 중인 선박에 대하여 최초로 저당권의 등기를 하는 경우에는 등기기록 중 표제부에 제2항제1호부터 제6호까지에서 정하고 있는 사항을 기록하고, 갑구

사항란에 등기의무자의 성명, 주소와 저당권의 등기신청으로 인하여 등기를 한다는 뜻을 기록하여야 한다.

제24조(건조 중에 저당권등기를 한 선박의 소유권보존등기) ① 건조 중에 저당권의 등기를 한 선박에 대한 소유권보존등기는 저당권의 등기를 한 등기소에 신청하여야 한다.
② 제1항의 등기는 저당권의 등기를 한 등기기록에 하여야 한다.
③ 제1항의 등기를 할 때에는 등기기록 중 표제부에 이미 기록한 선박의 표시와 제23조제4항에 따라 갑구 사항란에 기록한 등기사항을 말소하는 표시를 하고 소유권보존등기로 인하여 말소한다는 뜻을 기록하여야 한다.

제25조(선적항이 다른 등기소의 관할에 속하는 경우) 제24조제1항의 등기를 하는 경우에 선적항이 다른 등기소의 관할에 속하는 때에는 지체 없이 전산정보처리조직을 이용하여 그 선박에 관한 등기기록과 신탁원부, 공동담보목록 및 도면의 처리권한을 다른 등기소로 넘겨주는 조치를 하여야 한다.

부칙 〈제2413호, 2012.5.29.〉
이 규칙은 공포한 날부터 시행한다.

【부록 4】

국제선박등록법

[시행 2020. 1. 16.] [법률 제16279호, 2019. 1. 15., 타법개정]

해양수산부(해운정책과) 044-200-5719, 5718

제1조(목적) 이 법은 국제선박의 등록과 국제선박에 대한 지원 등에 관한 사항을 규정함으로써 해운산업(海運産業)의 국제경쟁력을 높이고 국민경제의 발전에 이바지함을 목적으로 한다.
  [전문개정 2009. 2. 6.]

제2조(정의) 이 법에서 사용하는 용어의 뜻은 다음과 같다.
 1. "국제선박"이란 국제항행(國際航行)을 하는 상선(商船)으로서 제4조에 따라 국제선박등록부에 등록된 선박을 말한다.
 2. "선원"이란 임금을 받을 목적으로 국제선박에서 근로하기 위하여 고용된 사람을 말한다.
 3. "외항운송사업자"란 「해운법」 제4조제1항에 따라 외항 정기 여객운송사업 또는 외항 부정기 여객운송사업의 면허를 받은 자와 같은 법 제24조제2항에 따라 외항 정기 화물운송사업 또는 외항 부정기 화물운송사업을 등록한 자를 말한다.
 4. 삭제 〈2019. 1. 15.〉
  [전문개정 2009. 2. 6.]
  [시행일 : 2020.1.16.] 제2조

제3조(등록대상 선박) ① 국제선박으로 등록할 수 있는 선박은 다음 각 호의 어느 하나에 해당하는 선박으로 한다. 다만, 국유·공유 선박과 「어선법」 제2조제1호에 따른 어선은 제외한다. 〈개정 2015. 3. 27.〉
 1. 대한민국 국민이 소유한 선박
 2. 대한민국 법률에 따라 설립된 상사(商事) 법인이 소유한 선박

3. 대한민국에 주된 사무소를 둔 제2호 외의 법인으로서 그 대표자(공동대표인 경우에는 그 전원을 말한다)가 대한민국 국민인 경우에 그 법인이 소유한 선박
4. 외항운송사업자 또는 「해운법」 제33조에 따라 선박대여업을 등록한 자가 대한민국의 국적 취득을 조건으로 임차(賃借)한 외국선박 중 외항운송사업자가 운항하는 선박

② 제1항에 따라 국제선박으로 등록할 수 있는 선박의 규모, 선령(船齡), 그 밖에 필요한 사항은 대통령령으로 정한다.

[전문개정 2009. 2. 6.]

제4조(등록절차) ① 국제선박으로 등록하려는 등록대상 선박의 소유자, 외항운송사업자 또는 선박대여업자(이하 "선박소유자등"이라 한다)는 해양수산부령으로 정하는 바에 따라 해양수산부장관에게 등록을 신청하여야 한다. 이 경우 선박소유자등은 국제선박으로 등록하기 전에 「선박법」 제8조제1항 및 제2항에 따라 그 선박을 선박원부(船舶原簿)에 등록하고 선박국적증서를 발급받아야 한다. 〈개정 2013. 3. 23., 2015. 3. 27.〉

② 해양수산부장관은 제1항에 따른 국제선박의 등록신청을 받은 경우에는 그 선박이 제3조에 따른 국제선박의 등록대상이 되는 선박인지를 확인한 후, 등록대상인 경우 지체 없이 이를 국제선박등록부에 등록하고 신청인에게 국제선박등록증을 발급하여야 한다. 〈개정 2013. 3. 23.〉

③ 제2항에 따라 등록된 국제선박의 선박소유자등은 그 등록사항이 변경된 경우에는 그 사실이 발생한 날부터 1개월 이내에 해양수산부령으로 정하는 바에 따라 해양수산부장관에게 변경등록을 신청하여야 한다. 〈개정 2013. 3. 23.〉

[전문개정 2009. 2. 6.]

제4조의2(국제선박의 운항) 제4조에 따라 등록한 국제선박은 국내항과 외국항 간 또는 외국항 간에만 운항하여야 한다. 다만, 「해운법」 제25조에 따라 예외적으로 국내항 간 운항이 인정된 경우에는 그러하지 아니하다.

[전문개정 2009. 2. 6.]

제5조(외국인 선원의 승무) ① 선박소유자등은 국제선박에 「선원의 훈련·자격증명 및 당직근무의 기준에 관한 국제협약」(이하 "국제협약"이라 한다)에 따라 해양수산부장관이 인정하는 자격증명서를 가진 외국인 선원을 승무(乘務)하게 할 수 있다. 〈개정 2013. 3. 23.〉

② 제1항에 따라 외국인 선원을 승무하게 하는 경우 그 승무의 기준 및 범위는

선원을 구성원으로 하는 노동조합의 연합단체(이하 "선원노동조합연합단체"라 한다), 선박소유자등이 설립한 외항운송사업 관련 협회(이하 "외항운송사업자협회"라 한다) 등 이해당사자와 관계 중앙행정기관의 장의 의견을 들어 해양수산부장관이 정한다. 〈개정 2013. 3. 23.〉

[전문개정 2009. 2. 6.]

제6조(외국인선원의 근로계약 등) ① 선원노동조합연합단체와 외항운송사업자협회는 국제선박에 승무하는 외국인 선원에 대하여 적용되는 단체협약의 체결에 관한 권한을 가진다.

② 선박소유자등이 국제선박에 승무하게 하기 위하여 외국인 선원을 고용하는 경우에는 제1항에 따라 체결된 단체협약에 따라 그 외국인 선원과 근로계약을 체결하여야 한다.

③ 선박소유자등은 제1항에 따른 단체협약을 체결하면 그 단체협약을 체결한 날부터 15일 이내에 해양수산부장관에게 이를 신고하여야 한다. 〈개정 2013. 3. 23.〉

[전문개정 2009. 2. 6.]

제7조 삭제 〈2015. 3. 27.〉

제8조 삭제 〈2019. 1. 15.〉

제8조의2 삭제 〈2019. 1. 15.〉

제9조(국제선박에 대한 지원) ① 정부는 국제선박에 대하여 관계 법령에서 정하는 바에 따라 조세의 감면이나 그 밖에 필요한 지원을 할 수 있다.

② 정부는 국제선박에 승무하는 한국인 선원을 안정적으로 고용하기 위하여 선원능력개발 지원사업 등 노사가 합의한 사업에 대하여 예산의 범위에서 필요한 지원을 할 수 있다.

[전문개정 2009. 2. 6.]

제10조(등록의 말소) ① 국제선박이 다음 각 호의 어느 하나에 해당하면 선박소유자등은 그 사실을 안 날부터 2주일 이내에 해양수산부장관에게 국제선박의 등록말소를 신청하여야 한다. 〈개정 2013. 3. 23.〉

1. 제3조에 따른 국제선박의 등록대상에 해당하지 아니한 경우
2. 해당 선박이 멸실(滅失), 침몰 또는 해체된 경우
3. 선박의 존재 여부가 3개월 이상 분명하지 아니한 경우

② 해양수산부장관은 국제선박이 다음 각 호의 어느 하나에 해당하면 국제선박

의 등록을 말소하여야 한다. 다만, 제3호의 경우로서 선박소유자등이 제1항에 따라 등록의 말소를 신청하지 아니한 경우에는 1개월 이내의 기간을 정하여 선박소유자등에게 말소등록을 신청할 것을 독촉하고, 그 기간 내에 말소등록을 신청하지 아니하면 등록을 말소하여야 한다. 〈개정 2013. 3. 23.〉
1. 선박소유자등이 등록의 말소를 신청한 경우
2. 거짓이나 그 밖의 부정한 방법으로 국제선박의 등록을 한 경우
3. 제1항 각 호의 어느 하나에 해당하는 경우
[전문개정 2009. 2. 6.]

제11조(청문) 해양수산부장관은 제10조제2항제2호 및 제3호에 따라 국제선박의 등록을 말소하려면 청문을 하여야 한다. 〈개정 2013. 3. 23.〉
[전문개정 2009. 2. 6.]

제11조의2(권한의 위임) 이 법에 따른 해양수산부장관의 권한은 그 일부를 대통령령으로 정하는 바에 따라 소속 기관의 장에게 위임할 수 있다. 〈개정 2013. 3. 23.〉
[전문개정 2009. 2. 6.]

제12조(벌칙) ① 삭제 〈2019. 1. 15.〉
② 삭제 〈2019. 1. 15.〉
③ 제5조제1항을 위반하여 국제협약에 따라 해양수산부장관이 인정하는 자격요건을 갖추지 아니한 외국인 선원을 국제선박에서 승무하게 한 자는 500만 원 이하의 벌금에 처한다. 〈개정 2013. 3. 23., 2015. 3. 27.〉
[전문개정 2009. 2. 6.]
[시행일 : 2020.1.16.] 제12조

제13조(과태료) ① 다음 각 호의 어느 하나에 해당하는 자에게는 300만 원 이하의 과태료를 부과한다.
1. 제4조제3항을 위반하여 변경등록을 신청하지 아니한 자
2. 제4조의2를 위반하여 국제선박을 운항한 자
3. 제6조제3항을 위반하여 단체협약을 신고하지 아니한 자
② 삭제 〈2015. 3. 27.〉
③ 제1항에 따른 과태료는 해양수산부장관이 부과·징수한다. 〈개정 2013. 3. 23., 2015. 3. 27.〉
[전문개정 2009. 2. 6.]

부칙 〈법률 제16279호, 2019. 1. 15.〉 (비상사태등에 대비하기 위한 해운 및 항만 기능 유지에 관한 법률)

제1조(시행일) 이 법은 공포 후 1년이 경과한 날부터 시행한다.

제2조 및 제3조 생략

제4조(다른 법률의 개정) ① 국제선박등록법 일부를 다음과 같이 개정한다.

제2조 제4호를 삭제한다.

제8조 및 제8조의2를 각각 삭제한다.

제12조 제1항 및 제2항을 각각 삭제한다.

② 생략

【부록 5】

비상사태 등에 대비하기 위한 해운 및 항만 기능 유지에 관한 법률

[시행 2020. 1. 16] [법률 제16279호, 2019. 1. 15, 제정]

해양수산부(항만운영과) 044-200-5771, 5772

제1조(목적) 이 법은 전시·사변 또는 이에 준하는 비상사태 및 해운·항만 기능에 중대한 장애가 발생한 경우에 해운·항만 기능을 유지하여 국민경제에 긴요한 물자와 군수물자를 원활하게 수송하고 국민생활의 안정 및 국가안전보장의 유지에 이바지함을 목적으로 한다.

제2조(정의) 이 법에서 사용하는 용어의 뜻은 다음과 같다.
 1. "비상사태등"이란 전시·사변 또는 이에 준하는 비상사태 및 해운업체의 파산 등 해운 및 항만 기능에 중대한 장애가 발생하여 수출입 화물의 수송이 정지되거나, 항만에서의 선박 입항 및 출항이 불가능하여 국민 경제에 심각한 피해가 예상되는 경우로 다음 각 목의 경우를 말한다.
  가. 「비상대비자원 관리법」에 따른 비상사태
  나. 「항만법」 제4조에 따른 항만정책심의회가 심의하여 정한 경우
  다. 그 밖에 해운 및 항만 기능에 대통령령으로 정하는 중대한 장애가 발생한 경우
 2. "국가필수선박"이란 비상사태등이 발생하는 경우 국민경제에 긴요한 물자와 군수물자를 수송하기 위하여 제5조제1항에 따라 지정된 선박을 말한다.
 3. "항만운영협약"이란 비상사태등이 발생하는 경우 선박의 입항·출항 및 화물의 하역 등 항만 기능을 유지하기 위하여 해양수산부장관이 제10조제1항에 따라 같은 항 각 호의 자와 체결한 협약을 말한다.

제3조(국가의 책무) ① 국가는 비상사태등에 대비하여 국가필수선박의 지정, 항

만운영협약의 체결 등 해운·항만 기능 유지에 필요한 정책 및 제도를 마련하여야 한다.
② 국가는 국가필수선박을 운영하고, 항만운영협약을 유지하는 데에 필요한 지원을 하도록 노력하여야 한다.

제4조(해운·항만 기능 유지에 관한 기본계획의 수립 등) ① 해양수산부장관은 국가필수선박의 지정 및 항만운영협약의 체결 등에 관한 정책의 기본방향을 설정하기 위하여 10년 단위의 비상사태등 대비 해운·항만 기능 유지에 관한 기본계획(이하 "기본계획"이라 한다)을 5년마다 수립하여야 한다.
② 기본계획에는 다음 각 호의 사항이 포함되어야 한다.
1. 비상사태등 대비 해운·항만 기능 유지를 위한 정부의 기본구상 및 중·장기 정책 방향
2. 비상사태등 대비 장래 물동량(物動量)의 수급 및 해운·항만 환경에 관한 전망
3. 국가필수선박의 지정 및 항만운영협약의 체결 등 비상사태등 대비 해운·항만 기능 유지에 필요한 제도의 운영 및 참여하는 사업자에 대한 지원방안
4. 그 밖에 비상사태등 대비 해운·항만 기능의 유지에 필요한 사항으로서 대통령령으로 정하는 사항
③ 해양수산부장관은 제1항에 따라 기본계획을 수립하는 경우에는 관계 중앙행정기관의 장과 미리 협의하여야 한다.
④ 해양수산부장관은 기본계획을 수립한 경우에는 대통령령으로 정하는 바에 따라 그 내용을 고시하고, 관계 중앙행정기관의 장 및 특별시장·광역시장·도지사·특별자치도지사에게 알려야 한다.
⑤ 해양수산부장관은 기본계획을 시행하기 위하여 대통령령으로 정하는 바에 따라 연도별 시행계획을 매년 작성하여야 한다.
⑥ 해양수산부장관은 제1항 및 제5항에 따른 기본계획 및 시행계획을 수립한 때에는 지체 없이 국회 소관 상임위원회에 제출하여야 한다.
⑦ 해양수산부장관은 제5항에 따라 연도별 시행계획을 작성한 경우에는 대통령령으로 정하는 바에 따라 그 내용을 고시하고, 관계 중앙행정기관의 장 및 특별시장·광역시장·도지사·특별자치도지사에게 알려야 한다.
⑧ 기본계획의 변경에 관하여는 제3항 및 제4항을 준용한다. 다만, 대통령령으로 정하는 경미한 사항을 변경하는 경우에는 관계 중앙행정기관의 장과의 협의를 생략할 수 있다.

제5조(국가필수선박의 지정 및 운영) ① 해양수산부장관은 비상사태등에 대비하여 선박과 선원의 효율적 활용을 위하여 필요하다고 인정하면 다음 각 호의 어느 하나에 해당하는 선박 중 선박의 규모, 선령(船齡) 및 수송 화물의 종류 등이 대통령령으로 정하는 기준에 해당하는 선박의 소유자 등의 신청을 받아 해당 선박을 국가필수선박으로 지정할 수 있다. 이 경우 해양수산부장관은 관계 중앙행정기관의 장과 미리 협의하여야 한다.
1. 「국제선박등록법」 제2조제1호에 따른 국제선박
2. 「공공기관의 운영에 관한 법률」 제4조에 따른 공공기관(이하 "공공기관"이라 한다)이 소유한 선박
② 해양수산부장관은 제1항에 따라 국가필수선박을 지정할 경우 비상사태등에 대비한 필요 최소한의 범위에서 지정하여야 한다.
③ 해양수산부장관은 비상사태등이 발생하는 경우 제1항에 따라 국가필수선박으로 지정된 국가필수선박의 소유자, 외항운송사업자(「해운법」 제4조제1항에 따라 외항 정기 여객운송사업 또는 외항 부정기 여객운송사업의 면허를 받은 자와 같은 법 제24조제2항에 따라 외항 정기 화물운송사업 또는 외항 부정기 화물운송사업을 등록한 자) 또는 선박대여업자(「해운법」 제33조제1항에 따라 선박대여업을 등록한 자를 말하며, 소유자·외항운송사업자·선박대여업자를 이하 "선박소유자등"이라 한다)에 대하여 국가필수선박의 소집 및 해양수산부장관이 지정한 화물의 수송을 명할 수 있다.
④ 선박소유자등은 제3항에 따른 해양수산부장관의 소집 및 수송 명령이 있을 경우 정당한 사유가 없으면 지체 없이 그 명령에 따라야 한다.
⑤ 누구든지 정당한 사유 없이 제3항에 따른 선박소유자등의 명령 수행을 방해해서는 아니 된다.
⑥ 해양수산부장관은 선박소유자등에 대하여 대통령령으로 정하는 바에 따라 외국인 선원의 국가필수선박에의 승선제한을 명할 수 있다.
⑦ 제1항부터 제6항까지에서 규정한 사항 외에 국가필수선박의 지정절차, 외국인 선원의 승선제한 기준 등에 관하여 필요한 사항은 대통령령으로 정한다.

제6조(의견청취) 해양수산부장관은 제5조제1항에 따라 국가필수선박으로 지정하는 경우 비상사태등에서의 국가필수선박의 역할 등 대통령령으로 정하는 사항에 관하여 관계 중앙행정기관의 장, 선박소유자등 및 대통령령으로 정하는 관련 단체 등의 의견을 들을 수 있다.

제7조(교육훈련) 해양수산부장관은 비상사태등에 대비하여 국가필수선박의 신속한 소집과 효율적인 임무수행을 위하여 필요한 경우에는 선박소유자등에게 국가필수선박의 역할 등에 관한 교육 또는 훈련을 연 1회 이상 실시할 수 있다. 이 경우 선박소유자등은 정당한 사유가 없으면 교육 또는 훈련에 참가하여야 한다.

제8조(국가필수선박의 지정 해제) ① 해양수산부장관은 국가필수선박이 다음 각 호의 어느 하나에 해당하는 경우에는 국가필수선박의 지정을 해제할 수 있다. 다만, 제1호부터 제3호까지의 어느 하나에 해당하는 경우에는 그 지정을 해제하여야 한다.
 1. 거짓이나 그 밖의 부정한 방법으로 국가필수선박으로 지정된 경우
 2. 「국제선박등록법」 제10조에 따라 국제선박의 등록이 말소된 경우
 3. 「선박법」 제22조에 따라 선박의 등록이 말소된 경우
 4. 선박소유자등이 지정의 해제를 요청하는 경우
 5. 제5조제1항 각 호 외의 부분 전단에 따른 지정 기준을 갖추지 못하는 경우
 6. 정당한 사유 없이 제5조제3항에 따른 소집 및 수송 명령에 따르지 아니한 경우
② 제1항에 따라 지정이 해제된 경우 제9조에 따른 지원은 해제된 날부터 중단된다.

제9조(국가필수선박에 대한 지원) 해양수산부장관, 「항만법」 제30조제1항에 따른 항만시설운영자 및 임대계약자, 「항만공사법」에 따른 항만공사는 「항만법」 제30조 및 「항만공사법」 제30조에도 불구하고 대통령령으로 정하는 바에 따라 선박소유자등이 납부하여야 하는 항만시설 사용료의 전부 또는 일부를 면제할 수 있다.

제10조(항만운영협약의 체결 및 운영) ① 해양수산부장관은 비상사태등에 대비하여 선박의 입항·출항 및 화물의 하역 등 항만 기능의 유지를 위하여 필요하다고 인정하면 다음 각 호의 어느 하나에 해당하는 자로서 대통령령으로 정하는 자격을 갖춘 자와 항만별·분야별로 항만운영협약을 체결할 수 있다. 이 경우 해양수산부장관은 관계 중앙행정기관의 장과 미리 협의하여야 한다.
 1. 「선박의 입항 및 출항 등에 관한 법률」 제24조제1항에 따라 예선업의 등록을 한 자
 2. 「항만운송사업법」 제3조제1호 및 제4조제1항에 따라 항만하역사업의 등록을 한 자
 3. 「항만운송사업법」 제26조의3제1항에 따라 항만운송관련사업의 등록을 한 자

② 해양수산부장관은 비상사태등이 발생하는 경우 항만의 기능 유지를 위하여 필요하면 제1항에 따라 항만운영협약을 체결한 자(이하 "협약체결업체"라 한다)에게 그 자가 등록한 업무에 종사하도록 명할 수 있다.
③ 협약체결업체는 제2항에 따른 해양수산부장관의 업무종사 명령이 있을 경우 정당한 사유가 없으면 지체 없이 그 명령에 따라야 한다.
④ 누구든지 정당한 사유 없이 제3항에 따른 협약체결업체의 명령 수행을 방해해서는 아니 된다.
⑤ 제1항부터 제4항까지에서 규정한 사항 외에 항만운영협약의 체결 절차 및 방법 등에 관하여 필요한 사항은 대통령령으로 정한다.

제11조(항만운영협약의 해약) ① 해양수산부장관은 협약체결업체가 다음 각 호의 어느 하나에 해당하는 경우에는 협약체결업체와의 항만운영협약을 해약(解約)할 수 있다. 다만, 제1호 또는 제2호에 해당하는 경우에는 항만운영협약을 해약하여야 한다.
1. 거짓이나 그 밖의 부정한 방법으로 항만운영협약을 체결한 경우
2. 제10조제1항 각 호에 따른 등록이 취소된 경우
3. 협약체결업체가 항만운영협약의 해약을 요청하는 경우
4. 제10조제1항 각 호 외의 부분 전단에 따른 자격을 갖추지 못하는 경우
5. 정당한 사유 없이 제10조제2항에 따른 업무종사 명령에 따르지 아니한 경우
6. 그 밖에 항만시설의 멸실(滅失) 등으로 항만운영협약의 유지가 불필요하다고 인정되는 경우
② 제1항에 따라 항만운영협약이 해약된 경우 제12조에 따른 지원은 해약된 날부터 중단된다.

제12조(협약체결업체에 대한 지원) 해양수산부장관, 「항만법」 제30조제1항에 따른 항만시설운영자 및 임대계약자, 「항만공사법」에 따른 항만공사는 「항만법」 제30조 및 「항만공사법」 제30조에도 불구하고 대통령령으로 정하는 바에 따라 협약체결업체가 납부하여야 하는 항만시설 사용료의 전부 또는 일부를 면제할 수 있다.

제13조(손실보상) ① 해양수산부장관은 다음 각 호의 어느 하나에 해당하는 손실을 입은 자에게 정당한 보상을 하여야 한다.
1. 제5조제3항에 따른 소집 및 수송 명령의 수행으로 인한 손실
2. 제5조제6항에 따른 외국인 선원의 승선제한 명령에 따라 선박소유자등의 임

금 부담으로 인하여 발생한 손실
  3. 제10조제2항에 따른 업무종사 명령의 수행으로 인한 손실
  ② 제1항에 따른 손실보상의 기준 및 절차 등에 필요한 사항은 대통령령으로 정한다.

제14조(손실보상금의 환수) ① 해양수산부장관은 제13조에 따라 손실에 대한 보상금(이하 "손실보상금"이라 한다)을 받은 자가 다음 각 호의 어느 하나에 해당하는 경우에는 손실보상금의 전부 또는 일부를 환수하여야 한다.
  1. 거짓이나 그 밖의 부정한 방법으로 손실보상금을 받은 경우
  2. 잘못 지급된 손실보상금을 받은 경우
  ② 해양수산부장관은 제1항에 따라 손실보상금을 반환하여야 할 자가 이를 내지 아니하면 납부기한을 정하여 독촉하여야 한다.
  ③ 해양수산부장관은 손실보상금을 반환하여야 할 자가 제2항에 따른 납부기한까지 손실보상금을 내지 아니하면 국세 체납처분의 예에 따라 징수한다.
  ④ 제1항부터 제3항까지에서 규정한 사항 외에 손실보상금의 환수절차 및 납부기한, 그 밖에 필요한 사항은 대통령령으로 정한다.

제15조(자료제출 요구) ① 해양수산부장관은 선박소유자등 또는 협약체결업체에 다음 각 호의 구분에 따른 자료의 제출을 요구할 수 있다.
  1. 선박소유자등: 해당 선박의 운항계획 등 운용상황 및 제5조제1항 각 호 외의 부분 전단에 따른 지정 기준의 유지 여부의 확인에 필요한 자료
  2. 협약체결업체: 제10조제1항 각 호 외의 부분 전단에 따른 자격에 관한 자료 등 항만운영협약의 유지 여부의 확인에 필요한 자료
  ② 해양수산부장관은 이 법에 따른 업무 수행상 필요하다고 인정되는 경우에는 관계 중앙행정기관의 장, 공공기관의 장에게 국가필수선박의 지정, 항만운영협약의 체결 및 운영 등에 관한 자료의 제출을 요구할 수 있다.
  ③ 제1항 또는 제2항에 따른 요구를 받은 선박소유자등, 협약체결업체 및 관계 기관의 장은 정당한 사유가 없으면 그 요구에 따라야 한다.

제16조(권한 등의 위임 및 위탁) ① 이 법에 따른 해양수산부장관의 권한은 대통령령으로 정하는 바에 따라 그 일부를 소속 기관의 장 또는 특별시장·광역시장·도지사·특별자치도지사에게 위임할 수 있다.
  ② 이 법에 따른 해양수산부장관의 업무는 대통령령으로 정하는 바에 따라 그 일부를 해운·항만 관련 기관이나 단체에 위탁할 수 있다.

제17조(벌칙 적용에서 공무원 의제) 제16조제2항에 따라 위탁받은 업무에 종사하는 기관이나 단체의 임직원은 「형법」 제129조부터 제132조까지의 규정을 적용할 때에는 공무원으로 본다.

제18조(벌칙) ① 다음 각 호의 어느 하나에 해당하는 자는 5년 이하의 징역 또는 5천만 원 이하의 벌금에 처한다.
  1. 제5조 제4항을 위반하여 정당한 사유 없이 해양수산부장관의 명령에 따르지 아니한 자
  2. 제10조제3항을 위반하여 정당한 사유 없이 해양수산부장관의 명령에 따르지 아니한 자
② 다음 각 호의 어느 하나에 해당하는 자는 3년 이하의 징역 또는 3천만원 이하의 벌금에 처한다.
  1. 제5조제5항을 위반하여 선박소유자등의 명령 수행을 방해한 자
  2. 제10조제4항을 위반하여 협약체결업체의 명령 수행을 방해한 자
  3. 제13조제1항에 따른 손실보상금을 거짓이나 그 밖의 부정한 방법으로 받은 자

제19조(과태료) ① 다음 각 호의 어느 하나에 해당하는 자에게는 300만원 이하의 과태료를 부과한다.
  1. 정당한 사유 없이 제7조에 따른 교육 또는 훈련에 참가하지 아니한 자
  2. 정당한 사유 없이 제15조제1항에 따른 해양수산부장관의 자료제출 요구에 따르지 아니한 자
② 제1항에 따른 과태료는 대통령령으로 정하는 바에 따라 해양수산부장관이 부과·징수한다.

부칙 〈제16279호, 2019. 1. 15.〉

제1조(시행일) 이 법은 공포 후 1년이 경과한 날부터 시행한다.

제2조(일반적 경과조치) 이 법 시행 당시 종전의 「국제선박등록법」에 따른 해양수산부장관의 행위 또는 해양수산부장관에 대한 행위는 이 법에 따른 해양수산부장관의 행위나 해양수산부장관에 대한 행위로 본다.

제3조(국가필수국제선박에 관한 경과조치) 이 법 시행 당시 종전의 「국제선박등록법」 제8조제1항에 따라 지정된 국가필수국제선박은 이 법 제5조제1항에 따라 지정된 국가필수선박으로 본다.

제4조(다른 법률의 개정) ① 국제선박등록법 일부를 다음과 같이 개정한다.

제2조제4호를 삭제한다.

제8조 및 제8조의2를 각각 삭제한다.

제12조제1항 및 제2항을 각각 삭제한다.

② 병역법 일부를 다음과 같이 개정한다.

제2조제1항제9호 중 "「국제선박등록법」"을 "「비상사태등에 대비하기 위한 해운 및 항만 기능 유지에 관한 법률」"로 한다.

참고문헌

1. 단행본

강남호, 『해상법의 법률지식』, 청림출판, 1997
권오승, 『경제법』, 박영사, 2011
권오주, 『1969 船舶의 屯數 測定에 관한 國際協約』, 해인출판사, 1998
김재근, 『배의 역사』, 서울대학교 공과대학 조선공학과 동창회, 1980
김창본(편저), 『(最新)不動産登記法總覽 -2, 부동산등기, 선박등기, 상업등기, 법인등기, 등록세 등 선례요지』, 법률서원, 2004
민성규·임동철, 『해사법규요론』, 한국해양대학해사도서출판부, 1974
민성규·임동철, 『해사법규요론(제10판)』, 한국해양대학해사도서출판부, 1987
박경현, 『선박법규해설 : 선박의 등록과 톤수제도편』, 한국해사문제연구소, 1985
박성일, 『신 해사법규』, 해인출판사, 2007
박용섭, 『해상법론』, 명신문화사, 1991
박용섭, 『해상법론』, 형설출판사, 1994
배병태, 『주석 해상법』, 한국사법행정학회, 1979
법원행정처, 『不動産登記載例集 : 附, 財團, 立木, 船舶登記』, 법원행정처, 1992
법원행정처, 『상업등기선례 요지 및 주요선례 해설 : 법인등기·특수법인·선박등기 포함』, 법원행정처, 2005
부산지방법원, 『선박등기실무』, 2014
손주찬, 『신상법(하)』, 보문각, 1965
손주찬, 『상법(하)(제11정증보판)』, 박영사, 2006
서돈각, 『상법강의(하)』, 법문사, 1986
이균성, 『해상법 대계』, 한국해양수산개발원, 2010
이기수·최병규·김인현, 『보험·해상법』, 박영사, 2008
이윤철·김진권·홍성화, 『해사법규』, 다솜출판사, 2016
임동철·정영석, 『해사법규 강의』, 효성, 1999
장 석, 『선박의 이해』(해양과학총서 8), 한국해양연구원, 2002.12
정찬형, 『상법강의(하)』, 박영사, 2016
채이식, 『상법강의(하)』, 박영사, 2003
최종현, 『해상법상론(제2판)』, 박영사, 2014
최준선, 『보험법·해상법·항공운송법』, 삼영사, 2012

최진이, 『물류법강의』, 다솜출판사, 2018.
한국선급, 『(1969年) 船舶의 톤수測定에 關한 國際協約: 規定의 解析 包含』, 한국선급, 2000
한국선원대리점협회, 『편의치적선 문제의 발자취』, 1983
한국해사문제연구소·선박검사기술협회·한국선급협회·해양수산부, 『船舶行政의 變遷史』, 선박검사기술협회(한국선급), 2003

2. 학위논문 및 연구보고서

강종희·한철환·황진희, 「편의치적제도 활용방안 연구」, 한국해양수산개발원, 2001
강종희, 「제2선적제도 설립당위성 검토와 우리나라 선박제도 발전방안 연구」, 해운산업연구원, 1992
국회 농림해양수산위원회, 「선박법 일부개정법률안 심사보고서」, 2007.6
김미득, 「제주선박등록특구제도개선에 관한 연구」, 석사학위논문, 중앙대학교 글로벌인적자원 대학원, 2012.8
박태원 외, 「우리나라 선박등록제도 개편방안 연구」, 수탁 2003-18, 한국해양수산개발원, 2003.3
이 현, 「現行 船舶法의 適用上 問題點과 改善方案」, 석사학위논문, 한국해양대학교 대학원, 2014
임동철, 「船舶國籍制度의 改善을 위한 立法論的 연구」, 석사학위논문, 한국해양대학교 대학원, 1992
정대형, 「Flag of ships, state jurisdiction and registration of bareboat chartered vessels = 선박국적제도 및 국가관할권과 관련한 나용선 등록제도 연구」, 석사학위논문, 서울대학교 국제대학원, 2010
조성돈, 「船舶國籍制度와 유엔船舶登錄條件協約에 관한 硏究」, 석사학위논문, 한국외국어대학교 대학원, 1987
주동호, 「국제법상 편의치적에 관한 연구」, 석사학위논문, 연세대학교 대학원, 1988
최성두·최진이, 「한국해상근로복지공단 설립 연구」, 부산발전연구원, 2018.12
최재수, 「한국해운산업 합리화 정책의 평가에 관한 연구」, 한국해사문제연구소, 1988
한국법경제학회, 「국가경쟁력 제고를 위한 등기·등록 일원화 방안 연구」, 2009.12
한국해운기술원, 「유엔선박등록조건협약: 협약의 내용과 비준에 대한 의견을 중심으로」, 연구보고서, 1986.12
홍은영, 「해운선사의 편의치적제도 도입 결정 요인에 관한 연구」, 석사학위논문, 중앙대학교 대학원, 2014.8

3. 논문

강동수, "선박국적제도의 개선을 위한 입법론적 연구 -제2선적제도 도입 필요성을 중심으로-", 한국해양대학교 석사학위논문, 1992

강동수, "선박의 등기와 등록제도 일원화에 관한 고찰", 『한국해법학회지』 제25권 제1호, 한국해법학회, 2003.4

강종희, "선박등록조건에 관한 유엔회의", 『해운산업연구』 창간호, 한국해사기술원, 1984.10

고형석, "선박물권변동에 관한 연구", 『비교사법』 제20권 제4호, 한국비교사법학회, 2013.12

권혁준, "편의치적과 관련된 국제사법상 쟁점에 관한 연구", 『국제사법연구』 제21권 제1호, 한국국제사법학회, 2015.3

김부찬, "편의치적과 국제선박등록특구 제도", 『국제법학회논총』 제47권 제3호(통권 제94호), 대한국제법학회, 2002.12

김성준·고재용, "영국 선박톤수측정법의 변천에 관한 역사적 고찰", 『해운물류연구』 제42권, 한국해운물류학회, 2004

김인유, "선박저당권에 관한 법적 연구", 『해사법연구』 제17권 제1호, 한국해사법학회, 2005

김인유, "건조중인 선박에 관한 법률관계", 『한국해법학회지』 제32권 제1호, 한국해법학회, 2010

김인유, "선박유치권에 관한 연구", 『한국해법학회지』 제35권 제1호, 한국해법학회, 2013

김인유, "편의치적의 법적지위", 『해사법연구』 제20권 제3호, 한국해사법학회, 2008.11

김진권, 「해상법상의 준거법 결정에 관한 연구」, 박사학위논문, 한국해양대학교 대학원, 2003

김철수, "선박소유권의 이전", 『해법회지』 제9권 제1호, 한국해법학회, 1987.11

노종천, "등기와 지적제도의 이원화로 인한 법률문제연구", 박사학위논문, 숭실대학교 대학원, 2000

명순구, "점유개정에 의한 동산의 이중양도담보-대법원 2000.6.23. 99다65066 판결에 대한 비판적 평가-", 『민사법학』 제23호, 2003.3

민성규, "1969년의 선박의 톤수측정에 관한 국제협약", 『월간해양한국』 2004년 6월호, 한국해사문제연구소, 2004.6

박경현, "선박의 정의와 법적 성질", 『월간해양한국』 제245권, 한국해사문제연구소, 1994

박경현, "선박국적제도에 관한 국제동향과 국내법의 개정방향", 『해법회지』 제9권 제1호, 한국해법학회, 1987
박경현, "선박의 국적제도와 등록조건에 관한 유우엔협약①", 『월간해양한국』 제151호, 한국해사문제연구소, 1986
박경현, "선박의 국적제도와 등록조건에 관한 유우엔협약②", 『월간해양한국』 제152호, 한국해사문제연구소, 1986
박성일, "海上法上 船舶槪念의 확대 경향에 대한 考察", 『논문집』 제6권 제1호, 목포해양대학교, 1998
박영선, "소형선박저당법(제정안)에 관한 고찰", 『해상보험법연구』 제3권 제1호 2007.12
박영선, "소형선박저당법(제정안)에 관한 고찰", 『한국해법학회지』 제28권 제1호, 2006.4
박용섭, "선박 등기제도와 저당권에 관한 연구-비자항선과 관련하여-", 『해법회지』 제8권 제1호, 한국해법학회, 1986.8
박용섭·이태우·임종길, "편의치적선제도와 국제선박등록제도와의 비교연구", 『한국항해학회지』 제15권 제1호, 한국항해항만학회, 1991
박재옥, "등록제도에 관한 현행법 검토", 『법제』 제496호, 법제처, 1999.4
박찬재, "국제선박등록제도 비교연구 -한국 해운산업의 국제 경쟁력을 중심으로-", 박사학위논문, 한국해양대학교 대학원, 2001.8
박찬재·이태우, "한국국제선박등록제도의 문제점과 그 개선방향에 관한 연구", 『한국해양대 산업기술연구소 연구논문집』 제18권, 2001
박창홍, "제2 선적제도에 관한 선주의 견해", 해양한국 제1993-11호, 『한국해사문제연구소』, 1993.11
박태원, "아시아 주요국의 선박등록제도 현황과 시사점", 『월간 해양수산』 통권 제224호, 2003.5
유영종, "IMO 참석결과보고 : 총톤수제도 관련 IMO 제53차 복원성·만재흘수선·어선안전 전문위원회(SLF 53)", 『선박안전』 제31권, 선박안전기술공단, 2011
이윤철·김진권, "소형선박등록제도에 관한 비교법적 고찰", 『한국해법학회지』 제27권 제1호, 한국해법학회, 2005.4
임동철, "선박의 국적에 관한 연구", 『한국해양대학 논문집』 별책 제12집, 1977.3
정소민, "등기·등록 일원화에 관한 연구", 『한양법학』 제22권 제1집(통권 제33집), 한양법학회, 2011.2
정진구, "조선업 현황과 산재예방 대책", 『안전보건』 제14권 제4호(통권 제152호), 한

국산업안전공단, 2002.4
정해덕, "개정상법 하에서의 선박의 의의와 선박등록·등기", 『법조』통권 제618호, 법조협회, 2008.3
채이식, "선박의 국적제도에 관한 연구", 『한국해법학회지』제19권 제1호, 한국해법학회, 1997.3
최낙정, "우리나라 국제선박등록법에 관한 고찰", 『한국해법학회지』제20권 제1호, 한국해법학회, 1998.3
최세련, "선박의 등기 및 등록에 대한 연구", 『상사법연구』제36권 제4호, 한국상사법학회, 2018.12
최재수, "편의치적선제도의 출현과 국제해운의 구조적인 변화", 『해양한국』통권 제381호, 2005.6
최재수, "해운에서 사용되는 톤수제도", 『월간해양한국』2005년 2월호, 한국해사문제연구소, 2005.2
최재수, "편의치적선의 역사적 배경과 현황", 『이론과 실천』2001봄, 한국해운학회, 2001.4
최재수, "선박국적제도의 변질과정에서 본 세계해운의 구조적 변화", 『한국해운학회지』제9권, 한국해운학회, 1989.11
최종현, "해상법상 선박소유권 이전의 효력발생요건", 법무부 상법 운송편 특별위원회 제11차 회의자료, 2012.1
최진이, "유엔해양법협약(UNCLOS)상의 이어도의 법적 지위와 해양경계획정에 관한 연구", 『해항도시문화교섭학』제18호, 한국해양대학교 국제해양문제연구소, 2018.4
최진이, "화물자동차 운임제도와 운임결정방식의 쟁점 및 개선방안에 관한 연구", 『지방정부연구』제20권 제4호, 한국지방정부학회, 2017.2
최진이, "컨테이너 터미널 하역요금 인가제가 항만운송시장에 미치는 영향 연구; 국내 주요 컨테이너항만을 중심으로", 『지방정부연구』제19권 제4권, 한국지방정부학회, 2016.2
최진이, "항만하역시장 과당경쟁해소를 위한 항만운송사업법 개선방안 연구", 『기업법연구』제27권 제1호, 한국기업법학회, 2013.3
황영식, "실무강좌 : 선박등기·등록 ; 선박의 수입절차와 선박 등기", 『월간해양한국』2007년 3월호, 한국해사문제연구소, 2007
한국해법학회, "1969년 국제선박톤수측정협약 - 자료제공: BIMCO BULLITIN 1982 Ⅱ~Ⅲ-", 『한국해법학회지』제4권 제1호, 한국해법학회, 1982.8

한국해사문제연구소, 바다와 해운이야기 : 요술쟁이 선박톤수,『월간해양한국』제323호, 한국해사문제연구소, 2000.8

4. 외국문헌

橫田喜三郎,『海の國際法(上卷)』, 有斐閣, 1959
上野喜一郞,『船舶法規의 解設(登錄・測度編)』, 成出堂書店(東京), 1969
田中誠二,『海商法詳論』, 勁草書房(東京), 1970
黑田 英雄,『世界海運史』, 成山堂書店, 1972
山本敬三, "船舶의 國籍에 關한 一考察",『廣島大學 政經論叢』第26卷 第5號, 1977
日本運輸省(海事法規硏究會),『海事法規解說』, 成山堂(東京), 1981
南部紳孝, "經濟的三要素で大幅な前進",『海運』1985年 10月號, 日本海運集會所, 1985.10
榎本喜三郞,『國際海事法における船舶登錄要件の史的硏究』, 海事産業硏究所, 1985
榎本喜三郞,「船舶登錄要件に關する條約」, 海事産業硏究所報, 海事産業硏究所, 1986.6
山內惟介,『海事國際私法の硏究- 便宜置籍船論』, 日本比較法硏究所, 1988
山本草二,『海洋法』, 二省堂, 1992
中村眞澄・箱井崇史,『海商法』, 成文堂, 2010
照井敬, "便宜置籍船キャンパーンと國際比較法的 硏究(上)",『海事法硏究會誌』第154號, 日本海運集會所, 2000.2

Aleka Mandaraka-Sheppard, "New Trends in Piercing the Corporate Veil. The Conservative Versus the Liberal Approaches" extracted form his book 'Modern Maritime Law' 3rd edition, Routledge Cavendish, 2013

Bolesaw Adam Boczek, Flags of Convenience, Havard Univ. Press, 1962

B. N. Metaxas, "Some Thoughts on Flags of Convenience. 1 Maritime Studies and Management", An International Journal No.3, 1973

Churchill R., "European Community Law and the Nationality of Ships and Crews", 26 European Transport Law, 1991

Dicey, Morris and Collins on The Conflict of Laws fifteenth edition, Sweet & Maxwell, 2012

D.P.O'Connell, The International Law of the Sea, Clarendon Press, 1982

Encyclopaedia Britannica, Vol.16, 1969

Ernst & Young, Shipping Industry Alman 2002, 2002

H.David Bess, U.S. Maritime Policy, praeger publishers(New York), 1981

Helen A Thanopoulou, "What price the flag? The terms of competitiveness in shipping", Marine Policy Vol.22, 2006

James Gosling and Rebecca Warder, "Shipping Law Review The Shipping Law Review", Law Business Research, 2014

M.L.McConnell, "Darkening Confusion Mounted Upon Darking Confusion": The Search for the Elusive Genuine Link, Vol.16(3), 1985

N.P.Ready, ship registration, Lloyd's of london press, 1991

OECD Report, Flags of Convenience, 1971

Rhea Rogers, Ship registration : a critical analysis, WORLD MARITIME UNIVERSITY, 2010

Richard Coles & Edward Watt, Ship Registration: Law and Practice(2nd Edition), Informa, 2009

R.R.Churchill and A.V.Lawe, The Law of the Sea, Manchester University Press, 1983

Stephenson Harwood, Shipping Finance(3rd Edition), Euromoney Books, 2006

Susan Hodges, Christopher Hill, Principles of Maritime Law(London), 2001

Thomas J. Schoenbaum, *Admiralty & Maritime Law*, 1986

Tom Erik Vagen, Norwegion International Ship Register(NIS): Now and the future, 1994

UNCTAD, *Review of Maritime Transport 2018*, 2018

William Tetley, "The Law of the Flag, "Flag Shopping", and Choice of Law", *Tulane Maritime Law Journal* Vol.17, 1993

5. 국제협약

제네바협약, Geneva Convention 1958

영해 및 접속수역에 관한 협약, Convention on the Territorial Sea and the Contiguous Zone 1958

공해에 관한 협약, Convention on the High Seas 1958

대륙붕에 관한 협약, Convention on the Continental Shelf 1958

공해의 생물자원의 보존에 관한 협약, Convention on Fishing and Conservation of the Living Resources of the High Seas 1958

유엔해양법협약, United Nations Convention on the Law of the Sea 1982

선박의 등록조건에 관한 유엔협약, United Nations Convention on Conditions for Registration of Ship 1987

선박의 톤수측정에 관한 국제협약, International convention on tonnage measurement of ships 1969

6. 기타

거제대학교 사이버조선박물관, http://cybership.koje.ac.kr
국가기록원, http://www.archives.go.kr
국토교통부, http://www.molit.go.kr
대법원 인터넷등기소, http://www.iros.go.kr
삼성중공업, http://www.samsungshi.com/Kor/Pr/know_info.aspx
법제처, http://www.law.go.kr
한국해양교통안전공단, https://www.komsa.or.kr
해양수산부, http://www.mof.go.kr
e-나라지표, http://www.index.go.kr

국회 농림해양수산위원회, 「선박법 중 개정법률안 심사보고서」, 1999.2
국회 농림해양수산위원회, 「선박법 일부개정법률안 심사보고서」, 2007.6
국회 국토해양위원회, 「선박법 중 개정법률안 심사보고서」, 2009.11.
박정희 대통령 결재문서, 「1979년 선박톤수 측정에 관한 국제협약 수락」, 외무부, 1979
주영대사관, 「유엔선박등록조건회의 참가보고」, 영국(해무) 1572-145, 1986.2.11
한국해운기술원, 「선박등록조건에 관한 유엔전권회의 참가보고서」, 1984.9.25
한국선주협회, 「UNCTAD 해운위원회 제3차 특별회의 참가보고서」, 선협자료 81-1, 1981
한국해운산업연구원, 「선박등록조건에 관한 유엔전권회의 참가보고서」, 1985
해양수산부 내부자료, 「제주도 선박등록특구제도」, 2002.9
해양수산부, 「해양수산 핵심통계 참고자료」, 2016

찾아보기

1651년 항해조례 82
1660년 항해조례 82
1958년 공해협약 90
1958년 제네바협약 85
1958년 해양법회의 85
1969년 국제톤수측정협약 114
77그룹 91

(A)
Archimedes 110

(B)
Blue Certificate 166
Bulk Carrier 26

(C)
capacity tonnage 109
CGT 112
Chemical Tanker 25
Compensated Gross Tonnage 112
Container Ship 26
controlled fleet 179
Convention on the High Seas 80

(D)
Dead Weight Tonnage 110
Displacement Tonnage 110

(E)
EEA 177

(F)
flag discrimination 153
Flag of Convenience 88, 159
Flag on Convenience Vessels 89
flagging back 184
flagging out 170, 186
Full Load Displacement 111

(G)
Geneva Convention 85
genuine link 85
Gross Tonnage 108

(I)
IACS 117
ILO 159
IMCO 108
IMO 159
Isle of Man 177
ISR 178
ITF 166

(L)
Light Weight Displacement Tonnage 111
LNG Carrier 25

LPG Carrier 25

(N)
Navigation Act 81
Net Tonnage 108
NIS 175

(O)
OECD 159
OECD 해운위원회 167
OEEC 160

(P)
Panamax 25
paper company 161
port state control 168, 169

(S)
second ship register 171
ship's nationality 79
ship's register 82, 124
STCW협약 191

(T)
Tanker 25
tonnage 106, 107

(U)
UNCLOS 80, 87
UNCTAD 89, 92, 159, 162, 163
United Nations Convention on the Law of the Sea 80

(W)
Warship 31
Weight Tonnage 110

(ㄱ)
가선박국적증서 63
개항 152
갤리(Galley)선 21
건설기계관리법 133, 201
건설기계등록원부 202
건조 중의 선박 135
경량항공기 201
경제협력개발기구 159, 167
경하배수톤수 107, 111
공법적 법률관계 39
공시제도 121, 196
공증행위 122
공해에 관한 협약 80, 84, 94
공해협약 80
과료 205
과태료 205
구조선(構造船) 16, 19
국가필수국제선박 187
국기게양권 85, 151
국기차별 153
국적복귀 184
국적사칭 203
국적요건 80
국제노동기구 159, 168, 176
국제법규 42
국제법위원회 84, 85
국제법학회 83
국제선급연합회 117, 189
국제선박 187
국제선박등록법 184, 187
국제선박등록부 190
국제선박등록제도 171, 175, 178, 186, 189

국제선박등록증 190
국제운수노조연맹 88, 166, 172
국제총톤수 64, 118
국제톤수증서 64, 118, 119
국제톤수확인서 118, 119
국제해사기구 113, 159, 167, 176
국제해사협약의 수(數) 42
군함 31, 98
군함의 분류 31
권력적 규제 35
규제법정주의 37
기선(機船) 22, 67
기준미달선 165, 173
기항 152
끌레르몽(Clermont)호 23

(ㄴ)
내수선 73
내항선 74
내해(內海) 73
노(櫓) 20
노도선(櫓櫂船) 21
노와 상앗대 116, 199
농어촌특별세법 193

(ㄷ)
담보물권 141
동력선(動力船) 21
동력수상레저기구 64, 201
동산·채권담보등기 122
동산물권변동 200
등기·등록 이원주의 127
등기대상 선박 131
등기선 34, 71
등기일원주의 126

등록말소 194
등록선 34
등록일원주의 127
등록항 100

(ㅁ)
만재배수톤수 111
말소등록 119, 146
맨섬 177
메소포타미아문명 15
무역항 152
무해통항권(無害通航權) 32
물적 편성주의 136

(ㅂ)
배수톤수 107, 110
배타적 관할권 151
벌금 205
범기선(帆機船) 22
범선(帆船) 22, 67
범요선(帆橈船) 21
법률적 규제 35
법원(法源) 39
법인등기 122
법정톤수 109
변경등록 146
복합주의 96
부동산등기 121
부동산등기규칙 131
부동산등기부 136
부등기선 71
부부재산약정등기 122
부선(艀船) 67
부실등록 205
부유성 65

불개항장　152, 204
불문법(不文法)　39
비권력적 규제　36
비권력적 행정지도　36
비등기선　34, 71, 140
비등록선　34, 140
비송사건절차법　205
비영리선(非營利船)　34

(ㅅ)
사법적 법률관계　39
상선(商船)　24
상업등기　122
샬롯 던더스(Charlotte Dundas)호　22
서류상 회사　161
선급법인　116
선박의 개념　65
선박공시제도　124, 196
선박국적에 관한 해양법 초안　85
선박국적제도　99, 161
선박국적증서　34, 63, 76, 100, 103, 130, 150, 158, 190
선박기술협회　117
선박등기　124, 126, 129, 140, 196
선박등기규칙　131, 136
선박등기기록　137
선박등기법　71, 102, 125, 145
선박등기부　129, 136
선박등기의 효력　198
선박등기절차　131
선박등기제도　79, 198
선박등록　124, 126, 196
선박등록부　82, 124
선박등록절차　115
선박등록제도　144

선박법의 체계　62
선박사(船舶史)　21
선박소유권 전부주의　95, 99
선박안전기술공단　117
선박안전기술원　117
선박원부　144, 147, 157, 198, 202
선박의 국적　79
선박의 등록조건에 관한 유엔협약　92
선박의 분류　70
선박임대차　142
선박임차권　142
선박임차인　143
선박저당권　141, 200
선박적경측도법　99
선박톤수　106, 107, 113
선박톤수측정　114
선박톤수측정에 관한 국제협약　114
선원노동조합연합단체　192
선적국　79
선적증서　75
선적증서원부　75
선적항　63, 100, 144, 155
선체용·선계약　142
선체용·선등기　143
선체용·선자　143
성문법(成文法)　39
셔틀탱커　25
소유권 득실변경　199
소유권 및 선원 일부주의　95
소유권 및 선원주의　95
소유권 일부주의　95
소유권보존등기　135
소형선박　74, 125, 142, 195, 198
소형선박 소유권　198
수면비행선박　33, 66

수밀성 65
수상공연장 66
수상레저기구 116, 199
수상레저기구 등록원부 202
수상레저안전법 64, 133, 201
수상식당 66
수상호텔 66
순톤수 108, 109
실질적 의의의 선박법 38

(ㅇ)
아르키메데스 110
어선 28, 116
어선원부 202
여객선(旅客船) 26
역외등록제도 171
역외선박등록제도 177
연안무역권 153
연안운송 204
연안항 154
영리선(營利船) 34
영해 및 접속수역법 73
외륜선(外輪船) 22
외항선 74
외항운송사업자협회 192
용적톤수 109
운반선(運搬船) 29
운항방식 33
원유운반선 25
유럽경제협력기구 160
유엔국제법위원회 84
유엔무역개발회의 89, 92, 159, 162, 163
유엔해양법협약 32, 80, 87, 98, 173
이원적 공시주의 127

이중국적 94
이중등록 149
이집트문명 15
인더스문명 15
일반국제선박 188
일반카페리 여객선 27
일원적 공시주의 126
일제강점기 99
임시선박국적증서 103, 151, 154
입목등기 122
입법적 규제 35

(ㅈ)
자국민 임원주의 96, 99
자국민소유주의 95, 99, 102
자국설립주의 96
자동차 등 특정동산 저당법 200
자동차관리법 201
자동차등록원부 202
자력항행능력 33, 66, 67
자본가 일부주의 96
작업선 29
재화중량톤수 64, 107, 110, 111
재화중량톤수증서 64
저당권등기 136
정기용선계약 142
정부간특별작업반회의 90
정부간해사자문기구 113
정유운반선 25
제2 선적제도 164, 169, 171, 173, 175, 178
제주선박등록특구 128, 193
제주특별법 193
제주특별자치도 192
조선선박령 40, 62, 99

조선선박적경측도령 99
조선총독부령 62
조세특례제한법 193
준설선(浚渫船) 116, 199
중량톤수 110
증기선 23
지방세특례제한법 192
지배선대 179
지정국제선박 188
진정한 관련성 85, 88, 94, 161
질서벌 205
집행벌 206
징계벌 206

(ㅊ)
차도선(車渡船)형 여객선 27
청색증명서 166
총톤수 108, 109

(ㅋ)
쾌속카페리 여객선 27

(ㅌ)
톤수증명서 118
톤수측정 114
톤수측정소위원회 114
특수목적선 29
특정동산 142, 201
특정동산저당법 200, 202

(ㅍ)
파나막스 25
파피루스 17

파피루스선 18
편의치적 88, 159, 162
편의치적선 89, 179
편의치적제도 161, 165
편의치적주의 96
표준화물선환산톤수 112
필수선박 186

(ㅎ)
한국국적 102
한국선급 117
한국선박 76, 148
한국어선협회 117
한국해양교통안전공단 116
한국해양교통안전공단법 116
항공기 등록원부 202
항공안전법 125, 201
항만국통제 168, 169
항해선 73
항해용선계약 142
항해조례 81, 94, 124
해사안전위원회 114
해상구조물 66
해운동맹 99
해운위원회 90
행정규제기본법 37
행정벌 205
행정적 규제 35
형사소송법 205
형식적 의의의 선박법 38
화물선(貨物船) 24
황하문명 15

저자소개

최진이

저자는 해운/항만/물류 등 해사(海事) 관련 분야의 법과 정책을 주요 연구대상으로 교육·학술·연구활동을 해오고 있으며, 『물류법강의(2018)』, 『현대사회의 여성과 법률(제3판)』 등 다수의 저서와 연구논문이 있다. 아울러 성평등/여성친화도시/성별영향평가/성인지예산 등 젠더(gender) 분야에서도 활발하게 활동하고 있다.

☑ 주요약력
- 한국해양대학교 대학원(해사법학과, 법학박사)
- 한국해양대학교 초빙교수(2012.04~2014.12)
  (KMI-KMU국제물류학연공동연구센터)
- 부산여성가족개발원 성별영향분석평가 컨설턴트(2012.04~현재)
- 법원 전문심리위원(2014.03~현재)
- 한국해양대학교 학술연구교수(2015.07~2018.06)
- 부산광역시 영도구 여성친화도시조성위원회 위원(2015.02~2018.03)
- 부산광역시 성별영향평가위원회 위원(2019.05~현재)
- 부산광역시 강서구 성별영향평가위원회 위원(2019.07~현재)
- 한국해양대학교 인문한국연구교수(2018.10~현재)